W0070007

SV

DŽEVAD KARAHASAN

EINÜBUNG INS SCHWEBEN

Roman
Aus dem Bosnischen von Katharina Wolf-Grießhaber

Suhrkamp Verlag

Die Originalausgabe erschien 2022 unter dem Titel
Uvod u lebdenje bei Connectum, Sarajevo, und Bulevar,
Novi Sad.

Erste Auflage 2023
Deutsche Erstausgabe
© der deutschsprachigen Ausgabe Suhrkamp Verlag AG, Berlin, 2023
Alle Rechte vorbehalten. Wir behalten uns auch eine Nutzung des Werks
für Text und Data Mining im Sinne von § 44b UrhG vor.
Umschlaggestaltung: Rothfos & Gabler, Hamburg
Umschlagfoto: mauritius images/Alamy Stock Photos/Kaja Bursa
Satz: Satz-Offizin Hümmer GmbH, Waldbüttelbrunn
Druck: CPI books GmbH, Leck
Printed in Germany
ISBN 978-3-518-43122-1

www.suhrkamp.de

Einübung ins Schweben

Widmung

Nein, dies ist keine Apologie, Peter Hurd bedarf meiner Verteidigung nicht, denn sein Werk, sein würdevolles Leben und sein Platz in der europäischen Kultur verteidigen ihn überzeugend genug. Wer hätte nach dem Tod von Robert Graves dessen Platz als Symbol und klares Zeichen der kulturellen Kontinuität vom antiken Griechenland bis heute einnehmen können, wenn nicht Peter Hurd – zugleich Dichter, Denker und Wissenschaftler?! Er erforschte die klassischen Kulturen und toten Sprachen nicht nur, er lebte sie; alle, die ihn gekannt haben, können bestätigen, dass er wie ein Hellene gelebt hat und in allem ein wahrer Hellene war. Wer außer ihm hätte »Die Hymnen der dunklen Welt« (*Anthems of the Dark World*) schreiben können? Ich bin sicher, dass jeder, aber auch wirklich jeder Leser dieses Buches die Ekstasen ausgekostet hat, wie sie die Eingeweihten der Mysterien von Dionysos, Demeter und Orpheus erlebt haben. Ist es überhaupt möglich, das Buch zu lesen und nicht in Ekstase zu geraten, in eine dunkle Welt voll goldenen Lichts? Muss man den Mann in Schutz nehmen, der »Die Hymnen der dunklen Welt« geschrieben hat? Wovor oder vor wem müsste man ihn in Schutz nehmen?

Gibt es in der Weltliteratur Bücher, die mit seinem Buch »Das Flüstern der Muschel« (*The Shell's Whisper*) zu vergleichen wären? Wer vor ihm wäre denn überhaupt auf die Idee gekommen, in einem Buch die Gedichte der alten Kulturen zu versammeln, die der heiligen Unzucht gewidmet sind? Wer außer ihm hätte all die Gedichte übersetzen können, mit der begnadeten Inspiration und dem Wissen, die ihm eigen waren?! Wer kennt all diese Kulturen und Sprachen so gut wie er, wer außer ihm hätte an die Originaltexte herankommen können? Und wer wäre fähig gewesen, das alles so zu übersetzen, als würde es heute, in diesem Moment hergesagt! Während du liest, ist dir, als hörtest du das Flüstern der kosmischen Muschel, die diese Welt geboren hat.

Ich habe sein Buch »Die weiße Wölfin« (*The White She-Wolf*) übersetzt, wir stellten das Buch in Sarajevo Anfang April 1992 vor (das ist noch einer von unzähligen Beweisen für mein Talent, das Richtige zur falschen Zeit zu tun). Die Arbeit an der Übersetzung des Buches hat Kenntnisse und Fähigkeiten in mir freigesetzt und aus mir herausgeholt, von denen ich nichts ahnte – als Leser, Übersetzer und Dichter habe ich in dieser Übersetzung mehr gegeben, als ich in mir habe. Kann man die Größe eines Autors deutlicher zeigen und beweisen? Nur die größten sind imstande, aus anderen alles herauszuholen und ihnen dabei zu helfen, sich selbst zu übertreffen. Die Menschen in Sarajevo waren, als wir »Die weiße Wölfin« vorstellten, bereits von der Angst und der Erwartung des Krieges befallen, aber dieses mächtige Buch riss sie mit und richtete sie auf, befreite sie von der Angst und erfüllte sie mit einer ganz anderen Spannung, so dass wir die Lesung in einer Art Verzückung beendeten, beglückt und gestärkt, als hätten wir einen Tanz von Verliebten getanzt oder an einem Ritual teilgenommen. Ich erinnere mich gut, als wäre es heute geschehen – so etwas vergisst man nicht, solche Erlebnisse spielen sich immer heute ab. Wir gingen kurz vor Mitternacht auseinander, berauscht und beglückt wie Verschwörer, die an ihre Sache glauben. Es war Donnerstag, der 2. April 1992.

Dies ist auch keine Polemik gegen die Gerüchte über Peters Zustand, die schon seit Monaten im Umlauf sind und in besseren Kreisen erzählt werden, wann immer sich an einem Ort ein paar ernsthafte Intellektuelle treffen. Es fällt mir nicht ein, die wohlmeinenden Texte zu widerlegen und zu kommentieren, deren Autoren an die zweifelsfreie Größe von Peter erinnern, dann aber auf die Aussagen von Zeugen verweisen, die entsetzliche, unmenschliche Schreie gehört haben wollen, als sie an seinem Haus vorübergingen, und jetzt dazu aufrufen, dem armen Mann um Himmels willen zu helfen. Schon gar nicht fällt mir ein, mich mit spöttischen und böswilligen Aussagen zu befassen, etwa mit dem Witz, der in besseren Gesellschaftskreisen die Runde macht und tagtäglich erzählt wird, wonach »der große erhabene Geist ausgerutscht und auf ein Niveau unter dem eines gesitteten Tiers gefallen« sei. Diesen schändlichen Witz habe ich leider auch in einer angesehenen Zeitschrift gelesen, die ihn zwar verurteilt, aber dreimal genüsslich zitiert. Wozu erklären, vor allem denen, die es nicht begreifen können, dass sich auch an der Tiefe des Falls die Höhe eines Aufstiegs ermessen lässt? Nein, zu ihnen oder über sie spreche ich nicht, sollen sie das Böse in sich mit fremdem Unglück nähren, sollen sie Trost und Freude in fremdem Schmerz finden, sollen sie ihrer Wege gehen, wie ich meinen gehe, in der Hoffnung, dass sich unsere Wege niemals kreuzen werden. Zu ihnen und über sie spreche ich nicht, ich glaube, ich könnte es nicht, selbst wenn ich wollte, und schon gar nicht würde ich für sie und um ihretwillen über Peter Hurd schreiben – ich weiß, dass die Sonne sich nicht schmutzig macht, wenn sie einen Müllhaufen bescheint, dennoch würde ich diesen leuchtenden Namen nicht vor unreine Personen zerren.

Dies ist auch keine Antwort an jene, die meine Freundschaft zu Peter kommentieren oder, wie sie sagen, »laut über unsere Beziehung nachdenken«. Der einzige Inhalt ihrer Geschichten über »unsere Beziehung« ist ihr eigenes Böses, daher kommt es mir nicht in den Sinn, über diese Geschichten zu sprechen und mich mit den Leuten, von denen sie ausgehen, zu befassen. In einer glücklicheren Zeit, als es noch mehr guten Geschmack und menschliche (Selbst-)Achtung gab, hätte ich gar nicht zu betonen brauchen, dass ich an solche Geschichten und ihre Urheber nicht denke und nicht über sie spreche, denn in glücklichen Zeiten waren solche Leute nicht in der Mehrheit, so dass anständige Menschen sich nicht über sie zu äußern brauchten, also auch nicht zu sagen brauchten, dass sie es ablehnen, sich über sie zu äußern. Aber leider lebe ich heute, in einer Welt ohne Geschmack und Größe, daher muss ich betonen und doppelt unterstreichen, dass ich nicht bereit bin, auch nur ein einziges Wort über Leute zu sagen oder zu schreiben, die ihre Fantasie mit Geschichten über Peter und mich anstacheln. Sie sind Kinder dieser Zeit, etwas Großes, Erhabenes oder Heiliges können sie nicht ertragen, sie verstehen sich ebenso wie ihre Welt nur auf den Nutzen und auf ein wenig nüchterne, allzu nüchterne Macht über andere Menschen. An einen großen Geist erinnern sie sich nur, wenn sich ihnen die Gelegenheit bietet, etwas an ihm zu verdienen, z. B. wenn es sein Geburts- oder Todesjahr zu begehen gilt. Und auch dieses unglückliche Jubiläum eines verstorbenen großen Geistes feiern sie hauptsächlich, indem sie einander versichern, der Verstorbene sei schmutzig und unordentlich, ein Polizeispitzel oder pathologischer Lügner, krankhaft geizig und blöd – mit einem Wort, in allem so, als wäre er einer von ihnen gewesen. Deshalb kann ich weder zu ihnen noch über sie sprechen, weil Welten und Jahrhunderte zwischen mir und ihnen liegen.

Nun könnte mir jemand sagen: »Du hast uns erklärt, guter Mann, für wen und warum du das nicht schreibst, aber komm schon und sag uns endlich, für wen und warum du schreibst«, und ich geriete in Verlegenheit, weil ich es ihm nicht kurz und bündig erklären könnte. Ich weiß gut, dass es getan werden muss, und weiß, wie wichtig es ist, aber ich könnte einem Unbekannten nicht erklären, warum. Durch Peters Zusammenbruch haben wir einen unermesslichen Verlust erlitten, weil wir niemanden haben, der ihn ersetzen könnte, wie er für unsere Eltern Robert Graves ersetzt hat. Heutzutage gibt es keine Menschen von solcher Größe, diese Welt erträgt eine Größe dieser Art nicht und ist nicht zu ihr fähig. Der Mensch von heute erwirbt nur brauchbares Wissen, er ist gewillt, nur das zu erkennen, was dazu angetan ist, ihm Nutzen zu bringen, ihm zu helfen, eine weitere Hierarchiestufe zu erklimmen, ihm zu ermöglichen, jemanden zu etwas zu überreden. Peter nannte solche Menschen Sklaven, er sagte, der Sklave habe auf seiner linken Schulter immer den Dämon des Nutzens sitzen, der ihm sagt, was er entscheiden und wie er vorgehen soll, weil nur ein Sklave ständig an den Nutzen denkt und nur seinem Nutzen dient. Ein freier Mensch verachtet den Nutzen nicht und lehnt ihn nicht ab, aber er dient ihm auch nicht, schon gar nicht das ganze Leben lang und mit geradezu allem, was er tut. Ein freier Mensch erwirbt sich das Wissen um seiner selbst willen und nicht um die Welt zu erringen, erkennen will er nicht, um einen Nutzen, sondern um sich selbst zu gewinnen. Aus diesem Grund erwarb er hauptsächlich unbrauchbares und völlig nutzloses Wissen, lernte alte Kulturen und Menschen kennen, studierte tote Sprachen und in diesen Sprachen geschriebene Bücher, heroische Zeiten und Welten, die zu heroischen Idealen fähig waren.

Wir haben als Gemeinschaft durch Peters Zusammenbruch einen unersetzlichen Verlust erlitten, und das Einzige, was wir jetzt tun können, ist, nach der Erkenntnis zu suchen, die uns dieser Zusammenbruch bringen könnte. Peters geliebte Hellenen liebten und kultivierten die dramatische Form der Tragödie, weil sie Erkenntnis aus ihr zogen, vielleicht die wichtigste Erkenntnis, zu der die Menschen fähig sind – die Erkenntnis von der Größe der Niederlage und der Heiligkeit des Leidens. Hundertmal hat mir Peter erklärt, dass die Aufführung einer Tragödie mit einer Erkenntnis endet, die allein die Tragödie hervorbringen kann und die das Ziel und der Zweck dieser dramatischen Form ist. Eine solche Erkenntnis können wir gewinnen, so hoffe ich, wenn es uns gelingt, den

Verlust zu begreifen, der uns mit dem Zusammenbruch von Peter Hurd getroffen hat. Ich bin sicher, dass wir diesen Verlust nicht begreifen können, wenn wir Peters Aufenthalt in Sarajevo während der Belagerung der Stadt vernachlässigen. Ich denke, ich habe Peter während meines dreimonatigen Aufenthaltes in Palermo gut kennengelernt, und bin sicher, dass Ende März 1992 der Mensch nach Sarajevo kam, den ich damals, auf Sizilien, kennengelernt und liebgewonnen hatte. Und ich bin sicher, dass nach dem Verlassen von Sarajevo ein anderer Mensch nach Sizilien zurückkehrte, der mit dem, der fünf, sechs Monate zuvor nach Sarajevo gekommen war, kaum noch Ähnlichkeit hatte.

Was ist während dieser fünf, sechs Monate geschehen? Was hat Sarajevo Peter angetan? Was hat sich in ihm während seines Aufenthalts unter uns abgespielt? Hat die Angst in ihm Abgründe aufgetan, von denen selbst er nichts wusste? Hat er in Sarajevo Formen der Freiheit kennengelernt, die er nur unter jenen wahnsinnigen und in allem außergewöhnlichen Bedingungen kennenlernen konnte? Haben die Angst, die Entsagungen und neuen Formen der Freiheit einige der Säulen beseitigt, die Peters geistiges Wesen trugen, jenen brillanten Geist, den wir kannten und wenigstens ebenso sehr liebten, wie wir ihn bewunderten? Ist dieses Wesen durch den Verlust der Säulen, auf denen es stand, zusammengebrochen oder ist nur etwas Neues entstanden, sagen wir, ein neuer Mensch, vielleicht genauso wertvoll, nur völlig verändert? Aber warum, lieber Gott, ist das Neue, das durch seine Zerstörung entstanden ist, so schrecklich und dem Peter, den wir kennen und den wir immer mehr brauchen, so wenig ähnlich?!

Ich bekenne meine Ohnmacht und Unfähigkeit, das, was geschehen ist, zu begreifen (oder wäre es treffender zu sagen, ich bekenne meine Weigerung, es zu akzeptieren?), deshalb habe ich beschlossen, so ruhig und detailliert, wie ich kann, alles zu erzählen, was mir aus der Zeit, die wir zusammen in Sarajevo verbracht haben, im Gedächtnis geblieben ist. Vielleicht kommt durch diese Aufzeichnungen ein Gespräch in Gang, und vielleicht hilft dieses Gespräch mir oder jemand anderem zu begreifen, was mit unserem großen Lehrer passiert ist. Das könnte, wenn wir Glück hätten, die Erkenntnis sein, welche die Tragödie Peters hellenischen Brüdern gebracht hat. Eine Erkenntnis, die niemanden über einen erlittenen Verlust oder die Schrecken, die das Drama aufgezeigt hat, trösten konnte, aber diese Erkenntnis konnte jeden davon überzeugen, dass Verlust und Schrecken unvermeidlich und daher gerechtfertigt sind. Wenn wir sie gewönnen, würde uns die Erkenntnis, die ich herbeisehne, Peter nicht zurückbringen und auch den Verlust des großen Lehrers nicht ersetzen, sie würde uns auch nicht über das schreckliche Schicksal von Peter trösten, das womöglich auch manche von uns erwartet, aber sie würde uns einen Teil von uns selbst bringen oder wenigstens die Ahnung von einem Teil unserer selbst, von dem wir nichts gewusst haben.

Ich glaube fest, dass Peter Hurd, jener Peter, den wir gekannt und geliebt haben, sich freuen würde, wenn uns sein Zusammenbruch einen solchen Gewinn brächte, hat denn nicht gerade er ständig gesagt, man müsse sich selbst erlangen und gewinnen und nicht die Welt?! Aus diesem Glauben und wegen dieses Glaubens zeichne ich diese Erinnerungen für Freunde auf, mit denen ich, hoffe ich, über das, was uns getroffen hat, sprechen werde.

Ich lass mir mein Lied nicht kaputt machen

Sank ein Goldfaden vom Himmel herab.
Hei, schlang sich dem Bräutigam um den Fes,
Hei, vom Fes um den Schleier der Rosenbraut.

Eine junge Sängerin beendete ihr Lied zwei, drei Minuten nachdem eine Granate ein dreißig Schritte vom Haus geparktes Auto getroffen hatte. Das Auto ging in Flammen auf, das Feuer griff auf das Auto daneben über, und die Hochzeitsgäste gingen ins Haus, wohl aus Angst, die Autos könnten explodieren, wenn in einem der Tanks noch Benzin wäre. Draußen blieben nur Peter, ich, ein junger Bursche mit einem automatischen Gewehr über der Schulter, nach allem zu urteilen, der Freund der jungen Sängerin, und die Sängerin selbst. Sie hatte gesungen, als hätte sie die Granaten nicht bemerkt, deren Einschläge immer näher kamen, als hätte sie die immer wildere Schießerei der Infanterie nicht gehört, sie hatte gesungen wie in Trance, als hinge ihr Leben davon ab. Und es war ihr gelungen, ihr Lied war deutlich neben den Granaten, trotz der Granaten und der Schüsse zu hören, als hätte der Trotz ihre ohnehin mächtige Stimme verstärkt (ich werde nie verstehen, wie dieser zerbrechliche kleine Körper eine derart starke und mächtige Stimme hervorbringen konnte) und ihr geholfen, den Explosionen, Rufen, allen Tönen, die aus der Welt ringsum kamen, Widerstand zu leisten. Aber nun, am Ende des Lieds, war klar, wie schwer ihr diese unmenschliche Anstrengung gefallen war, weil sie sichtlich am ganzen Körper zitterte. An ihrem dunkelhäutigen Gesicht sah man zwar keine Veränderung der Farbe, aber das Zittern des Körpers und die Tränen in den Augen sah man ganz deutlich. Die großen hellen Augen waren vor Anstrengung rot geworden und hatten sich mit Tränen gefüllt, die jeden Moment über das Gesicht rollen konnten.

Als ich die Tränen in den roten Augen sah, erinnerte ich mich, woher mir das Gesicht der kleinen Sängerin bekannt vorkam. Sobald ich sie etwa zwei Stunden zuvor erblickt hatte, begann ich mich zu fragen, woher ich sie kennen könnte, wahrscheinlich hatte ich sie deshalb ein wenig mehr angestarrt, als anständig gewesen wäre, und dadurch die wütenden Blicke des jungen Burschen mit dem Gewehr hervorgerufen, aber es war mir nicht gelungen, mich zu erinnern. Erst jetzt, am Ende des Lieds, als sich die Tränen und die rote Farbe der Augen verbanden, ging mir auf, dass ich sie früher einmal im Traum gesehen und jetzt wiedererkannt hatte. Das pechschwarze Haar umrahmt das kleine Gesicht, das im Zentrum des Bildes und in seiner Tiefe steht, wenn ich so sagen kann, aber im Vordergrund dominieren die Hände, mit denen das Mädchen Zeichen gibt. Sie bewegt sie langsam, rhythmisch, diese Hände ziehen alle Aufmerksamkeit auf sich und verdrängen alles andere und machen es unwichtig, und ich quäle mich wie ein Hund, versuche, ihre Zeichen zu verstehen, und frage mich dabei, woher ich sie kenne, wann, wo und warum ich sie gesehen habe. Und ich habe sie schon einmal gesehen, ich kenne sie, daran gibt es keinen Zweifel. Sie möchte mir offenbar helfen, mich zu erinnern, denn sie streckt die Arme nach mir aus, immer weiter und immer näher, und aus diesen Armen, aus den Fingern und Handflächen, aus den Unterarmen und Ellenbogen fallen Feuertropfen. Von Grauen gepackt, lenke ich den Blick von den Armen auf den Rest des Körpers, der im Hintergrund geblieben ist, und sehe, dass ihr Feuertropfen aus dem ganzen Körper und sogar aus den Augen fallen. Diese Tropfen sind grellrot, sie müssen höllisch schmerzen, schon der Blick auf sie verrät, dass sie schmerzen müssen. Feuertränen. Und sie streckt weiter die Arme aus und gibt Zeichen, die Arme dehnen sich und werden immer dünner, mich packt der Wunsch, mich mit diesen Armen zu erhängen wie mit einem wertvollen geliebten Strick, aber ich weiß, dass ich mich nicht damit erhängen werde, weil ich mich vor Verbrennungen fürchte.

Zum Glück vergaß ich diesen Traum und alles, was ich in ihm gesehen hatte, aber offensichtlich war das kleine dunkelhäutige, in dichtem schwarzem Haar verborgene Gesicht tief in mir haften geblieben. Es tauchte leibhaftig vor mir auf, als Peter und ich in das Haus im Stadtteil Dobrinja kamen, wo wir auf den Mann warten sollten, der uns zur Demarkationslinie bringen würde. Wir hatten uns am Morgen beim Handelszentrum in Otoka mit jemandem getroffen, der uns auf einem Weg, der ziemlich sicher sein dürfte, weil er ihn jeden Tag mindestens zweimal ging, nach Dobrinja brachte. Unterwegs sagte er uns, er werde uns im Haus der Delalić abliefern, auf einer Hochzeit, und dort würden wir zur passenden Zeit abgeholt. Obwohl er unsere verwunderten Blicke bemerkt haben musste, erklärte er uns nicht, warum wir ausgerechnet auf eine Hochzeit gingen, und so schloss ich, dass es das fast unmögliche Unterfangen, jemanden in dieser Zeit aus Sarajevo hinauszubringen, auf eine nur mir nicht bekannte Art erleichtern mochte.

Als wir nach gut zwei Stunden Geschwindmarsch zu dem betreffenden Haus kamen, ging die Hochzeitszeremonie gerade zu Ende. Unter einem großen Zwetschgenbaum stand die festlich gekleidete Braut in fortgeschrittener Schwangerschaft, und auf dem Stuhl neben ihr war ein blutiges Hemd ausgebreitet. Vor der jungen Frau und dem Stuhl standen nebeneinander ein Imam und ein Mann im schwarzen Anzug, nach allem zu urteilen der Standesbeamte, der, als wir kamen, gerade verkündete, dass zwischen Alen und Jasna Delalić eine rechtmäßige Ehe geschlossen worden sei. Jasna nahm nach dieser Verkündung das blutige Hemd vom Stuhl und ging auf die zwei Männer zu, die vor ihr standen, während sich die Gäste, etwa zwanzig, um sie herum versammelten, und so näherten auch wir beide uns. Zwei Frauen weinten, drei junge Mädchen, fast noch Kinder, überschütteten Jasna mit Blumen und riefen laut Glückwünsche, und dann ging eine Frau, sie mochte in ihren Fünfzigern sein, auf Jasna zu, umarmte sie und verharrte lange in dieser Umarmung. Als sie sich trennten, waren beide verweint, woraus ich schloss, dass es sich bei der Frau um die Mutter des umgekommenen Alen handelte. »Willkommen, Tochter«, sagte Alens Mutter zu Jasna und nahm dann ein Fladenbrot aus der Hand einer jungen Frau, hielt es über Jasnas Kopf, brach es in zwei Hälften und reichte Jasna beide Hälften. Eine Hälfte steckte sie unter ihren linken Arm und die andere hielt sie in der linken Hand; mit der rechten begann sie mundgerechte Stückchen abzureißen und sie den Gästen zu reichen. Während die Frauen »Maschallah, Maschallah!« zu rufen begannen, ging Jasna von einem zum andern, riss Stückchen vom Fladenbrot ab und reichte sie den Gästen, die ganze Zeit unhörbar weinend. Dabei war ihr Gesicht ruhig und hell, als hätten die Tränen es gewaschen und vom Schmerz gereinigt.

Sie war schon in der Nähe der Haustür, kaum zehn Schritte entfernt, als sie den Gästen die letzten Stückchen des Hochzeitbrots gab. Da kam wieder Alens Mutter auf sie zu und reichte ihr einen Krug Wasser. Jasna nahm den Krug, bückte sich tief, goss ein wenig Wasser in die linke Hand und wusch damit ihr Gesicht, das bereits von den Tränen gewaschen war, dann richtete sie sich auf und ging zur Haustür. Und noch während sie sich aufrichtete, rief eine alte Frau »We enkihulejama«, und im Hof vor dem Haus der Delalić s hob das Murmeln des Gebets an, das den feierlichen Gang der Braut zur Tür ihres künftigen Hauses begleitete.

Ich weiß nicht und ich möchte es nicht erfahren, ob mich die Gefühle mitgerissen haben oder mich das Spiel des Lichts getäuscht hat, aber ich bin sicher, dass ich gesehen habe, wie Jasnas Gesicht buchstäblich aufleuchtete, als sie sich aufrichtete und aufs Haus zuging. Ich behaupte nicht, dass es wirklich geschehen ist, ich gebe zu, dass mich das seltsame Ritual, das sich vor meinen Augen abspielte, fast zu Tränen rührte, aber ich bin heute noch sicher, dass ich auf dem Gesicht der Braut einen Glanz gesehen habe und wie ihre Gesichtshaut schimmerte, als ginge das Licht durch sie hindurch. Das dauerte einen Moment, einen Augenblick oder noch weniger, aber ich habe es gesehen. Vielleicht war es ein Spiel des Lichts, vielleicht war es eine Verbindung des verspielten Lichts und meiner von den aufsteigenden Tränen vernebelten Augen, aber ich habe es, wiederhole ich, mit eigenen Augen gesehen. Als hätte jeder von uns wenige Male gesehen, was vielleicht gar nicht geschehen ist!

Auf der ersten von drei Stufen, die ins Haus führen, verneigte sie sich tief, dann richtete sie sich auf und sprach still ein Gebet, vielleicht eins, mit dem sie um Glück in diesem Haus bat. Danach wandte sie dem Haus den Rücken zu, trat von der Stufe auf den Boden, verneigte sich wieder tief und schüttete Wasser auf die Erde. Ich wusste von früher, dass sie damit alles Böse, das sich an sie binden konnte, abwusch und den Wunsch (das Gebet?) ausdrückte, dass ihr das Glück wie dieses Wasser nachlaufe, und während ich sah, wie die Erde das Wasser aufsog, begriff ich, dass sie mit diesem Abwaschen zugleich ihre Vergangenheit und ihr vergangenes Ich in dem Wasser auslöschte, damit genau in diesem Augenblick eine neue Jasna geboren werden konnte. Die neue Jasna richtete sich auf und hob die Arme zum Himmel, während Alens Mutter, ihre Schwiegermutter, Jasnas Haupt mit dem Koran berührte und ihr das Buch dann unter den rechten Arm schob, sie umarmte und zur Haustür führte. Während die beiden ins Haus gingen, erschallte die mächtige Stimme der jungen Sängerin. Sie sang »Freue dich, Hausherr« und brachte damit zwei, drei Frauen zum lauten Aufschluchzen, weil das Lied, wie ich später erfuhr, sie daran erinnerte, dass es in diesem Haus keinen Mann und keinen Hausherrn mehr gab. Alens Vater war bereits Anfang April auf ihrem Gut in Rakovica ermordet worden, wo er sich zu Beginn der Belagerung Sarajevos aufgehalten hatte, während Alen vor acht Tagen im Kampf gefallen war. Seine Hochzeit mit Jasna war schon vor seinem Tod für den heutigen Tag anberaumt worden, und so hatten Alens Mutter und Jasna sich abgesprochen, dass sie die Hochzeit halten würden und dass Jasna in ihr Haus ziehen würde, sie hofften wohl, zu zweit könnten sie wenigstens ein Flämmchen von Leben unter diesem Dach aufrechterhalten.

Jasna und ihre Schwiegermutter kehrten nach etwa einer halben Stunde in den Hof zurück, jetzt in Alltagskleidung, sie trugen Tabletts, auf denen sie aufgeschichtet hatten, was im Haus zu finden war, um die Gäste zu bewirten. Der Mann im schwarzen Anzug kam auf Peter und mich zu, stellte sich als Standesbeamter Salem vor und begrüßte uns wie alte Bekannte. Von ihm erfuhren wir, dass man uns erwartet hatte und niemand über unsere Anwesenheit auf einer Feier unbekannter Menschen irritiert war. Alens Kampfgefährte hatte unser Kommen vor ein paar Tagen angekündigt und gebeten, uns freundlich aufzunehmen, das hatte sich sein Freund und mein Schulkamerad Kopf gewünscht. Von ihm erfuhren wir auch, dass er und der Imam Fehim, den wir während der Eheschließung neben ihm gesehen hatten, überhaupt nicht darüber gesprochen hatten, ob sie kommen und Jasna mit dem verstorbenen Alen verheiraten wollten, es verstand sich von selbst. Er versicherte uns, es sei gut, dass sie die Eheschließung hier vollzogen hätten, weil dies ein außergewöhnlicher Ort und eine außergewöhnliche Eheschließung hier irgendwie normal sei – er habe das Eheregister mitgebracht, in das Buch eingetragen, dass die beiden geheiratet hätten, und keinem habe es geschadet. Aber auf dem Standesamt wäre alles anders verlaufen, ein ernsthafter Standesbeamter könne dort nicht ohne besondere Begründung ein Mädchen mit einem toten Mann verheiraten, doch was für eine Begründung könne man heute finden? Von ihm erfuhren wir auch alles andere, alles, was uns an den Schicksalen und Lebensbedingungen der Menschen um uns herum interessierte und nicht interessierte. Er erklärte uns, dass auf der Hochzeit außer ihnen dreien, die gewissermaßen dienstlich zu tun hätten, nur Frauen anwesend waren, weil die Männer dieser Frauen im Kampf oder tot seien, was ihm aber keine zu großen Sorgen bereite, weil Frauen ohnehin den wertvollen Keim des Lebens bewahrten, im Krieg ebenso wie unter den besten Bedingungen. »Wir entscheiden über Leben und Tod, doch letztlich entscheiden wir nur über den Tod, während die Frauen über nichts entscheiden, weil sie sich mit dem Leben abplagen und es vor uns retten müssen, so ist das auf der Welt.« Solange die Frauen sich um das Leben kümmern wollten und könnten, wachse dieser zarte Keim und gedeihe gut, doch wenn sie, Gott behüte, ermüdeten oder aus einem anderen Grund aufgäben, sei es aus mit dem Leben.

Gott allein weiß, was wir von diesem unwahrscheinlich gesprächigen Mann noch erfahren hätten, wenn nicht Explosionen seinen Wortfluss unterbrochen hätten. Zum Glück begann das Schießen, es rettete uns vor dem Standesbeamten Salem und erklärte mir nebenbei dessen Gesprächigkeit. Denn er verstummte nach den ersten Granaten, begann sich umzusehen, auf die Unterlippe zu beißen und sie einzuziehen, als wollte er sie verschlucken. Seinen schwarzen Anzug hatte er in dieser Hitze stundenlang getragen, ohne sich auch nur im Geringsten anmerken zu lassen, dass es ihm zu heiß oder wenigstens etwas unangenehm wäre, doch nun tauchten, obwohl wir im Schatten standen, an seinen Schläfen winzige Schweißtropfen auf. Schon lange war mir aufgefallen, dass manche Menschen, eigentlich die meisten, fast alle, die ich kannte, auf die Kriegserfahrung zuerst mit einer Änderung ihres Redeverhaltens reagierten. Ein Mensch, der sein ganzes Leben lang schweigsam wie ein Fisch war, ließ nach zehn Tagen Krieg niemanden mehr zu Wort kommen. Während ein anderer, der als unerträglicher Schwätzer bekannt war, in Schweigen versank, als hätten ihm die Unbilden des Krieges sowohl den Willen als auch die Fähigkeit zu sprechen genommen. Der eine begann lauter zu reden denn je, der andere wurde stiller und flüsterte so leise, dass du ihn kaum hören konntest, und dabei drehte er sich um und sah stur an seinem Gesprächspartner vorbei; der eine sprach in kurzen oder halb ausgesprochenen Sätzen, und der andere schaltete sich ein und redete ohne Punkt und Komma, schmückte seine Sätze wie eine Neujahrstanne und war selbst dann nicht bereit zu schweigen, wenn er einatmen oder schlucken musste. Ich kenne fast niemanden, der auf den Krieg und die Belagerung nicht zuerst mit der Veränderung seiner Sprechweise, seinem Sprechverhalten reagiert hätte. Der Standesbeamte Salem schien einer von denen zu sein, die ihre Ängste und nervlichen Anspannungen hauptsächlich aussprechen. Sie überschütten die Menschen um sich herum mit Wortkaskaden, als gössen sie Eimer mit Wasser über sie aus, mit dem sie die Qual, die sich in ihnen angesammelt hat, auszuwaschen versuchen.

Die übrigen Gäste kümmerten sich nicht um die Granaten, solange diese etwas weiter entfernt niedergingen, sondern standen in Zweier- und Dreiergruppen zusammen, unterhielten sich und tranken von Zeit zu Zeit einen kleinen Schluck Apfelsaft oder aßen Brot mit Zwetschgen- oder Erdbeermarmelade. Aber auch sie wurden unruhig und gingen langsam zum Haus. Da traf eine Granate ein kaum dreißig Schritte entfernt geparktes Auto und setzte es in Brand, und bevor alle es geschafft hatten, im Haus Zuflucht zu finden, hatte das

Auto daneben Feuer gefangen. Daran, wie lebhaft sie brannten, sah man, dass in den Tanks Benzin gewesen sein musste, aber zum Glück nicht so viel, dass die Tanks explodiert wären. Es hieß, ein angezündetes Auto, das explodierte, weil sein Tank voller Benzin war, könne mehr Menschen töten als eine Granate, die an seiner Stelle explodierte, deshalb flohen die Sarajevoer schon seit dem Spätfrühling in den ersten Luftschutzkeller, sobald sie ein brennendes Auto sahen. Dann griff das Feuer auch auf einen Müllhaufen über, der unweit der in Brand geratenen Autos lag, so dass sich ein schwerer Gestank auszubreiten begann und danach schwarzer Rauch (wahrscheinlich hatten die Reifen der Autos zu brennen begonnen, und sicher war auch im Müll Gummi und Plastik gewesen, das jetzt brannte und Gestank in der Welt verbreitete). Die Hitze, die schon seit dem späten Morgen auf die Stadt drückte, erlaubte nicht, dass der Rauch und der Gestank zum Himmel stiegen, so dass sie sich ausbreiteten, dicht über dem Erdboden schwebten, als hätten sie sich wie Schnee oder eine Infektion auf Dinge und Menschen gelegt. Seit dem Morgen hatte ich keine Fliege und keinen Schmetterling, keinen Vogel und keine Katze gesehen, wahrscheinlich hatte sich alles, was beweglich und lebendig war, vor der glühenden Hitze verkrochen und verborgen, und jetzt war es, als hätte sich auch die Luft verzogen und uns dem dunklen Rauch und schweren Gestank ausgesetzt. Aber mit eigenen Augen sah ich, dass sie schwebten, wie konnten sie nur schweben, wo sie doch so höllisch schwer waren?!

Peter und ich mussten im Hof bleiben und die Angst, den Gestank und Rauch ertragen, weil wir nicht wussten, ob unser Führer bereit wäre, ins Haus zu gehen und uns dort zu suchen. Aber auch wenn er dazu bereit gewesen wäre, dachte ich, sei es besser, im Hof auf ihn zu warten, aufbruchbereit. Im Hof blieben auch die kleine Sängerin und ihr Freund, sie wahrscheinlich, weil es ihr nicht gelungen war, sich aus ihrer

Trance zu befreien, und der junge Mann wahrscheinlich, weil er dachte, er müsse auf sie aufpassen.

»Das war gut«, wandte sich Peter an die Sängerin, »gut gut, wie man in Bosnien sagt.«

Sie sah ihn an und zuckte mit den Achseln, als wüsste sie nicht, was sie auf sein Lob sagen sollte, nur, dass sie etwas sagen musste.

»Ja, wirklich«, sprang ich ihnen bei. »Eigentlich ist es zu wenig zu sagen, dass es gut war. Was du getan hast, war ein wahres kleines Wunder. Unter Granatenhagel ein Lied zu Ende zu singen! Und jeder Ton war klar, jeder Übergang und jedes Wort so deutlich, als hätten wir es im Tonstudio gehört. Alle Achtung! Schon der Versuch, das zu tun, was du getan hast, war verrückt, aber du hast es zu Ende gebracht, und zwar großartig.«

»Was hätte ich denn tun können? Erlauben, dass sie mein Lied ermorden?«, antwortete das Mädchen, als rechtfertigte sie sich. »Dann wäre alles aus gewesen, Mann! Als wäre nie etwas gewesen.«

»Du hast dein Lied weiß Gott verteidigt und zwar heldenhaft«, lobte ich sie wieder, ganz aufrichtig. »Das muss man dir lassen.«

»Was bleibt mir übrig. Sie müssen mich umbringen, wenn sie mein Lied umbringen wollen.«

Die Stimme des Mädchens klang in dieser Aussage hart, so hart, dass ich mich verwundert fragte, ob wirklich diese Stimme vor kurzem all die Lieder gesungen hatte.

»Mein Lied ist erst tot, wenn ich tot bin«, erklärte mir die kleine Sängerin noch einmal, als wollte sie sicher sein, dass ich begriffen hatte.

»Nicht unbedingt«, sprang Peter ein.

»Wie dann?«, fragte sie.

»Wie bei Orpheus. Sie haben ihn zerstückelt, ihm den Kopf abgerissen und in den Fluss geworfen. Aber er, der Kopf, schwimmt den Fluss hinunter und singt, als wäre nichts geschehen. Dasselbe Lied, das er sang, als man ihn in den Fluss geworfen hat.«

»Im Ernst?«, fragte die Sängerin misstrauisch, aber aus ihrer Stimme war die Bitte herauszuhören, dass Peter seine Behauptung bestätigen möge.

»Im Ernst. Ehrenwort!«, bestätigte Peter entschieden.

»Alle Achtung! Ach, wie gern würde ich es auch so machen!«

In dem kleinen dunklen Gesicht leuchtete ein Wunsch auf, eine Hoffnung, was auch immer, und etwas in mir sagte, dass ich sie schon einmal gesehen hatte, dass ich sie sicher irgendwo einmal gesehen hatte, auch außerhalb des Traums. Sie war mir zu nah, irgendwie wichtig und lieb, das alles konnte nicht jenem hässlichen Traum entsprungen sein.

»Wie heißt du«, fragte ich sie. (Es wäre unnatürlich gewesen, wenn ich ihren Namen nicht gekannt hätte, es ist nicht in Ordnung, jemanden so gut zu kennen und den Namen nicht zu wissen.)

»Lejla«, antwortete sie.

»Warum fragst du?«, ließ sich zum ersten Mal der junge Bursche mit dem Gewehr vernehmen.

»Wir gehen fort. Es wäre wunderbar, wenn ihr für mich die letzte, die lebhafteste Erinnerung an Sarajevo wärt.«

»Komm, gehen wir ins Haus, damit sie sich keine Sorgen machen«, sagte der junge Bursche zu Lejla und führte sie ins Haus. Offensichtlich hatte ihn meine Erklärung nicht befriedigt.

So blieben Peter und ich allein im Hof zurück. Die Granateneinschläge kamen immer näher, die Schießerei der Infanterie auch, und um uns schwebten stinkende, dunkle Wolken.

»War das ein Scherz? Einer deiner Scherze?«, fragte ich Peter, kurz nachdem Lejla und der junge Mann weggegangen waren.

»Was?«

»Orpheus und das alles.«

»Ich weiß nicht«, antwortete Peter nach längerem Nachdenken. »Vielleicht war es ein Scherz, vielleicht aber auch Hoffnung.« Als ich die Kleine gesehen und gehört habe, habe ich einen Moment lang geglaubt, dass Orpheus wieder möglich wäre, man müsse ihn nur rufen. Vielleicht habe ich es geglaubt, ich wünschte, ich könnte es geglaubt haben. Wer könnte ihn in diese Welt rufen, wenn nicht dieses Mädchen und Menschen wie sie?

Die Worte berührten Peters wahrscheinlich tiefste Obsession, und so hoffte ich, es werde einer seiner improvisierten Vorträge folgen, die ich unsagbar liebte und aus denen ich mehr gelernt hatte als während meiner gesamten Schul- und Studienzeit. Schon in seiner Dissertation, die er vor seinem dreißigsten Geburtstag geschrieben hatte und die zum Glück keine Universität angenommen hatte, versuchte Peter zu beweisen, dass die Welt ein Organismus sei, weil alles, was existiert, mit allem zusammenhänge, und alles abhängig sei von allem. Da analysierte er Stellen aus verschiedenen Mythen, an denen es darum geht, wie die Götter sich über die Gebete und Opfer freuen, die ihnen die Menschen darbringen, oder darum, wie ein Gott wächst und gedeiht, während einer dieser Menschen zu ihm betet. Alles hängt mit allem zusammen, alles ist von allem abhängig, wie in jedem Organismus, wenn die Götter von den Menschen abhängen und sich über ihre Gebete freuen. Wenn also die Götterwelt von dieser Menschenwelt abhängt, ist klar, dass in dieser, der Menschenwelt, fast alles von allem abhängen muss. Ungefähr das hatte Peter versucht, in seiner Dissertation zu beweisen, einem außergewöhnlich aufregenden Buch, das im Manuskript zu lesen ich die Gelegenheit hatte, weil er es aus irgendeinem Grund nie veröffentlichte. Nun, da er sich fragte, ob er vor kurzem gescherzt oder seine verborgene Hoffnung ausgedrückt hatte,

26

als er zu Lejla über Orpheus gesprochen hatte, wies er darauf hin, dass er glaube, Orpheus werde in der Welt erscheinen, wenn wir Menschen es verstünden, ihn herbeizurufen. Ich freute mich schon auf einen langen Vortrag von Peter, über die Entdeckungen, mit denen mich der Lehrer überschütten würde, wenn er über die Ähnlichkeiten und Abhängigkeiten spräche, die niemand bemerkte und die für mich offensichtlich wurden, wenn er auf sie hinwies. Ich erinnerte mich, dass er in einem seiner improvisierten Vorträge behauptet hatte, es existiere nur das, was wir Menschen durch unsere Gebete, Wünsche, Bedürfnisse, Handlungsweisen ins Dasein gerufen hätten, und ich machte den Mund auf, um ihn an diese Behauptung zu erinnern und meine tiefe Uneinigkeit damit auszudrücken, in der Hoffnung, meine offene Uneinigkeit werde ihn zu einem Vortrag über Orpheus, über die Wirksamkeit der menschlichen Worte und Wünsche, über alles, was uns heute fehlt, veranlassen.

Ich erreichte nicht, was ich wollte, weil von irgendwo ein fürchterlich magerer junger Mann in Jeans und einem Armeehemd auftauchte und auf uns zukam.

»Hat euch Kopf geschickt?«, fragte er, statt zu grüßen.

»Ja.«

»Los, beeilt euch, damit wir die Schlacht ausnutzen.«

Sofort machte er sich halb rennend auf, so dass Peter und ich ihn kaum einholten, weil er schon ein gutes Stück voraus war, bis wir beide unsere Rucksäcke umgehängt hatten. Ich brauchte bestimmt an die zehn Minuten, um nach dem Gerenne wieder zu Atem zu kommen. Im Bemühen, Schritt mit ihm zu halten, fragte ich ihn, wie er das denn meine, »damit wir die Schlacht ausnutzen«.

»Solange dort gekämpft wird, wird uns hier niemand kontrollieren. Wenn uns überhaupt jemand sieht«, antwortete der magere junge Mann, und dann legte er noch einen Zahn zu, als wollte er damit weitere Fragen und jedes Gespräch verhindern.

So begann an diesem 23. September unser Weggang aus Sarajevo. Haben wir damals wirklich gefühlt, haben wir geglaubt, dieser Weggang werde Rettung bringen?

Nur ein klein wenig

Unser Weggang aus Sarajevo hatte eigentlich am 8. April begonnen. Die Stadt war bereits blockiert und von allen Seiten umzingelt, aus den Randgebieten ergossen sich täglich kleinere oder größere Ströme von Menschen ins Zentrum, die vertrieben worden waren oder glaubten, sich im Zentrum besser als in ihrem Haus vor der Gewalt in Sicherheit bringen und vor dem Tod retten zu können. Die Behörden oder das, was von den Behörden übriggeblieben war, brachten diese Menschen vorübergehend in Hotels, Sporthallen und ähnlichen Einrichtungen unter, so dass man den wenigen Gästen in den Hotels mitteilte, dass sie ausziehen müssten. Um die Wahrheit zu sagen, brauchten sie es ihnen gar nicht mitzuteilen, weil jeder normale Mensch sich bemühte, die Stadt möglichst schnell zu verlassen, wenn er dort nicht alles, was ihm lieb und wichtig war, zurücklassen wollte. So entschloss sich auch Peter zum Gehen, obwohl er Ende März mit der Absicht nach Sarajevo gekommen war, mindestens einen Monat zu bleiben und seine Erinnerungen an die siebziger Jahre aufzufrischen, als er oft und gern nach Jugoslawien gekommen war. Aus Sarajevo fuhren noch immer Busse ab, mit denen die Ausländer und die Sarajevoer Bürger wegfuhren, die sich mehr vor der Belagerung und den mit ihr verbundenen Übeln fürchteten als vor dem Verlust des Hauses, der Freunde, all dessen, was sie hier gehabt und vielleicht geliebt hatten. Wir beschlossen, dass es das Beste wäre, wenn Peter mit einem dieser Busse bis Split oder Zagreb fahren und dann von dort mit dem Flugzeug heim nach Monreale fliegen würde, und so fanden wir uns am Mittwoch, dem 8. April, am frühen Morgen mit Peters Gepäck am Busbahnhof ein.

Ich wollte, ich hätte das, was sich an diesem Morgen vor meinen Augen abspielte, nicht einmal von ferne gesehen, geschweige denn erlebt. Viele Reisende, aber niemand, der sie begleitet hätte. Erwachsene, die plötzlich schwer seufzten und sich die Tränen aus den Augen wischten, die sie auch vor sich selbst verbergen wollten. Eine Frau, die aus heiterem Himmel aufschrie, ihre ziemlich kleine Reisetasche umarmte und sie wie ein liebes Kind zu wiegen begann. Menschen, die um die Busse strichen und nicht wussten, in welchen sie einsteigen sollten. Der einzige Passagier, den jemand begleitete, war Peter, weil ich ihn im Hotel abgeholt und an den Bahnhof gebracht hatte, mit der Absicht, nach seiner Abfahrt nach Hause zurückzukehren, aber auch das war nicht mehr sicher, als wir zum Bahnhof kamen, weil es Peter unterwegs fast gelungen war, mich dazu zu überreden, mit ihm zu fahren, obwohl ich nichts außer meinen Papieren bei mir hatte.

Wir blieben bei dem Bus stehen, der um halb neun nach Split abfahren sollte, und setzten unser Gespräch fort, in dem ich mich immer schwächer gegen Peters Aufforderung wehrte, mit ihm zu fahren. Es war eigentlich kein Gespräch mehr, beide wussten wir, dass die Sache entschieden war, und nun tauschten wir nur unwillig Sätze aus, um etwas zu sagen, wir standen einander wohl noch nicht nahe genug, um uns auch dann zusammen wohlzufühlen, wenn zwischen uns und in uns Schweigen geherrscht hätte.

Eine Frau bemühte sich, im Gepäckraum des Busses zwei große Koffer zu verstauen – vergeblich: Die Koffer waren zu schwer und zu sperrig. Sie bat den Fahrer, der an der Bustür stand, ihr zu helfen, und dieser stellte einen Koffer in den Gepäckraum und kehrte an seinen Platz zurück.

»Den auch«, forderte ihn die Frau auf und zeigte auf den anderen Koffer.

»Zwei gehen nicht, jeder Passagier hat das Recht auf einen Koffer«, antwortete der Fahrer.

»Und was soll ich mit dem anderen machen?«, fragte ihn die Frau verwirrt.

»Weiß ich nicht, das ist eine Anordnung«, rechtfertigte sich der Fahrer. »Wir bräuchten zwei Busse nur für die Koffer, wenn jeder so viel mitnehmen könnte, wie er will.«

»Ich darf nicht, aber Ihr Freund hier schon, was?!«, schrie die Frau wütend nach einer kürzeren Pause und stieß mit dem Fuß gegen den Koffer vor ihr. »So geht's auch nicht!«

»Was für ein Freund denn?«, fragte der Fahrer verwirrt.

»Der hinter Ihnen, der hätte den Platz nicht bekommen, wenn er nicht Ihr Freund wäre«, schäumte die Frau weiter.

Der Fahrer rief, noch immer an der Tür stehend, dem Fahrgast, der auf dem Platz hinter seinem saß, zu:

»He, Kumpel, die Frau behauptet, Sie sind mein Freund.«

»Bestimmt auch kein Feind, soll mir passieren, was ich Ihnen wünsche«, antwortete der rundliche Fahrgast, ohne zu zögern.

»Aber sind Sie wirklich mein Freund?«

»Das bin ich, Alter, was sonst! Ich wünsch dir nichts Böses, hab nichts an dir auszusetzen …«

»Wir sehen uns heute zum ersten Mal, stimmt's?«, erkundigte sich der Fahrer hartnäckig, als wäre es ihm überaus wichtig, die Behauptung der Frau zu widerlegen, er sei mit diesem Fahrgast befreundet.

»Warum hätten wir uns verdammt noch mal sonst sehen sollen?«, fragte der Fahrgast verwundert, der die Gründe für diese Befragung offensichtlich nicht verstand.

»Trotzdem hast du das Recht auf zwei Koffer und ich nur auf einen«, kreischte die Frau wütender als zuvor, wenn das möglich ist.

Der Dicke stieg aus dem Bus und stellte sich zwischen den Fahrer und die wütende Frau.

»Hast du ein Problem?«, fragte er die Frau.

»Allerdings«, schrie die Frau, »Mein Problem sind deine

zwei Koffer. Ich hab mit eigenen Augen gesehen, dass du zwei große Koffer hineingestellt hast.«

»Ich hab Sachen für das Kind mitgenommen«, erklärte der Dicke. »Der Sommer kommt, kaufen kann man nichts, und sie haben nichts, weder meine Frau noch der Kleine.«

»Aber wieso ist dein Kind besser als meins?!«, schrie die Frau weiter. »Warum soll deins was haben und meins nicht?!«

»Alles ist vergeblich«, sagte ich zu Peter, der wie ich die Szene aufmerksam verfolgte. »Der Mensch ist vollkommen allein – wenn er geboren wird, wenn er stirbt und wenn er sich fürchtet.«

»Du hast gar kein Kind«, äußerte der Dicke ruhig, griff zwei Koffer aus dem Gepäckraum, setzte sie auf dem Bussteig ab und kehrte an seinen Platz zurück.

»Das ist gut!«, rief Peter begeistert und wandte sich mir zu. »Wie schnell fällt alles Überschüssige von einem ab!«

»Der zweite kann trotzdem nicht mit«, erklärte der Fahrer der zornigen Frau, breitete seine Arme aus und zündete sich eine Zigarette an.

»Ich hab große Lust hierzubleiben«, verkündete Peter. »Kann ich bei dir wohnen?«

»Welcome to hell!«, rief ich und lachte laut. Freude und Erleichterung überfluteten mich, wahrscheinlich habe ich deshalb lauter gelacht und gerufen, als es sich gehört, und viel lauter, als ich es sonst tue. Aber worüber freute ich mich so sehr? Dass ich zu Hause bleiben würde, obwohl ich mich schon damit abgefunden hatte zu gehen? Dass ich die Gelegenheit haben würde, Peter, den ich schon seit Jahren aufrichtig bewunderte, besser kennenzulernen und ihm näherzukommen? Dass sich ein weiteres Mal in meinem Leben alles ohne mein Zutun entschieden hatte?

»Dann lass uns gehen.«

Am Busbahnhof war kein einziges Taxi zu finden, daher machten wir uns zum Bahnhof auf. Peters ziemlich großer

Koffer hatte zwar Räder, so dass man ihn nicht schleppen musste, sondern ziehen konnte, aber es war doch ein größeres Unterfangen, ihn zu Fuß nach Dolac Malta zu schaffen, wo wir wohnten. Aber auch am Bahnhof gab es keine Taxis, wahrscheinlich hatte man den Treibstoff, der in der Stadt vorrätig war, als die Belagerung anfing, der Polizei, dem Gesundheitswesen und der Feuerwehr gelassen, so dass die Taxis nicht mehr fuhren. Wir gingen zur Džemal-Bijedić-Straße, in der Hoffnung, es werde doch noch ein Taxi oder ein guter Mensch kommen und uns mitnehmen, wenn er sah, mit was für einem Trumm von Koffer wir uns abplagten. Es ist die Hauptverkehrsader in der Stadt, wenn man irgendwo ein Auto erwischen konnte, dann dort.

Unsere Rechnung ging auf, etwa zehn Schritte von der Kreuzung, an der die Tršćanska-Straße in die Džemal-Bijedić-Straße mündet, kreuzte ein Taxi auf, es hielt sogar an, und der Fahrer kurbelte die Fensterscheibe herunter. Ob er uns nach Dolac Malta mitnehmen würde, fragte ich ihn.

»Nein«, antwortete er, »und ich würde euch auch abraten, ich bin kaum mit dem Auto rausgekommen, wie wollen Sie das dann zu Fuß schaffen.«

»Warum?«

»Um die Brücke der Brüderlichkeit und Einigkeit herum wird gekämpft. Alles brennt.«

»Und auf einem anderen Weg?«, versuchte ich es erneut.

»Einmal und nicht wieder.«

»Kommen Sie, Mann, das ist doch Ihr Job.«

»Ich kann nicht, ich bin bestellt.«

»Wer soll Sie denn so plötzlich bestellt haben?«

»Meine Familie«, antwortete der Taxifahrer, schloss das Fenster und fuhr davon.

Solange es nicht möglich war, sich nach Dolac Malta durchzuschlagen, mussten wir uns etwas einfallen lassen, wo wir unterschlüpfen konnten. Wir kehrten im Hotel Zagreb ein. Genauer gesagt, wir wollten einkehren, aber ein junger Mann in Uniform erlaubte uns nicht, das Restaurant zu betreten. Ich erinnerte mich an eine beliebte Bierstube und Pizzeria in unmittelbarer Nähe, und dort hatten wir mehr Glück, ein Mann mittleren Alters in Jeans und Lederjacke erklärte uns, wir könnten nicht in den Keller, wo früher der Disco-Club war, jetzt sei der Stab seiner Einheit dort stationiert, wir könnten uns aber auf die Terrasse oder ins Erdgeschoss setzen, wo früher die Bierstube und Pizzeria war.

»Welcome to hell«, wiederholte ich meinen Gruß, als wir uns setzten.

Dieses Mal lachte Peter und bemerkte, beides könne wahr sein – der Willkommensgruß und besonders die Hölle.

»Willst du in deiner Hölle mein Vergil sein?«, fragte er mich nach kurzem Schweigen.

»Nein, auf keinen Fall, selbst in meinem eigenen Haus kann ich nur derjenige sein, der folgt, und du nur derjenige, der führt«, antwortete ich. Seine Frage ehrte und erschreckte mich. »Du kannst mir wahrscheinlich sogar mich selbst besser erklären als ich.«

Es krachte – zwei, drei schwere Explosionen, die direkt aufeinander folgten, was bedeutete, dass man systematisch auf ein Ziel schoss, um es zu zerstören. Wenige Minuten nach der letzten Explosion kamen eine Frau in den Dreißigern und ein kaum älterer, langhaariger Mann in das Bierlokal gerannt. Die Frau zitterte, ihre Bluse unter der kurzen Jacke war eingerissen, im Gesicht hatte sie Staub oder Ruß, am rechten Mundwinkel etwas Blut. Der Mann war ebenfalls staubig und sichtlich erschrocken, hatte sich aber ziemlich gut im Griff. Das Rote Kreuz und das Kino Sutjeska seien getroffen und in Brand gesteckt worden, teilten sie dem Mann in der Lederjacke mit, beide Gebäude »brennen jetzt lichterloh«. Gott weiß, was mit ihnen geschehen wäre, hätten sie sich dort an der Kreuzung nicht rechtzeitig auf die Erde geworfen.

Sie setzten sich an unseren Nachbartisch. Der Mann in der Lederjacke brachte ihnen eine große Karaffe mit Wasser und fragte, ob sie ein scharfes Getränk wollten. »Ihr seid nicht aus unserer Einheit, aber ihr seid Menschen«, rechtfertigte er sein Angebot.

»Das käme wirklich gut«, antwortete der langhaarige Mann, dann rief er ihm nach: »Danke!«

Er nahm ein Tuch aus seiner Tasche, befeuchtete es, stand auf, ging zu der Frau und begann ihr vorsichtig das Blut im Mundwinkel abzuwischen. Als er damit fertig war, wischte er ihr den Staub vom Gesicht, wobei er ihr mit der linken Hand zärtlich über das Gesicht strich, etwas gründlicher als notwendig war, um eventuelle Staubreste zu entfernen. Der Mann in der Lederjacke brachte zwei Gläschen Schnaps und stellte sie auf den Tisch, aber der andere war so mit dem Gesicht der Frau beschäftigt, dass er sich gar nicht bedankte. Er hörte auf zu wischen, begann das Gesicht aufmerksam anzuschauen, es beinahe ohne Abstand buchstäblich anzustarren, näherte sich dem verletzten Mundwinkel, befeuchtete seinen Zeigefinger mit Spucke und legte ihn auf die Lippen der Frau, fuhr langsam mit dem Finger über die Lippen, als liebkoste oder putzte er sie.

»Na dann zum Wohl«, sagte er, immer noch neben ihr stehend, nahm ein Gläschen und reichte es ihr, nahm das andere, stieß mit ihrem Gläschen an und trank mit einem Schluck aus. Die Frau probierte einen Schluck, seufzte tief, schüttelte den Kopf, trank mit einem zweiten Schluck den Rest aus und stellte das Gläschen auf den Tisch. Ihre Hand zitterte nicht mehr.

Der Mann fuhr nun mit den Händen über die Jacke der Frau, dann schob er seine Hände unter die Jacke und strich sanft über ihren Körper, so dass man nicht entscheiden konnte, ob er sie streichelte oder sich bemühte, den Staub von der Bluse zu entfernen.

»Was tust du da?«, fragte die Frau, als hätte sie erst jetzt bemerkt, dass er sich unentwegt mit ihrem Körper beschäftigte.

»Ich mach dich ein bisschen zurecht.«

»Lass das!«

»Was hast du denn?«

»Hände weg, sag ich.«

»Was macht das schon, wenn ich dich ein bisschen berühre?«

»Es macht was, weil ich die Frau von deinem Freund bin, du fieser Hund! Hast du das etwa vergessen?«

»Wie könnte ich. Du weißt, wie verknallt ich bin, seit ich dich das erste Mal gesehen hab. Seit sieben Jahren schweig ich wie ein Grab. Oder nicht?«

»Schämst du dich nicht, so zu reden, verdammt?«

Der Mann schob seinen Stuhl bis etwa zehn Zentimeter an den der Frau, setzte sich und drang mit seinen Augen in ihre ein, als wollte er sie hypnotisieren.

»Vielleicht schäme ich mich ja, aber was soll ich machen? Wir sind Menschen, du weißt, wie mir ist.«

»Was weiß ich? Wie soll ich von deinen Unverschämtheiten wissen, du Hornochse?!«

Der Mann begann unsicher, die Schenkel der Frau zu berühren und zu streicheln, und schließlich nahm er seinen Mut zusammen und schob seine Hände unter den Rock ihres strengen Kostüms.

»Du weißt genau, wie verrückt ich nach dir war, du hast gesehen, wie ich dich angeschaut habe, und hast zufrieden gelächelt.«

»Hörst du endlich auf, du widerlicher Kerl?!«

»Und wie soll ich nicht wahnsinnig sein? Der Blitz hat mich verbrannt, als ich dich gesehen habe. Aber er hat mich wieder aufgerichtet, so wie jetzt auch.«

»Du weißt, dass wir das nicht dürfen.«

»Wieso sollen wir nicht dürfen?! Es ist Krieg, wann, wenn nicht jetzt?«

Der Mann stand auf und reichte der Frau die Hand. Doch sie zögerte, und so ergriff er ihre Hand und zog sie, als wollte er ihr beim Aufstehen helfen. Dann legte er den rechten Arm um sie, während seine linke noch immer ihre Hand hielt, und ging mit ihr zur Treppe, die hinunterführte, in jene Räume.

Vielleicht veranlasst durch das, was wir bis eben am Nachbartisch gehört und gesehen, vielleicht durch das, was wir am Busbahnhof erlebt hatten, begann Peter, noch während die beiden auf die Tür der diskreten Räume zugingen, zu reden. Es folgte einer seiner langen Monologe, die ich für mich seine Vorträge nannte, die ich genoss und aufsaugte wie ein Schwamm. Ich kann natürlich keinen dieser Monologe wortwörtlich wiederholen, ich habe kein Talent für Paradoxien und Wortspiele, ohne die man sich Peters Rede nicht vorstellen kann, aber ich bin sicher, dass ich mir jeden seiner Vorträge gut genug gemerkt habe, um den Inhalt einigermaßen getreu wiedergeben zu können.

Ich glaube, der Mensch von heute verfehlt niemanden so oft und so vollkommen wie sich selbst, begann Peter seine Überlegungen. Der eine verbringt sein langes und bequemes Leben, ohne sich je ein einziges Mal selbst zu begegnen und ohne auch nur das Geringste über sich zu erfahren, obwohl sich ihm fast täglich Gelegenheiten geboten haben, dieses oder jenes über sich zu entdecken. Er verspielt all diese Gelegenheiten, weil er das Leben in einem schönen Zauberkasten verbringt, einem Puppenheim, wie Ibsen sagen würde, wo es warm und bequem ist, in dem es alles gibt außer Wirklichkeit und Versuchungen, wo alles wissenschaftlich kontrolliert und korrekt zugeht. Er isst so, wie es ihm die Ernährungswissenschaftler raten. Er macht Liebe nach den Empfehlungen der Sexologen. Er kommuniziert mit seiner Frau, wie es ihm die Psychologen und Eheberater beigebracht haben. Er überquert die Straße, wo es ihm die Verkehrsvorschriften erlauben. Bei der Arbeit macht er, was er soll, er sagt, was man von ihm erwartet, er ist immer korrekt und hört auf die, welche es am besten wissen. Er erlebt sein achtzigstes Jahr, ohne jemals zu entdecken, was ihm wirklich schmeckt. Er ist ein korrekter Mensch, er isst, was die Experten empfehlen, daher ist er gesund und langlebig, er wird auch mit einer tadellosen Gesundheit sterben. Und daher weiß er nichts über sich, nicht einmal, was ihm wirklich schmeckt, weil er sich jeden Tag mindestens dreimal verfehlt, jedes Mal, wenn er sich an den Tisch gesetzt hat, um zu essen, weil er gegessen hat, was er sollte, statt das, worauf er Lust hatte. Und jetzt, mit achtzig, weiß er, dass er ein bequemes, langes und korrektes Leben verbracht hat, in dem es alles gegeben hat, nur sich selbst hat er nie gefunden. Er hat sich achtzig Jahre lang hier aufgehalten als einer von uns, als jemand, als irgendwer, als einer von denen, die sich nicht kennengelernt haben, weil sie sich eine kleine Ewigkeit selbst verfehlt haben. Er weiß so gar nichts über sich, dass ihm nicht einmal bekannt ist, dass er nichts weiß, er wäre sicher verwirrt, wenn ihn jemand fragen würde, was er essen oder trinken möchte, weil er nicht zu antworten wüsste.

Daher sind sogenannte Grenzsituationen wertvoll, Krisenzustände, die einem nicht erlauben, sich selbst zu verfehlen, indem man wählt, was korrekt ist, anstatt das, was man wirklich möchte. Eine Grenzsituation zwingt einen, selbst zu entscheiden, man hat dann keinen Experten bei der Hand, der für einen entscheiden würde, und so muss man sich mit sich selbst konfrontieren. Meinst du, unter normalen Bedingungen wäre die Frau am Busbahnhof so in Wut geraten? Vielleicht schon, aber sie hätte sich sicherlich zurückgehalten oder hätte zumindest versucht, ihre Wut, Angst, alles, weswegen sie so geschrien und getobt hat, zu kontrollieren. Meinst du, die beiden von vorhin, die sich jetzt wahrscheinlich miteinander vergnügen, wären sich unter normalen Bedingungen so schnell einig geworden? Sicher nicht, wir haben gehört, dass er sich seit dem ersten Blick nach ihr sehnt und dass dieser Blick vor sieben Jahren auf sie gefallen ist. Ich glaube nicht, dass sich der Mann verrechnet hat. Mancher würde es damit erklären, dass wir unter normalen Bedingungen eine statistische Tatsache sind und kein Lebewesen, aber wir beide wissen, dass die Dinge so einfach nicht sind. Man muss die Angst berücksichtigen, weil wir uns zu Recht vor uns fürchten. Man muss auch den dramatischen Unterschied zwischen der Kraft, die man für ein authentisches Leben braucht, und der Menge an Kraft, die einem zur Verfügung steht, in Betracht ziehen.

Auf jeden Fall hat mich das Vorkommnis auf dem Busbahnhof darauf gebracht, dass ich hierbleiben muss, weil ich zum ersten Mal die Gelegenheit habe, etwas länger in Grenzsituationen zu leben. Hier kann ich mein wirkliches Selbst kennenlernen, kann die Authentizität entdecken, kann entdecken und begreifen, wer ich bin und wie ich tatsächlich bin. Und die beiden haben mir bestätigt, dass ich gut entschieden habe.

»Mir bist du willkommen, aber ich bin nicht sicher, ob es sich lohnt«, bemerkte ich unwillkürlich, auch heute weiß ich nicht, warum ich das überhaupt gesagt habe. Ich habe bestimmt nicht gescherzt, wollte aber bestimmt auch nicht Peters Überzeugung, dass er sich kennenlernen müsse, in Frage stellen.

»Wahrscheinlich lohnt es sich nicht«, stimmte Peter zu, was nicht gerade seiner Gewohnheit entsprach. »Und bestimmt ist es nicht bequem, im Gegenteil.« Ein Abstieg ist immer unbequem, und sich selbst kennenzulernen bedeutet, hinabzusteigen in sein Selbst. Ich denke oft, dass der Hades und der Dschahannam, die Hölle und die Dschehenna nur Metaphern sind für diese Begegnung mit sich selbst, für den Abstieg in die einzige wirkliche Hölle – in sich selbst. Aber ohne diese Erfahrung hast du nicht wirklich gelebt, hast du nie dein authentisches Selbst getroffen, sondern lediglich eine bestimmte Zeit als statistische Größe auf der Welt verbracht.

»Und was hast du gewonnen, wenn du auf den Grund kommst?«

»Du hast nichts gewonnen«, antwortete Peter rasch. »Vielleicht weil du gar nicht bis auf den Grund gekommen bist, wahrscheinlich gibt es den Grund gar nicht. Dante hat geglaubt, auf dem Grund der Hölle hause Luzifer, und dementsprechend müsste auch auf dem Grund des Menschen irgendein Teufel hocken. Wenn der Teufel Unwirklichkeit, Leere, Abwesenheit wäre, könnte dies die Wahrheit sein. Aber viel besser gefällt mir die Erklärung, die uns die alten indischen Weisen liefern, die dachten, der Mensch sei wie ein Trichter – oben leer und unten leer und zwischen beiden Leerstellen stecken wir. Wenn der Mensch seinen Grund wahrnimmt, begreift er, dass er schwebt. Er schwebt zwar auch, wenn er seinen Grund nicht wahrgenommen hat und wenn er nicht weiß, dass es keinen Grund gibt, aber nur dann, wenn er seinen Grund wahrgenommen und entdeckt hat, dass es ihn nicht gibt, weiß der Mensch, dass er schwebt, eingetaucht in die leere Stelle, die den indischen Weisen die Null geschenkt hat.«

Über den Kristallzustand

Es brannten das Gebäude des Roten Kreuzes und das Kino Sutjeska, es brannte der Müll in den Metallcontainern hinter den Gebäuden, es brannte auch das Holz neben den Containern, das Gott weiß wann getrocknet war und auf welches das Feuer jetzt vom angezündeten Müll übergegriffen hatte. Eine kleine Menschengruppe stand in der Nähe der Container und sah irgendwelche Papiere und Gegenstände von einem Haufen durch, der neben ihnen lag, wahrscheinlich Dinge, die ihnen aus den in Brand gesetzten Gebäuden zu retten gelungen war.

Peter und ich mussten uns zu meiner Tante Gina, der Frau von Vaters Bruder, durchschlagen, die im Gebäude der kroatischen Kulturgesellschaft »Fortschritt« gegenüber dem Kammertheater wohnte. Das bedeutete, mit Peters schwerem Koffer die fünfzehn bis zwanzig Meter breite Đuro-Đaković-Straße zu überqueren, auf der uns die Scharfschützen vom Trebević besser sahen als die Tontauben an einem Schießstand, um dann auf dem etwa hundert Meter langen Platz vor dem Kaufhaus diese angenehme Erfahrung zu wiederholen.

Ich setzte an, um Peter ein paar grundlegende Informationen über Tante Gina zu geben und ihn so auf die Begegnung mit ihr vorzubereiten, aber ich geriet in Verlegenheit und brach ab, bevor ich ein Wort herausgebracht hatte. Es gibt wenige Menschen in unserem Umfeld, über die wir so wenig Stichhaltiges erfahren wie über unsere Eltern und wirklich lieben Verwandten. Das liegt zum einen daran, dass wir diese Menschen mit dem Herzen kennenlernen und erkennen und nicht mit dem Verstand, uns interessiert ihr inneres Wesen, und zwar am meisten der Teil des Wesens, mit dem sie sich uns zuwenden, mit allen anderen Tatsachen sollen sich die Polizei und die Personalabteilung der Firma, in der unsere Lieben arbeiten, befassen. Zum anderen liegt es wahrscheinlich an der eigenartigen Diktatur der Liebe, dem Recht und Bedürfnis der Liebenden, die von ihnen Geliebten der Rolle (um nicht zu sagen, der Funktion) anzupassen, die sie ihnen zugedacht haben. Ich habe zum Beispiel von meinem Vater erwartet, dass er stark ist, ich brauchte einen starken und sicheren Vater, in dessen Schatten ich mich wohlfühlte, wahrscheinlich war ich deshalb mit dem Vater, den mir das Schicksal zugeteilt hatte, nie wirklich einverstanden. Da sein älterer Bruder Boris, der Mann von Tante Gina, ein erfolgreicher Funktionär mit einer ernsthaften Karriere war (zwei Legislaturperioden Verkehrsminister in der bosnischen Regierung), überließ es mein Vater Dimitrije ihm, klug und erfolgreich zu sein, und für sich wählte er die Rolle des schwachen, empfindsamen und unverstandenen Bruders. Ich konnte ihm nicht erlauben, diese Rolle mir gegenüber zu spielen, erstens, weil er nicht mein Bruder war und zweitens, weil ich einen großen und starken Vater brauchte und keinen empfindsamen und verletzten Menschen, dessen wahren Wert die Umwelt nicht anerkannte und den das Schicksal nicht liebte. Wahrscheinlich deshalb konnten wie beide nicht zueinander finden und verbrachten die Zeit, die uns beschieden war, in schweigsamer und unbehaglicher Duldung. So oder so ähnlich ist es auch mit denen, die wir lieben und die wir in unserem Erleben der Rolle anpassen konnten, die wir ihnen zugedacht haben. Was sollte ich Peter über Tante Gina sagen? Was konnte ich überhaupt über sie sagen? Ich brachte der armen Frau einen völlig unbekannten Menschen ins Haus, und das mitten im Krieg, und war sicher, dass sie uns gut aufnehmen würde. Auch ihm hätte ich etwas über die Frau sagen müssen, in deren Haus er kam, zumindest so viel, dass er wusste, wen er kennenlernen würde, und sich auf die Begegnung vorbereitete, doch ich hatte nichts über sie zu sagen, jedenfalls nicht einem Dritten.

Das Erste, was mir im Zusammenhang mit ihr in den Sinn kam, waren ihre mageren, duftenden Hände und wie sehr ich sie mochte. Diese Empfindung war für mich ihr Markenzeichen. Sie war das erste Geschöpf gewesen, das ich neben meinen Eltern kennengelernt hatte, und die Hände waren das Erste von ihr, was ich spürte, mir merkte und liebgewann – magere sichere Hände, die wunderbar nach etwas Fernem und Lieben dufteten. Aber das konnte ich ihr nicht sagen, geschweige denn einem Mann, der sie nie gesehen hatte und gewiss auch nicht ernsthaft kennenlernen würde. Konnte ich ihm sagen, dass ich bei ihr als Gymnasiast beide Seiten der Vertrautheit kennengelernt hatte? In dieser Zeit waren die Streitereien meiner Eltern zum Alltag geworden, und ich war praktisch zu Tante Gina umgezogen, so dass sich zwischen uns eine schöne Vertrautheit entwickeln konnte. Ich war für sie Sohn, jüngerer Bruder, adoptierter Junge aus der Nachbarschaft, bei ihr war ich zum ersten und einzigen Mal jemand Kleines und Schwaches und doch Glückliches, weil ich angenommen, beschützt, sicher war. Gleichzeitig lernte ich die andere Seite der Vertrautheit kennen, weil ihre Tochter Sanja an meiner Seite aufwuchs, so dass ich die Seligkeit dessen erleben konnte, der beschützt, verteidigt, Sicherheit vermittelt. Nur solche Dinge konnte ich über sie sagen, aber diese Dinge interessierten einen Fremden nicht, auch nicht Peter.

»Es wird gut, mach dir keine Sorgen«, sagte ich am Ende meiner wirren Überlegung und fühlte im selben Moment, wie unsinnig das war.

»Was?«, fragte Peter zu Recht.

»Bei meiner Tante. Sie ist in Ordnung, sie wird uns gut aufnehmen.«

Tante Gina und Sanja aßen gerade zu Mittag, und wir gesellten uns zu ihnen. Während des Essens beklagte sich die

Tante bei mir, dass sie schon seit Tagen Vera nicht gesehen und auch nichts von ihr gehört habe. Sie fragte, ob ich etwas in Erfahrung bringen könne, ob ich eine Idee hätte, wo man fragen könnte.

Ich kannte Neven, Veras Freund, um den sie und die Drogen sich schon lange stritten. Da Peter den Wunsch geäußert hatte, hier möglichst viele Menschen kennenzulernen, nahm ich ihn mit zu Veras Wohnung in der Pavle-Goranin-Straße, in der sich meist auch Neven aufhielt. Ich klopfte lange und ließ es dann sein, weil sich niemand meldete. Zurück auf der Straße, fiel mir ein, dass Neven, wenn er sich wieder den Drogen überlassen hatte, bei dem Freund sein könnte, der drüben in dem Gebäude neben der Volksbank in der Boriša-Kovačević-Straße wohnte. Die Tür zur Wohnung des Freundes brauchte man nur aufzustoßen, ein Schloss gab es anscheinend nicht. In der Wohnung herrschte ein schwerer Gestank, als hätten sich ein Dutzend unangenehmer Gerüche vermischt und schwebten in der Wohnung, die schon seit Monaten weder geputzt noch gelüftet worden war. Auf dem Fußboden, neben der Tür zu einem Raum saß ein junger Mann an die Wand gelehnt, der Kopf nach rechts gekippt, die weit geöffneten Augen sahen ins Nichts. Ihm gegenüber saß, eigentlich saß und hüpfte zeitweise ein etwas älterer Junge, ich würde sagen, sechzehn, siebzehn Jahre alt, der laut redete, als wendete er sich an den Eingeschlafenen oder als spielte er für ihn irgendeine Vorstellung. Als er zu sprechen begann, begriff ich, dass wir seine Stimme schon gehört hatten, als wir noch auf der Treppe gewesen waren.

»Ich will nicht, Mama, du weißt doch, ich mag Tante Greta nicht«, schrie der Junge mit dünner weinerlicher Stimme.

»Ob du willst oder nicht, du musst essen. Wir haben nichts anderes«, antwortete er sich selbst mit etwas tieferer Stimme und brach dann in lautes Lachen aus. Dabei war er von allem, was er tat, so begeistert, dass er hüpfte und seine Arme wie Flügel schwang.

Ich lugte durch die Tür, neben der der entrückte junge Mann saß, und stellte fest, dass niemand dahinter war. Ich ging zu der weit offenen Tür links von ihnen und betrat ein ziemlich großes Zimmer. Auf dem Fußboden, direkt in der Zimmerecke, links vom Fenster stand eine Couch, von der jemand die Beine abgemacht hatte, und auf der Couch lag unter einer zerknitterten oder nachlässig hingeworfenen Decke ein Mann.

Das war Neven. Er bewegte den Unterkiefer, als schmatzte er, aber es gab keine Geräusche, wahrscheinlich weil sein Mund trocken war. Am Kinn weißliche Spuren, als wäre ihm Speichel, vermischt mit Mehl, aus dem Mund geflossen. Trockene gelbe Haut, die Lippen, als wären sie in den Mund geschlüpft. Sehnsüchtig betrachtete er ein Glas Wasser auf dem Boden neben der Couch, hatte aber nicht die Kraft, es zu greifen, nicht einmal, danach zu langen. Ich nahm es, hob seinen Kopf etwas an und gab ihm zu trinken. Er schluckte schwer, man sah, dass die Bewegungen seiner Muskeln in Hals und Mund nicht koordiniert waren, aber er trank gierig bis auf zwei, drei kleine Schlucke, die ihm aus dem Mund rannen und am Kinn hinunterliefen. Ich zog die Hand weg, und sein Kopf fiel auf die Couch. Nun hörte man ihn atmen, Kraft und Leben kehrten in ihn zurück. Aber ich musste mich noch eine Zeitlang gedulden, wenn ich mit ihm sprechen wollte.

»Bist du in Ordnung?«, fragte ich, als ich dachte, er könnte schon reden und fremde Worte verstehen.

»Er kommt von seinem Trip zurück, und das ist immer schwer«, antwortete Peter an seiner Stelle. »Du bist nicht dort und auch nicht hier.«

»Kann man mit dir reden?«, fragte ich nach einer weiteren langen Pause.

Neven schloss die Augen, und daraus folgerte ich, dass man konnte.

»Wo ist Vera?«, fragte ich.

»In Kalinovik«, antwortete Neven und biss sich dabei sicherlich zwei Mal auf die Lippen.

»Wieso in Kalinovik? Was will sie denn dort?«

»Ihre Alten haben sie mitgenommen, sie haben gesagt, ihr Opa stirbt. Aber das stimmt nicht, sie haben sie getäuscht, um sie herauszuholen.« Neven sprach noch immer schwer, kaum verständlich, mit sichtlicher Anstrengung. »Sie hat vor drei Tagen angerufen. Seither bin ich hier.«

»Gut«, beendete ich das Gespräch und wollte aufstehen. »Danke«.

»Nein«, erwiderte Neven und bewegte seine Finger, als wollte er mich zurückhalten. Er seufzte schwer und hielt eine Zeitlang still, er sammelte wohl Kraft. »Sie will, dass du ihr Tagebuch mitnimmst. Ein roter Faszikel. Neben dem Bett.«

Durch das Fenster neben Nevens Couch kam sein Freund Narcis herein und ging an uns vorbei, ohne uns zu bemerken.

»Wo kommt der denn her?«, wunderte ich mich laut.

»Er war auf dem Dach, um sich zu erleichtern«, antwortete Neven.

Ich sah Narcis nach, wie er durch das Zimmer ging und sich in der Ecke rechts von der Tür neben einen Mann setzte, den ich bis dahin nicht gesehen hatte. Der Mann stach sich mit einer Nadel in den Handrücken.

»Wie soll ich das Tagebuch holen, wenn niemand in der Wohnung ist?«, fiel mir ein, Neven zu fragen.

»Schlüssel.«

»Hast du ihn bei dir?«

Er schlug die Decke zurück, damit ich seine Taschen durchsuchen konnte. Der Schlüssel war nicht da.

»Wir schweben hier«, rief Narcis und schlug dem Mann, der sich in den Handrücken stach, auf den Kopf.

»Vielleicht in der Tür?«, fragte sich Neven. »Schau nach.«
Ich stand auf und ging mit Peter zur Tür.

»Rajko!«, freute sich Narcis, der mich erst jetzt sah. »Komm, schweb mit uns.«

»Hallo Leute«, grüßte ich und fügte hinzu, als ich schon im Vorzimmer war: »Glückliche Landung«.

Wir kehrten zurück in die Pavle-Goranin-Straße und stiegen in den zweiten Stock des Gebäudes Nummer fünf. Neven hatte recht gehabt, die Tür ließ sich problemlos öffnen, und der Schlüssel steckte von innen im Schloss. Es dauerte nur einen Moment, bis wir in der kleinen Einzimmerwohnung den ziemlich dicken roten Faszikel fanden, versteckt in einem Schränkchen neben einer altmodischen Ottomane, die als Bett diente. Einen Augenblick lang standen wir in der Tür und fragten uns, ob es besser sei, alles zu lassen, wie es gewesen war, oder ob man die Tür abschließen und den Schlüssel Neven bringen solle. Dann machten wir die Tür zu und gingen in Tante Ginas Wohnung zurück.

Es rührte mich, dass die Tante fragte, ob Peter in meinem Zimmer schlafen wolle oder ob man ihm etwas in einem anderen richten solle. In diesem Zimmer hatte ich mich als Gymnasiast oft und als Student ziemlich selten aufgehalten, doch sie empfand es noch immer als meins. Peter äußerte den Wunsch, in meinem Zimmer zu schlafen, und die Tante richtete ein Bett auf der zweiten Couch her, die gegenüber der stand, auf der ich schlief und die auch jetzt mit Bettwäsche überzogen war. Peter wollte die Wohnung besichtigen, was er mit seinem Bedürfnis erklärte, möglichst viel über das Alltagsleben der Menschen hier zu erfahren. Sanja führte ihn gern durch die schöne, für unsere Verhältnisse luxuriöse Fünfzimmerwohnung, in der jetzt nur die beiden lebten, und die Tante beschloss, in dieser Zeit ein Abendessen zu improvisieren, das man dem angesehenen Gast anbieten konnte. Während sie das tat, sollte ich mit ihrer Empfehlung zum Chauffeur Ibro rennen, der seinerzeit meinen Onkel Boris gefahren hatte und meiner Tante bis heute zugetan und stets zu Diensten war, und zwar in allen Dingen, für die »ein Mann und männliche Geschicklichkeit« gebraucht wurden. Auf jeden Fall musste ich Ibro vor dem Abendessen aufsuchen, weil die Polizeistunde um zehn Uhr abends begann. Ibro war zum Glück zu Hause, hatte ein Auto und etwas Brennstoff, gerne fahre er uns nach Dolac Malta, und zwar umsonst, er würde noch viel mehr für Frau Gina tun. Aber er wisse nicht, wann es möglich sei, wir müssten unten im Durchgang ab neun Uhr morgens warten, er werde herbeistürzen, wenn sich ihm eine Gelegenheit biete, aber er wisse nicht einmal ungefähr, wann das sein werde, weil er zusammen mit dem Auto mobilisiert sei und nicht frei über seine Zeit entscheide …

Ich rettete mich vor dem gesprächigen Ibro und kehrte kurz vor dem Abendessen zurück. Beim Essen kam das Gespräch natürlicherweise auf Peter, seine Ankunft hier und seine Entscheidung zu bleiben. Die Tante freute sich sehr über diese Entscheidung, wahrscheinlich sah sie in ihr den Beweis, dass sie recht daran getan hatte, als auch sie sich entschlossen hatte zu bleiben. Ihr Sohn Igor, der in England studiert hatte und zum Arbeiten als angesehener Fachmann für Turbinen oder etwas Ähnliches dortgeblieben war, hatte sie im letzten Jahr zehn Mal angerufen und darauf gedrungen, dass sie und Sanja zu ihm kämen. Für sich war sie sicher, dass sie bleiben würde, aber Sanja redete sie hartnäckig und vergebens zu wegzugehen. So befanden sich beide hier, als die Belagerung begann, und so betrachteten sie Peters Entscheidung als Bestätigung, dass sie keinen Fehler gemacht hatten. Ich glaube, bereits damals, während dieses Abendessens, begann das, was sicherlich keine Freundschaft war, aber doch eine ganz besondere Beziehung, ähnlich der Freundschaft, zwischen ihr und Peter. Eine Beziehung mit stärkerem Vertrauen, fast würde ich sagen, Abhängigkeit von ihm.

Als wir uns hinlegten, fragte Peter, ob die Tante eine Sammlerin sei oder mit Kristall handle. Ich lachte laut, ich weiß nicht, ob es komischer war, sie sich vorzustellen, wie sie handelte oder als Person, die irgendetwas systematisch sammelt und eine Kollektion anlegt.

»Eher eine Sammlerin oder so etwas«, antwortete ich, nur so viel, um etwas zu sagen.

Eigentlich hatte ich keine Lust, über sie und ihr Kristall zu reden, daran mochte ich nicht einmal denken, ich mochte überhaupt nicht wissen und mich daran erinnern, dass sie das Haus voller Kristallgegenstände hatte. Vielleicht weil gerade mit ihrem Kristall mein Gefühl verbunden war, dass ich nicht fähig sei zu helfen und zu schützen, dass ich darin meinem Vater Dimitrije ähnlich war, aber ich wollte partout nicht so sein. Ich sage nicht, dass dieses Gefühl im Zusammenhang mit dem Kristall entstanden ist, aber ich sage, dass es mir zum ersten Mal im Zusammenhang mit der Krise bewusst geworden war, die meine Tante zum Kristall gebracht hatte, und es mich seit damals durch mein Leben begleitete wie meine Niere und meine Kurzsichtigkeit. Damals wollte ich meiner Tante aufrichtig helfen, später wollte ich viele Male diesem oder jenem helfen, mich oder einen anderen schützen, aber es blieb bei meinem aufrichtigen Wunsch.

Mitte der siebziger Jahre vollzogen sich tiefgreifende Veränderungen im Leben meiner Tante. Sie und Onkel Boris bekamen nach achtzehn Jahren des Wartens ein zweites Kind, die kleine Sanja. Onkels Karriere führte blitzartig nach oben, und er verbrachte immer weniger Zeit zu Hause. Ihrem Sohn verschafften sie gerade zu der Zeit ein Stipendium und schickten ihn zum Studium nach England, so dass in der großen Wohnung jetzt kaum jemand übrigblieb, nur die Tante, Sanja und immer häufiger auch ich. Es war eine Freude zu sehen, wie sehr die Tante in ihrer neuen Mutterschaft aufging, als hätte sie sich selbst geboren und noch mehr als das. Ständig suchte und fand sie einen Grund, die Kleine in den Kinderwagen zu setzen und mit ihr spazieren, einkaufen und auf Besuch zu gehen, für sie dieses oder jenes zu beschaffen oder zu prüfen. Sie genoss es so, dass sie sich nicht allzu sehr über die Gerüchte aufregte, der Onkel verbringe mit jungen schönen Mitarbeiterinnen Wochenenden, nehme sie mit auf Ausflüge, Dienstreisen und Geschäftstermine. »Er muss sich ein bisschen herumtreiben. Er ist da in was ganz Neues hineingeraten, unter Menschen, in Aufgaben und Möglichkeiten, von denen er gar nichts gewusst hat, jetzt muss er sich zurechtfinden und das neue Verhalten lernen.« Das war ungefähr alles, was sie über seine ständige Abwesenheit und seine Ausflüge zu sagen hatte. Ich könnte nicht sagen, ob das dem entsprach, was sich in ihrem Innern abspielte, vielleicht hatte sie ihre Wut und Eifersucht gut unter Kontrolle, vielleicht begriff sie aus Freude an der Mutterschaft nicht, dass etwas Ungehöriges geschah.

Viel stärker reagierte sie, als der Onkel eine Hausgehilfin einstellte. Er verkündete eines Abends lapidar, am Ersten des kommenden Monats werde bei ihnen eine Hausgehilfin namens Vukosava anfangen. Die Tante sperrte und sträubte sich, behauptete, sie habe ja nicht mal selbst genug Arbeit im Haus, weshalb jede Hilfe überflüssig und unsinnig sei, aber er antwortete, es handle sich um eine arme Familie aus Kalinovik, der man helfen müsse, um richtige Proletarier, wie es sie heute kaum noch gebe, er versicherte, die Tante sei durch ihre Mutterschaft genug belastet, und bemerkte abschließend, dass heute im Übrigen alle Leute eine Haushaltshilfe hätten, es bestehe kein Grund, sich auszunehmen.

»Er will mich aus meinem Haus verdrängen,« sagte die Tante besorgt zu meiner Mutter, zu Mutter Ljuba, wie ich sie seit Kinderzeiten nenne, und ihrer Stimme war deutlich anzuhören, dass sie sich von ihrem Mann verabschiedete. In diesen Tagen kaufte sie die ersten Gegenstände aus Kristall, das war ein Satz von sechs Gläsern aus der Tschechoslowakei. Es folgten in einem verblüffenden Tempo neue Gläser, Schüsseln, Flaschen, Vögel, Schildkröten, Fische, Untersetzer, Papierbeschwerer ... In jedes Zimmer, in die Küche und am Ende auch ins Vorzimmer gelangten Kommoden, Schränke und Wandschränke voller Kristallgegenstände, welche die Tante ordentlich polierte, wischte, an- und umordnete.

Am Ersten des folgenden Monats erschien Vukosava aus Kalinovik. Tante Gina nahm ihre Haushaltshilfe freundlich auf und besprach mit ihr alles Nötige. Vukosava könne natürlich jeden Tag kommen und jeden Monat ihren Lohn in Empfang nehmen, sie könne auch bei einigen schwereren und größeren Arbeiten helfen, sie könnten manchmal zusammen einkaufen gehen, aber die echte, wahre Hausarbeit werde jede von ihnen weiterhin bei sich zu Hause verrichten.

»Nimm es mir nicht übel oder versteh es nicht falsch, aber du würdest mich auch nicht in deinem Haus kochen lassen. Oder Ordnung im Schrank machen lassen, dir oder deinem Mann die Unterhosen stopfen lassen«, sagte die Tante zu Vukosava in diesem Gespräch, das sich in der Küche abspielte, während ich frühstückte.

»Sag nur, was du willst, Frau, und ich mach es«, antwortete Vukosava. »Gott bewahre, dass ich einteile oder irgendwas.«

»Du telefonierst, sagen wir, jeden Morgen nach Kalinovik und sagst der Frau, die dort arbeitet, was sie an dem Tag kochen soll, in welcher Reihenfolge sie die Arbeiten erledigen soll, wo sie was hinstellen soll, und sie macht, was du gesagt hast«, erklärte Tante nach einer langen gespannten Pause. »Sag ehrlich, ist das eher dein oder ihr Haus?«

Ich weiß nicht, wie ihr Gespräch weiter verlief, weil ich in den Unterricht musste. Aber ich weiß, dass Vukosava in den nächsten paar Jahren jeden Tag erschien, dass sich die beiden in dieser Zeit keinen Millimeter näherkamen und ich keinerlei Meinungsverschiedenheiten zwischen ihnen bemerkte. Keine Meinungsverschiedenheiten, schon gar keine Konflikte, aber auch nicht das winzigste Zeichen von Nähe oder Freundschaft. Jede zweite Woche, wenn in der Schule die Schicht wechselte, brachte sie ihre Tochter Vera mit, damals Schülerin der siebten Grundschulklasse, die nachmittags Unterricht hatte. Als Onkel Boris starb, hörte Vukosava auf zu kommen und brach den Kontakt zur Tante praktisch ab. Zur selben Zeit verschwand Tantes Kristallwahn, wie ich ihr Bedürfnis nannte, Gegenstände aus Kristall zu kaufen und im Haus aufzustellen.

Der Onkel, die Kristallgegenstände und Vukosava verschwanden zusammen aus unserem Leben, aber Vera war durchaus weiterhin in ihm präsent. Sie kam nicht jeden Tag, wenn sie Nachmittagsunterricht hatte, schaute aber alle zwei, drei Tage wenigstens vorbei. Lange glaubte ich, das sei meinetwegen, weil Vera und ich einander die erste Erfahrung echter Nähe zu einer Person des anderen Geschlechts beschert hatten, sicher empfanden wir füreinander mehr als kindliche Sympathie und weniger als wahre Liebe. Vielleicht wäre es am treffendsten zu sagen, dass uns eine tiefe Freundschaft verband, die auch eine starke Anziehung einschloss, so dass unsere Beziehung, eigentlich die Nähe, die nicht durch regelmäßige oder häufige Begegnungen bestätigt wird, lange dauerte, auch nachdem wir begriffen hatten, dass sie nicht mein Mädchen und ich nicht ihr Kerl war. Aber ich hatte mich getäuscht, Vera hatte zu Tante offensichtlich eine stärkere Bindung, als sie es je zu ihrer Mutter gehabt hatte, und es war diese Verbundenheit, die mir Veras Tagebuch in die Hände gespielt hatte und mir so unerwartet zeigte, dass das Schöne und Gute, das uns damals verbunden hatte, auf irgendeine Art noch immer andauerte.

Es ist lächerlich, ich schäme mich ein wenig, es zuzugeben, aber Veras Wunsch, dass ausgerechnet ich ihr Tagebuch an mich nehmen soll, hat mich heute sehr gefreut. Und das hält mich immer noch aufrecht, in einer Nacht, die von Schüssen und Granaten zerrissen wird, in einem Zimmer, das sie auch jetzt als meins bezeichnen.

Weitere Kristallzustände

Der rechte Flügel der hohen Tür öffnete sich, aber in der so entstandenen Öffnung erschien niemand. Ich sah zur Tür und wartete – alles in mir lachte.

So hatten meine Tage meist begonnen, die ich als Gymnasiast in diesem Zimmer verlebte. Tante pflegte die Tür zu öffnen (Sanja war zu klein, um die Klinke zu erreichen) und offen stehen zu lassen. Ich sah auf die leere Tür und lauschte auf die Geräusche und eine leise Stimme, vielleicht ein Lachen, im anderen Zimmer. Und dann sprang Sanja für gewöhnlich mit einem Schrei in mein Zimmer, verneigte sich und fragte:

»Wie ist Ihr wertes Befinden?«

»Stets beschissen von vorne und hinten«, antwortete ich mit einer Stimme, die müde klingen sollte.

Sanja lachte laut auf und stürmte zu mir ins Bett. Ich umarmte sie und schaukelte sie in meinen Armen, wobei ich sie irgendwann laut fragte, was wir tun sollten, wenn unser Kahn sinkt. Sie antwortete, wir würden schwimmen, rückte ein wenig von mir ab, begann abwechselnd mit den Armen auszuholen und mich jedes Mal zu kneifen, wenn ihre Hand meinen Körper berührte. Ich packte sie, als hätte ich dadurch verhindern wollen, dass sie vor mir flieht, legte sie aufs Bett und kitzelte sie, wobei sie laut kicherte und sich mit den Händen wehrte. Einmal zog ich ihr bei diesem Spiel das Oberteil ihres Schlafanzugs hoch, zeigte mit dem Finger auf den Bauch, teilte ihr mit, dass das der Genosse Meha Dickwanst sei, und begann ihren Bauch abwechselnd zu kitzeln und zu kneifen. Dieses Spiel gefiel ihr so sehr, dass wir es jeden Morgen wiederholten. Wenn ich es einmal vergaß oder absichtlich ausließ, streckte sie sich auf dem Bett aus, drückte mit dem Finger auf den Bauch und sagte: »Das ist der Genosse Meha Dickwanst.«

Ich sah auf die offene Tür und wartete, dass Sanja erschien, und alles in mir lachte. Schließlich tauchte sie in einem blauen Schlafanzug mit roten Blüten und Vögeln auf, betrat das Zimmer, verneigte sich graziös und fragte:

»Wie ist Ihr wertes Befinden?«

»Stets beschissen von vorne und hinten«, antwortete ich, und beide lachten wir, aber nichts war mehr wie früher.

Sanja sprang in mein Bett. Schmiegte sich an mich, und das Lachen hörte auf. Sie spürte, dass ich zurückwich, und schmiegte sich noch stärker an.

»Wo könnte jetzt der Genosse Meha Dickwanst sein?«, flüsterte sie mir ins Ohr.

»Ich weiß nicht, wir können nicht mehr so spielen, Kleine.«

»Ich aber schon. Warum denn nicht?«

»Das ist nichts mehr für uns.«

»Das ist unser Spiel, für wen soll es sein, wenn nicht für uns?!«

»Nicht jetzt, es geht nicht mehr«, versuchte ich es.

»Aber warum denn nicht? Wann, wenn nicht jetzt?«

Ich fürchtete, dass mein Zurückweichen sie gekränkt hatte. Sie stand auf und wandte sich schnell zum Gehen, aber in der Tür drehte sie sich halb um:

»Ich wollte euch nur wecken, damit ihr rechtzeitig frühstücken kommt.«

Sie schlug die Tür etwas zu laut zu. Peter stand auf und begann sich anzuziehen, während ich noch immer zugedeckt dalag. Ich wusste, dass ich noch eine Zeitlang so liegen bleiben würde, zumindest solange er nicht aus dem Zimmer hinausgegangen war, wenn ich nicht wollte, dass er über mich lachte oder wenigstens leise spottete.

Sanja frühstückte nicht mit uns, sie war wieder ins Bett gegangen. Ich nutzte diesen Umstand, um Tante auf das aufmerksam zu machen, was ich am Morgen entdeckt hatte.

»Sanja ist schon ein erwachsenes Mädchen, ich weiß nicht, ob dir das aufgefallen ist«, begann ich.

»Sie wächst vor meinen Augen heran, wie sollte es mir nicht auffallen?«, wunderte sich Tante.

»Gerade darum sag ich es, meistens sehen wir nicht, wie sich jemand verändert, den wir ständig vor Augen haben.«

»Vielleicht sehen wir es nicht, wenn es nicht unser Kind ist. Aber unser Kind betrachten wir sowieso nicht mit den Augen, zumindest nicht nur mit den Augen«, antwortete Tante. Dann dachte sie einen Augenblick lang nach, seufzte und fügte hinzu: »Nur dass sie jetzt wirklich erwachsen wird.«

»Ich denke, man sollte sie doch zu Igor schicken. Sie ist erwachsen, sie ist eine junge Frau, das heißt so gut wie.«

»Ich weiß nicht, was ich sagen soll. Wenn ich nur sehen könnte, dass sie eine Frau wird! Ich würde wer weiß was darum geben, das zu erleben.«

»Ich weiß, es würde dir wehtun, wenn sie weggehen würde, aber …«

»Es tut mir weh, dass sie hier ist, und es tut mir weh, wenn sie weggeht«, unterbrach mich Tante. »Aber es geht nicht um mich, sondern um sie. Wo hat sie es besser?«

»Ich fürchte, dort ist es besser«, beharrte ich. »Hier ist sie allen Gefahren, Versuchungen, allzu vielen Versuchungen ausgesetzt.«

»Das heißt, sie wird schneller erwachsen«, mischte sich Peter ein.

»Was soll das denn heißen?!«, fragte ich und wurde verlegen; es kam mir so vor, als hätte sich Gereiztheit in meiner Frage bemerkbar gemacht. Was konnte mich an Peters Einmischung gestört haben? Hatte sein Tonfall diese Reaktion in mir hervorgerufen?

»Beides hat Vorteile«, antwortete Peter ruhig. »Hier und dort zu sein.«

»So ist es«, stimmte Tante zu. »Es bleibt ihre Entscheidung, wir können ihr nur raten und etwas vorschlagen.«

»Aber ja«, bemerkte ich, »sie hat schon einmal entschieden. Aber ich fürchte, es war falsch.«

»Wir können nicht für sie entscheiden«, schloss Tante müde.

»Müssten wir aber, sie ist uns zu wichtig.«

»Hat sich dein kluger Freund denn falsch entschieden?«, fragte Tante, mit dem Kopf auf Peter weisend. »Das wissen wir nicht, vielleicht werden wir es nicht einmal am Ende wissen.«

»Aber er kennt beide Seiten, er war dort und hier«, beharrte ich, »er hat gewusst, worüber er entscheidet. Doch sie hat's übers Knie gebrochen.«

»Hör bitte auf, mich zu quälen. Du kennst sie vielleicht besser als ich, wann hätte jemand sie je dazu gebracht, ihre Meinung zu ändern? Aber sprich mit ihr, erklär es ihr, warne sie, vielleicht nimmt sie deinen Rat ja an. Ich bin mit allem einverstanden.«

»Wir müssen es versuchen, aber es eilt.«

»Komm, wann du willst, und sprich mit ihr. Oder wir beide kommen zu euch, wenn sich die Gelegenheit bietet.«

Sanja verließ ihr Zimmer auch nicht, als wir gingen, sie rief uns durch die geschlossene Tür lediglich einen Gruß zu.

Wir gingen hinunter in den Durchgang, den man von der Tito-Straße aus erreicht; vorbei am ehemaligen Kabarett, in dem jetzt ein Luftschutzkeller war, vorbei am Restaurant Cyrano de Bergerac kam man zum Theater der Jungen. Im Durchgang stand ein Mädchen von ungefähr zehn Jahren, in einem zu großen Regenmantel und mit Gummistiefeln, das blonde Haar dicht und unordentlich. Als wir auftauchten, begann das Mädchen zu hüpfen, und als wir den Koffer absetzten und uns neben die Wand stellten, begann sie mit schwacher Stimme zu singen:

Ich hab kein Glück, ich hab kein Geld.
Mein Vater kam als Schaf zur Welt.
Es schlachteten ihn gute Leut.
Nichts wundert ihn in dieser Zeit.

Die Mutter ist nicht recht im Kopf.
Drum bin auch ich ein armer Tropf.
Sie setzte unser Haus in Brand,
Als einmal auch sie Glück empfand.

Nun steh ich also mit euch hier.
Bin einsam drum, allein mit mir.

Sie beendete das Lied und blieb stehen. Völlig unbeweglich, wie erstarrt, buchstäblich als hätte jemand einen unsichtbaren Knopf gedrückt und sie ausgeschaltet. Ich holte einen Geldschein aus der Tasche und reichte ihn dem Mädchen, ohne zu überprüfen, wie viel ich ihr gab. Peter tat das Gleiche. Sie nahm beide Geldscheine, verstaute sie in einem Beutelchen, das sie am Hals trug, hüpfte wie vorhin, als wir aufgetaucht waren, und rannte in Richtung Ewiges Feuer davon. Peter und ich blieben neben der Wand und seinem riesigen Koffer stehen, versunken in Schweigen. Ich war niedergeschlagen, leer, und doch über etwas verbittert. Mir war nach Weinen, nach Toben zumute, ich hatte aber keine Ahnung warum. Weder für das eine noch für das andere sah ich einen Grund.

»Ist das ein Volkslied von euch?«, fragte Peter nach langem Schweigen, als müsste auch er sich von dem Mädchen und ihrem Lied erholen.

»Kein Volkslied, aber ein Lied über unser Schicksal, fürchte ich«, antwortete ich.

In unmittelbarer Nähe hallte eine starke Explosion, und dafür war ich dankbar, weil sie mich vor einem Gespräch rettete und von der Pflicht befreite, mich mit mir zu beschäftigen. Kurz danach folgten neue Explosionen, immer stärker und stärker und alle, schien es, irgendwo nahe. Wahrscheinlich hatten sie ein konkretes Ziel in diesem Teil der Stadt ausgesucht und beschossen es jetzt.

Aus der Richtung des Theaters der Jungen kam ruhigen Schritts ein großer magerer Greis in einem abgetragenen Anzug in den Durchgang und grüßte uns höflich, indem er seinen Hut zog. Daran erkannte ich ihn, noch bevor ich sein Gesicht gesehen hatte.

»Guten Morgen, Herr Mujezinović«, grüßte ich ihn ein wenig zu laut. »Wo kommen Sie denn so früh her?«

»Šakir, mein süßes Honigherz, ich heiße Šakir«, antwortete der Alte mit seinem hellen, fast weißen Gesicht und verneigte sich förmlich.

»Ja, verzeihen Sie, Šakir«, korrigierte ich mich »Wo kommen Sie denn her bei diesem Weltuntergang?«

»Von der Bäckerei beim Preporod, sie heben mir die Kipfel auf, die übrigbleiben. Ich hab sie abgeholt, und jetzt geh ich heim zum Frühstück.«

»Und sind mit uns hier eingekeilt«, sagte ich.

»Ich bin nicht eingekeilt, sondern stehen geblieben, um die Menschen zu grüßen«, verbesserte mich der Alte. »Ich grüße schön, dann geh ich weiter nach Mejtaš, so Gott will, nach Hause.«

»Gehen Sie um Gottes willen nicht weiter, solange es sich nicht ein bisschen beruhigt hat!«, rief ich, weil der Alte tatsächlich Anstalten machte weiterzugehen.

»Keine Angst, mein süßes Honigherz, nur keine Angst«, beruhigte mich der gute Šakir. »Sie haben nichts von mir in der Hand.«

»Außer Ihrem Leben«, bemerkte ich bitter.

»Inwiefern ist das Leben meins? Ich hab's doch nicht etwa verdient? Ich muss es mir genäht haben, wenn es mir so gut steht«, scherzte Šakir und setzte, seinen Hut lüftend und sich wie ein wahrer Herr von anno dazumal verneigend, seinen Weg fort.

Mit langsamem müdem Schritt überquerte er die Tito-Straße zur Dalmatinska-Straße, auf der er nach Mejtaš hinaufmusste, zu seinem Haus. Er kann ein, zwei Schritte vom Bürgersteig der anderen Straßenseite entfernt gewesen sein, als ihn eine Granate traf und völlig zerfetzte. Sie muss mitten in seinen Körper eingeschlagen haben, weil die fürchterliche Explosion den ganzen Körper buchstäblich in rote Tröpfchen verwandelte, die nach allen Seiten auseinanderspritzten. Peter und ich sahen uns stumm an, und dann rannte ich wie ein Wahnsinniger hoch in den zweiten Stock in Tantes Wohnung. Wollte ich einen Notarztwagen rufen? Oder wollte ich überprüfen, wie es den beiden ging? Oder setzte sich mein Körper von selbst in Bewegung und zwang sich diese Anstrengung auf, um etwas von der Last der Verzweiflung, Angst, Wut loszuwerden? Ich rannte in die Wohnung und sah durch die offene Wohnzimmertür Tante am Fenster zur Straße stehen. Sie drehte sich um, weiß wie Kreide, es war klar, dass sie gesehen hatte, was wir gesehen hatten.

»Was ist das, um Gottes willen?«, fragte ich, ohne eine Ahnung zu haben, was »das« sein sollte.

»Sie greifen das Innenministerium an, sie schießen aus großen Kalibern«, antwortete Tante und zeigte auf das Radio, aus dem wahrscheinlich gerade die Meldung gekommen war. »Wahrscheinlich ist der Körper deshalb so zerstoben«, fuhr es mir durch den Kopf.

Langsam ging ich die Treppen hinab und fragte mich dabei seltsamerweise nicht, warum ich überhaupt hinaufgegangen war. Stattdessen fragte ich mich, wie es möglich war, dass wir so schnell angefangen hatten, über Kaliber und Waffengattungen zu sprechen, die Entfernung der Explosion einzu-schätzen und andere militärische Dinge zu diskutieren, über die wir heute nicht mehr wussten als gestern, als wir einen Krieg in Sarajevo noch für unmöglich hielten und von Kali-bern keine Ahnung hatten. Auf halbem Weg im Treppenhaus traf ich den Chauffeur Ibro, der mich offensichtlich abholen kam.

»Beeil dich, Mann, ich hab doch gesagt, ihr sollt unten war-ten!«, ermahnte er mich wütend und machte kehrt.

Wir gingen etwas schneller hinunter, als es bei Wendeltrep-pen vernünftig ist. Ibro teilte mir mit, dass er das Auto in der Straße der Jugoslawischen Volksarmee gelassen hatte.

»Ist das denn keine Einbahnstraße?«, fragte ich verwirrt. Ich gebe zu, dass ich damals genauso wenig wie heute wusste, was meine Frage bedeuten sollte.

»Was soll jetzt eine Einbahnstraße? Wie viele Autos fahren jetzt überhaupt in der Stadt herum?«

Wir kamen zu Ibros Auto. Er verlangte, dass wir zwei uns auf die Rückbank setzten, weil er das für sicherer hielt. Wir setzten uns und fuhren los. Ich begann Peter ohne Veranlas-sung alles zu erzählen, was ich über Šaćir Mujezinović wusste.

Ich war ihm wohl an die zwanzig Mal begegnet, er fiel mir durch seine stille Förmlichkeit auf, die mal scherzhaft wirkte, ein anderes Mal wie sein natürliches Verhalten. Ich wusste, dass er Šaćir Mujezinović hieß, aber er bat mich, ihn Šakir zu nennen, wie alle seine Bekannten. Er behauptete, das kom-me von »şeker«, wie die Türken zu Zucker sagen, und das ge-falle ihm sehr, weil er von seinen Nächsten gern als süß emp-funden werden und ihnen wie Zucker wohltun wolle. Ich erinnere mich gut an unsere Begegnung in der Aščinica bei Hadžibajrić und die feine Verbindung von Sympathie und Achtung, die der alte Hadžibajrić, einer der angesehensten Gastwirte in Sarajevo, Šakir entgegenbrachte. Das veranlasste mich dazu, Erkundigungen über ihn einzuziehen, weil es nicht viele Menschen gab, denen gegenüber Hadžibajrić sich so verhielt.

Die zweite oder dritte Begegnung mit Šakir hätte ich selbst dann nicht vergessen können, wenn ich gewollt hätte. Diese Begegnung fand im Kaffeehaus »Tunel« beim Sebilj-Brunnen Mitte Mai im üblen Frühjahr 1980 statt. Das Kaffeehaus war fast voll, und alle redeten vom Wetter und von der Kälte, vom Schnee, der im Mai unentwegt auf Sarajevo herabrieselte, manche zeigten wütend, dass sie noch Wintermäntel trugen, und die Missmutigsten führten den Beweis, dass der Eiter bereits die Welt in ihrer Gesamtheit anfresse, so dass die Unglücke, die über uns hereinbrächen, nur eine Einführung seien in das, was alle und jeden erwarte. Ich hatte keine Lust, mich an diesen Gesprächen zu beteiligen, auch keine Lust, sie mir anzuhören, blieb aber trotzdem sitzen, denn am wenigsten Lust hatte ich, bei diesem Sauwetter nach Hause zu gehen. Irgendwann ging die Tür auf und Šakir kam in einem leichten hellen Anzug, mit einem Panamahut auf dem Kopf und in leichten Frühjahrsschuhen ins Kaffeehaus. Er beeilte sich hereinzuspringen und die Tür hinter sich zu schließen, aber diese Geräusche konnten zwei entsetzte Aufschreie nicht überdecken. Ein Mann am Tisch neben der Tür schrie laut »Aaaaaah!« und breitete die Arme aus, während ein junger Barbier, der sein Geschäft neben dem »Tunel« hatte, zu einer ausführlicheren Begrüßung die Kraft fand: »Šakir Effendi! Um Gottes willen!« Šakir blieb stehen, sah sich um und fragte unschuldig: »Was ist denn los?«

»Sehen Sie denn den Schnee nicht, lieber Mann?!«

»Doch, natürlich«, antwortete Šakir.

»Und sind so angezogen?«

»Wenn das Wetter verrücktspielt, tue ich es nicht, mein süßes Honigherz«, entgegnete Šakir heiter. »Was trägt ein anständiger Mann Mitte Mai? Wundere dich übers Wetter, nicht über mich.«

Šakir gehörte zu den zurückgezogenen Menschen, die sich bemühen, möglichst leise und möglichst unauffällig zu sein, aber doch weithin bekannt und gern gesehen sind. Solche Menschen hat es bei uns immer gegeben, sie sind, würde ich sagen, charakteristisch für die Stadt, ihr Markenzeichen wie die verschmutzte Luft und die Berge, von denen Sarajevo umgeben ist. Still, vornehm, so arm, dass man nicht wusste, wovon er überhaupt lebte, ausgesprochen klug und ebenso harmlos, wurde Šakir in der Gesellschaft wie eine Art heiliger Irrer oder, wie man in Sarajevo lieber sagen würde, wie ein Gottesnarr aufgenommen. Die Kenntnisse, die er hatte, und die Überlegungen, die man von ihm hören konnte, verwirrten gewöhnlich auch die gebildetsten und geistreichsten Menschen, aber seine Harmlosigkeit und übertriebene Freundlichkeit, die er auch Kindern gegenüber an den Tag legte, erlaubten den Menschen nicht, ihm die Achtung zu erweisen, die sie ihren Nächsten, die sich durch einen besonderen Verstand auszeichneten, sonst erwiesen. Er sagte zu jedem »mein süßes Honigherz« – zu einem Kind, dem er ein Bonbon gab oder von dem er eins bekam, zum Kellner, bei dem er etwas bestellte, und zu dem distinguierten Herrn, von dem er Hilfe oder eine wertvolle Gabe annahm. Und jedem von ihnen sagte er es auf die gleiche Art und im gleichen Tonfall, sein »mein süßes Honigherz« fiel auf alle Menschen, wie Regen und Smog auf sie fallen. In Sarajevo hat sich zum Glück genug von dem für die sogenannte traditionelle Gesellschaft charakteristischen Geist erhalten, so dass die Leute hier mit solchen Mitbürgern umzugehen wussten – die meisten mit gutmütiger Verwunderung und mildem Spott, die angesehensten hingegen mit betonter Achtung und ebenso betonter Hilfsbereitschaft. Es war zum Beispiel bekannt, dass Šaćir das unbedingt Lebensnotwendige vom alten Hadžibajrić und vom großen Fußballer Asim Ferhatović gespendet bekam, der sich rechtzeitig darum kümmerte, dass man Šaćir auch nach seinem

Tod Hilfe zukommen ließ. Das reichte vollauf, dass ihm auch gutsituierte Menschen, die weniger angesehen waren als die beiden erwähnten, von Herzen gern halfen.

Man erzählte mir, es habe immer Leute gegeben, die bereit waren, ihm Arbeit zu verschaffen, er habe aber sein Leben lang erfolgreich jede Tätigkeit gemieden und selbst jede Beschäftigung, die gar keinen ernsthaften Einsatz von ihm verlangte. Er sagte, der Schöpfer habe Seine Gaben gerecht und gleichmäßig auf der Erde verteilt, für jedes Geschöpf so viel, wie es brauche, so dass es eigentlich überhaupt nicht nötig sei, die Existenz und das Leben durch Arbeit zu sichern. Er fand Arbeit im Übrigen nicht gut, weil ein Geschöpf sich durch Arbeit bemühe, einen Überschuss an Gütern an sich zu raffen, doch vom Überschuss bekomme man, wie wir wüssten, die schlimmsten Kopfschmerzen. Naive Menschen stopften sich zum Beispiel mit Vitaminen voll, um ihren Zustand zu verbessern, bekämen aber einen Überschuss an Vitaminen, der sie schlimmer zerrütte als jeder Mangel. Als Beispiel führte er ein Mädchen aus seiner Nachbarschaft an, deren Immunsystem man durch eine höhere Menge an Eisen im Blut habe stärken wollen, man habe ihrem Blut ein wenig zu viel Eisen zugeführt und Kopfschmerzen hervorgerufen, wie der schlimmste Mörder sie niemandem bereiten würde. Jeder habe sehen können, sagte Šakir, dass von allen Geschöpfen nur der Mensch ständig arbeite und Überschüsse an sich raffe, und das tue er in der Hoffnung, die Löcher in sich selbst zu schließen. Seine Mühe sei vergebens, weil sich die Löcher nicht schließen ließen oder wenigstens er, der Mensch, sie nicht durch seine Anstrengung schließen könne. Mir gefiel die Theorie, mit der er die menschliche Raffgier erklärte.

Alle Geschöpfe nähern sich einander und zeugen Junge, wenn sie den Wunsch danach verspüren, das heißt, wenn ihr Schöpfer sie mit Hilfe dieses Wunsches zueinander führt. Ohne diesen Wunsch gehen sie nicht aufeinander zu, aber weder sie noch wir können wissen, ob es der Wunsch nach einem Nachkommen ist oder sein Wunsch nach ihr und ihrer nach ihm. Eigentlich wissen wir oder sollten wir wissen, dass es ein Wunsch ist, der zwei Seiten hat. Daher wird jedes Junge, sei es eine Pflanze oder ein Tier, ruhig geboren, innerlich erfüllt, zufrieden mit sich und der Welt. Nur Menschen nähern sich einander, wann immer sich ihnen die Gelegenheit dazu bietet, nur Menschen setzen um ihrer selbst willen Nachkommen in die Welt und nicht um der Nachkommen willen. Menschen nähern sich einander auch dann, wenn ihnen nicht danach ist und wenn sie etwas ganz anderes im Sinn haben, sie wollen sich anderer bemächtigen und nähern sich daher ohne echten Wunsch und Grund. Wie viele unserer Geschwister wurden in Wut und Hass gezeugt? Wie viele Menschen nähern sich einander jeden Tag, wobei einer von ihnen seinen Partner nicht begehrt und kein Kind mit ihm möchte, sondern sich am anderen oder an einem Dritten rächt? Wie viele von uns wurden in Gleichgültigkeit, ohne Wut und Hass, aber auch ohne Grund und den Wunsch gezeugt, der unsere Eltern ermuntert hat, sich einander zuzuwenden? Es ist klar, dass ein Geschöpf, das so auf die Welt gerufen wurde, nicht innerlich erfüllt und mit sich, der Welt, seinem Lebensunterhalt nicht zufrieden sein kann. Den Armen hat nicht die Freude derer, die ihn gezeugt haben, auf die Welt kommen lassen, sondern ein Plan, Niedertracht, Rache, Wut, wenigstens einer der Eltern hat nicht im Traum an ihn gedacht, vielmehr hat dieser Elternteil eigene Pläne verfolgt und sich um seine eigenen Angelegenheiten gekümmert. Daher ist ein derart gezeugter Mensch freudlos, löchrig, ohne Selbstvertrauen und innere Festigkeit. Daher rafft er, häuft er an, raubt er, hofft er, das Waisenkind, so die Löcher in sich zu schließen und das zu ersetzen, was er nicht bekommen hat, als er auf die Welt und ins Leben gerufen wurde.

Ich nehme an, ich habe Šakirs Theorie vom zehnten oder

sogar hundertsten Erzähler gehört. Es ist natürlich, dass sie auf ihrer Reise von Mund zu Mund und von einem Erzähler zum nächsten abgerundet, geglättet wurde, wie eine Steinplatte geglättet wird, über die Tausende Füße gegangen sind, oder ein Kiesel im Bach, den Millionen Liter Wasser abgerundet haben. Es ist klar, dass der eine Erzähler Šakirs Überlegungen ein Argument hinzugefügt oder einen Satz korrigiert hat, während ein anderer etwas ausgelassen hat, was vielleicht hervorstach und vom Grundgedanken abwich oder sich nicht mit einem anderen Satz vertrug, aber es ist sicher, dass dies grosso modo seine Überlegungen zur menschlichen Natur sind. Ich kannte den Mann gut genug und habe genügend Kenntnisse über die menschliche Ausdrucksweise, um dies behaupten zu dürfen. Und Šakir lebte seine »Lehre« buchstäblich. Zweifellos solide gebildet (er hatte vor dem Zweiten Weltkrieg die angesehene Medrese in Skopje absolviert und danach auch in Kairo gelernt), lehnte er alle Arbeits- und Verdienstangebote ab. Man bot ihm das Amt eines Imams in den wichtigen, hoch angesehenen Sarajevoer Moscheen an, aber er entzog sich all diesen Angeboten, ohne jenen, der das Angebot gemacht hatte, zu beleidigen, wie er sich auch allen Stellen und Ämtern entzog, die gesellschaftliches Ansehen bringen. Er wollte, wie der alte Hadžibajrić einmal sagte, dass derjenige, mit dem er sprach, ihn, Šakir, sah und nicht sein Ansehen oder Amt, er wollte, dass sein Gesprächspartner sich an ihn und nicht an seinen Platz in der Gesellschaft wende und sage, was er denke und fühle, und nicht das, was ihm Nutzen und Anerkennung verschaffen könnte. Er wollte nackt durch die Welt und von ihr gehen, so wie er auf sie gekommen war, ganz im Einklang mit seiner »Lehre«.

Schon damals, als ich zum ersten Mal von jemandem hörte, wie Šakir unsere menschliche Begierde erklärte, ahnte ich, warum die Menschen seine Äußerungen, Geschichten und Überlegungen mochten, im Gedächtnis behielten und weitergaben. Was alle dachten und wussten, vermochte er so zu sagen, dass es seinem Gesprächspartner schien, als hörte er es zum ersten Mal, und gleichzeitig, als erkennte er darin seinen eigenen Gedanken wieder. Davon, dass meine Ahnung zutraf, überzeugte ich mich, als ich Anfang der Achtziger hörte, wie er in Bejtićs Kaffeehaus über die Einführung der Sommer- und Winterzeit nachdachte, die damals überall kommentiert wurde.

»Ich fürchte, mein süßes Honigherz, dass in der Zukunft Unruhen, Aufstände und verschiedene andere Unbilden auf uns warten«, sagte Šakir zu dem Mann, mit dem er am Tisch saß, und tat, als bemerkte er nicht (oder er bemerkte es wirklich nicht?), dass auch wir, die wir an den Nebentischen saßen, aufmerksam zuhörten. »Dieses Spielen mit der Zeit kann nicht gut enden, noch nie hat menschliche Verrücktheit etwas Gutes hervorgebracht, und gewiss ist es eine schwere Verrücktheit, wenn die Menschen glauben, sie würden die Zeit beherrschen.«

Er äußerte die Überzeugung, der Niedergang der islamischen Welt habe begonnen, als der Kalif den Titel »Herr der Zeit« angenommen habe. Als das geschah, herrschte der Kalif nicht mehr über sich selbst, geschweige denn über die Welt und Zeit, die wirkliche Macht war schon davor in die verborgenen Zentren abgewandert, in denen über die Dinge entschieden wurde, während man dem Kalifen und seiner Regierung die Verantwortung für diese Entscheidungen überließ. Befehlshaber der Söldnertruppen, Gruppen angesehener Theologen, reiche Händler und andere verborgene Machtzentren entschieden über alle wichtigen Dinge, und am Kalifen war es, diese Entscheidungen in die Tat umzusetzen und den Volkszorn auf sich zu ziehen, wenn die Entscheidungen sich als schlecht herausstellten. Und in der Regel stellten sie sich als solche heraus, man hätte sich nicht hinter dem Kalifen versteckt, wenn man die Bedürfnisse und das Wohl des Volkes berücksichtigt hätte. Dabei wurden dem Kalifen immer größere und immer verrücktere Titel angeheftet, wahrscheinlich damit die verborgenen Machtzentren verborgen blieben und der Kalif und seine Regierung weiterhin als Träger der wirklichen Macht galten. Ganz nach dem Sprichwort: »Je größer der Turban, desto weniger Hodscha darunter.«

Die jetzige Verrücktheit erinnert an den Kalifentitel »Herr der Zeit«, weil sie in Wirklichkeit besagt: »Der Tag ist nicht angebrochen, als die Sonne aufging, sondern als ich es sagte«, nichts anderes kann man mit der Entscheidung, dass es heute neun Uhr ist, als es gestern zehn Uhr war, sagen oder erreichen. Das kann nicht gut enden, es kann nichts Gutes dabei herauskommen, wenn der Mensch glaubt, er sei der unbegrenzte Herr aller Dinge. Du kannst jemanden, dem du Arbeit und Brot gibst, dazu zwingen, dass für ihn so viel Uhr ist, wie du sagst, aber wie willst du die Sonne, den Zwetschgenbaum und die Kuh dazu bringen, dass es für sie so spät ist, wie du entschieden hast? Die Sonne, die Kuh und der Zwetschgenbaum sind in der Zeit wie der Mensch, in der Zeit ist alles, was existiert, auch die Existenz selbst ist in der Zeit. Dieses Spielen mit der Zeit legt deine Überzeugung bloß, den Menschen aus der Kette der erschaffenen Wesen herausreißen und in die Welt des Gemachten einsperren zu können, eine tote Welt, über die du regierst. Das könnte auch gelingen, wenn der Mensch nur das wüsste, was ich und die Schule, die ich ihm angedeihen ließ, die Eltern, die ich erzogen habe, und die anderen Menschen, die ich ausgebildet habe, ihm sagen. Aber in Wirklichkeit kann es nicht gelingen, weil das Wissen des Menschen früher beginnt und tiefer reicht als alles Erlernte. Wer hat meine Haut gelehrt, warm und kalt zu erkennen oder glatt und rau zu unterscheiden, und wann? Wer hat meine Augen gelehrt, sich zu schließen, wenn grelles Licht auf sie fällt? Wann und wo hat man meinen Mund gelehrt, Muttermilch zu saugen?

»Ich sag dir, mein süßes Honigherz, dass wir Menschen uns für eine gewisse Zeit in die Welt sperren können, die wir selbst gemacht haben oder die andere als Gefängnis für uns gemacht haben, dass das aber nicht lange dauern kann.« Unsere Haut weiß, dass sie nicht gemacht ist, und hat im Gedächtnis bewahrt, was sie vor der Geburt erkannt hat. Unsere Lunge hat nicht hier zu atmen gelernt und vermag Luft zu atmen, die nicht wir gemacht haben. All das wird sich gegen die Einkerkerung in die gemachte Welt auflehnen, früher oder später werden wir die Sehnsucht nach der erschaffenen und lebendigen Welt, deren Teil wir sind, nicht mehr ertragen können.

Ich redete, redete, redete, bemühte mich, Šakirs Worte und Gedanken möglichst getreu wiederzugeben. Aber die ganze Zeit wusste ich, dass das nicht möglich ist, weil ich nicht sein bewegliches Gesicht habe, das sich durch sein Mienenspiel und seinen Ausdruck ständig in die Rede einmischte. Šakir hatte es verstanden, eine Aussage, die er äußerst überzeugt ausgesprochen hatte, mit einem Lächeln in Frage zu stellen, und genauso hatte er es verstanden, das Gesicht zu verziehen und durch diese Bewegung beziehungsweise diesen Gesichtsausdruck jeden Einwand zurückzuweisen, der von einem Gesprächspartner hätte kommen können, der vielleicht an der Wahrheit dessen, was er, Šakir, gerade gesagt hatte, gezweifelt hatte. Genauso gut wusste ich, dass es ganz einerlei war, ob ich Šakirs Worte und Gedanken getreu oder verzerrt wiedergab, weil Peter ihn nicht kannte und es auch Šakir selbst jetzt ziemlich einerlei war. (Und so geht es mein ganzes Leben! Seit ich von mir weiß, mache ich verschiedene Dinge und bemühe mich, sie möglichst gut zu machen und noch besser – besser als es überhaupt möglich ist, aber die ganze Zeit weiß ich, dass es absolut einerlei ist, ob ich sie gut mache oder schlecht oder überhaupt nicht.) Im Übrigen wusste ich auch gut, dass ich nicht Šakirs wegen redete und um Peter diesen lieben Mann nahezubringen, der ein menschlicher Schatz war. Ich redete, weil ich hoffte, durch das Reden die Bitterkeit wenigstens ein bisschen zu lindern, die mich krank zu machen drohte, die mich mit Sicherheit umbringen würde, wenn sie nicht irgendwohin abfloss. Vielleicht hoffte ich Narr auch, das Verlustgefühl schwächen zu können, das sich in mir ausbreitete. Alles sagte mir, wusste und fühlte, dass ich Sanja und Tante Gina verlieren würde und dass ich mit ihnen auch zum großen Teil mich selbst verlieren würde. Und dann kam auf alles wie der sprichwörtliche »Punkt aufs i« der gewaltsame Tod von Šaćir Mujezinović. Ein solcher Tod. Er war einer der Menschen, die zweifellos eine Besonderheit Sarajevos ausmachen, weil solche Menschen nirgendwo sonst den Status haben, den sie hier haben – dass man sie nicht unbedingt ernst nimmt, sie aber ernsthaft achtet und unterstützt. Gibt es durch seinen Tod weniger Sarajevo auf der Welt? Ist sein Tod wirklich ein solcher Verlust, wie mir jetzt scheint? Wird Sarajevo bleiben, was es ist, wenn es Menschen wie Šakir verliert? Oder wenn es die Fähigkeit verliert, sie wie bisher zu erkennen und anzunehmen?

Fragen, Verluste, Trauer. Ein grässlicher Tag! Die Welt ist ein Graus, dagegen ich nichts vermag.

Ich bemerkte, dass sich in meinen unhörbaren Monolog ein dummer Reim eingeschlichen hatte, und wollte mir eine herzhafte, saftige Ohrfeige verpassen. Zum Glück saßen Peter und ich auf den Hintersitzen des kleinen Autos, so dass er mich nicht ansehen und nicht ahnen konnte, wie ich mich fühlte.

In die Tiefe, in die Unterwelt

Ich wollte, jemand könnte mir erklären, was mit der Zeit geschieht, die wir auf Reisen verbringen, oder was mit uns in dieser Zeit. Für einen, der im Zug oder Flugzeug sitzt, für den, der auf einem Bahnhof oder Flughafen wartet, ist eine Minute viel länger als eine Stunde, während eine Stunde buchstäblich kein Ende nimmt. Versucht man aber in der Erinnerung, diese Zeit wieder aufzufrischen, merkt man, dass sie wie ein Gedanke verflogen ist, schneller als ein Augenblick in der normalen Zeit. Ähnlich verhält es sich mit der Zeit, die wir zu Hause, aber unter Ausnahmebedingungen verbringen, zum Beispiel wenn große Arbeiten durchgeführt werden, wenn jemand krank ist oder während Gäste unterzubringen sind, die längere Zeit bleiben. So war es die ersten paar Tage nach Peters Ankunft bei uns – jede Stunde war lang wie die Ewigkeit, doch jetzt, wo ich mich an diese Tage erinnern will, habe ich das Gefühl, dass sie kürzer waren als einmal Händeklatschen. Ich weiß, es war manches zu besprechen und zu organisieren, zum Beispiel festzulegen, wo er schlafen und arbeiten würde, wo wir seine Sachen unterbringen, wo das notwendige Mobiliar für ihn finden würden, ob ich im Dachgeschoss bleiben würde, und wohin mit meinen Dingen, wenn ich blieb. Ebenso weiß ich, dass ich nach langen Gesprächen und Beratschlagungen eins der beiden Zimmer meiner Dachgeschosswohnung für Peter freiräumte und wir aus dem Erdgeschoss ein Sofa in dieses Zimmer stellten, in dem er schlafen würde, und einen kleinen Tisch. Ich weiß, dass ich einen Teil meiner Sachen ins Erdgeschoss hinunterbrachte und stolz war, weil Peter meine Bibliothek lobte (mir war klar, dass er übertrieb, als er behauptete, er könne bei mir alles finden, was er für seine Arbeit brauche, selbst wenn er ein Jahr lang hierbliebe, aber es freute mich doch, dass er es sagte, und ich war über alle Maßen stolz). All das weiß ich, weil es Tatsachen sind, das musste geschehen, um unseren Aufenthalt in unserem Haus möglich und erträglich zu machen, aber ich erinnere mich an all das nicht wirklich, in meine Erinnerung kann ich die Gespräche über die vorteilhafteste Unterbringung für Peter nicht zurückrufen, ich sehe mich nicht dabei, wie ich die Dinge wegtat, ohne die ich auskam, und sie ins Erdgeschoss trug, ich erinnere mich nicht, was Peter und ich gesprochen haben, während wir das Sofa ins Dachgeschoss trugen, auf dem er schlafen würde.

Dafür erinnere ich mich gut an die Trauer, die mich nach der neuerlichen Lektüre von Peters Buch »Die Hymnen der dunklen Welt« befiel. Ich dachte, es wäre klug, Peters Anwesenheit zu nutzen, um auch dieses Buch zu übersetzen, die Gespräche mit ihm, seine Ratschläge und Anmerkungen, die Möglichkeit, ihn zu fragen, was eine Stelle, die ich nicht verstanden habe, bedeutet, und meine Interpretation zu überprüfen, all das sind wertvolle Dinge für jeden Übersetzer, und deshalb dachte ich, ich dürfe diese Gelegenheit nicht versäumen. Aber nach dem Lesen war ich stumm und verloren wie jedes Mal bisher. In jedem Gedicht gelingt es Peter, eine wunderbare Harmonie herzustellen zwischen der ekstatischen und der ruhigen Rede, zwischen den abgebrochenen, stark rhythmisierten, musikalisch getriebenen Versen und den logisch geordneten, ruhigen, klaren Versen, die einen Gedanken ausdrücken und keine Bewegung oder Empfindung. Seine Götter, die im ersten Teil des Gedichts vor Schmerz und Glück schreien, während ihre Jünger das Fleisch und ganze Glieder von ihnen abreißen, sie beißen und ebenfalls vor Glück und Schmerz schreien, weil sie das göttliche Fleisch und die Kraft in sich aufnehmen, dieselben Götter reden am Ende des Gedichts ruhig und vernünftig, feiern und vertreten sehr überzeugend die Ordnung. Der Übergang vom ekstatischen Schluchzen und Jammern zur ruhigen, fast würde ich sagen, nüchternen Rede der orphischen Hymne, die der Seele erklärt, wie sie sich im Jenseits verhalten und zurechtfinden soll, ist so meisterhaft ausgeführt, dass sie ganz natürlich wirkt. Der Gott, der im ersten Teil des Gedichts vor Schmerz und Glück schreit, als die Eingeweihten seinen Körper töten, zerreißen und essen, weil er weiß, dass er allein aus seinem Tod neu geboren werden und mit seiner neuerlichen Geburt die Welt erneuern kann, dieser wahnsinnige, rasende, in Verzückung versunkene Gott rät am Ende des Gedichts der durch das Jenseits wandernden Seele, ihren Durst nicht an einem klaren See im Schatten von Zypressen (oder waren es Fichten?) zu löschen, sich zurückzuhalten und sich erst satt zu trinken, wenn sie an einen unansehnlichen Bach kommt, der an einer Haselstaude vorbeifließt. Er rät es ihr im Tonfall eines Lehrers, der von Verzückung nicht einmal gehört hat, und schließt am Ende, dass alles, was von Gott komme, ordentlich sei, weil auch die Ordnung von Gott komme. Wie ist das möglich? Gar nicht, außer in der Poesie von Peter Hurd, und zwar so, dass es in seinem Gedicht absolut zwingend wirkt. Wie kann ich das in der Übersetzung wiedergeben, wie kann ich mich dem wenigstens annähern?

Ich beklagte mich bei Peter, dass meine Übersetzung seine Dichtung ganz und gar nicht erreichen könne, weil unsere Sprache keine Ausdrücke habe, mit denen man die Verzückung aus seinen Hymnen abbilden könne, doch er lachte und erklärte mir, dass jede Sprache alle Ausdrücke und alle Namen habe, aber die Menschen meist nicht hätten, was sie wünschen und was sie brauchen, und dass dies der Hauptunterschied zwischen der Sprache und dem Menschen sei. »In der Sprache ist alles enthalten, was möglich ist, also alles, was existiert und alles, was nicht existiert, aber existieren könnte, und jeder einzelne Mensch erkennt in diesem unbegrenzten

Angebot das, was er in sich trägt. Schiebe der Sprache nicht die Schuld zu für das, was du nicht hast oder nicht kannst.« So ungefähr antwortete mir Peter und spottete über meine Überzeugung, dass unsere Sprache nicht fähig sei, rasende Verzückung auszudrücken, indem er mich an unsere Volkstänze erinnerte, die oft reine Selbstvergessenheit sind.

Mutter Ljuba verdarb mir kurz nach diesem Gespräch, den dritten Tag in Folge, das Frühstück, weil sie keifte, es gebe kein Wasser, und sich und uns beide fragte, wie sie denn ohne Wasser das Geschirr spülen und die Wäsche waschen solle. Mir fiel Ibrahim ein, der ehemalige Geschäftsführer der Firma Geoistrage, von dem man sagte, er bringe es sogar fertig, in der Wüste Wasser zu finden, mit dem Papa Dimitrije die Werkstatt geteilt hatte (Ibrahims Witz, den ich als Junge von sieben, acht Jahren oftmals gehört habe, klingt mir noch im Ohr: »Dimitrije, Genosse und Kumpan, wie früher packen wir es an, nur legen wir zu einen Zahn«). Ich wusste, dass er irgendwo in Aneks oder Švrakino selo wohnte, und so schlug ich vor, zu ihm zu gehen und zu fragen, ob er den alten Brunnen in unserem Garten, der zugemacht worden war, als das Haus an die Wasserleitung angeschlossen wurde, öffnen und funktionsfähig machen würde. Mutter Ljuba erklärte natürlich, sie wolle sich weder an Geoistrage noch an den menschlichen Abschaum, der dort gearbeitet habe, erinnern, ihr Leben wäre sicher besser und ihre Ehe glücklicher verlaufen, wenn der verstorbene Dimitrije nicht mit solchen Leuten gearbeitet und verkehrt hätte, aber sie stimmte meinem Vorschlag zu, weil auch ihr klar war, dass es keinen anderen Weg gab, an Wasser zu kommen.

Es versteht sich von selbst, dass Peter mich begleitete, er freute sich über die Gelegenheit auszugehen ebenso wie über die Bekanntschaft mit neuen Leuten. Wir ließen die Veterinärfakultät hinter uns, bogen rechts zum Gesundheitshaus Omer Maslić ab und gingen dann an einigen Wohnhäusern in Čengić vila vorbei zur hölzernen Fußgängerbrücke. Auf der anderen Seite des Flusses, gleich neben der Brücke, stand meine geliebte Burekbäckerei »Bei Zuhdi«, die ich wegen der besten Spinat-Pita in der Stadt liebte, aber auch wegen ihres Inhabers, den zu kennen und gelegentlich zu treffen sich sicherlich lohnte. Zuhdi war ein Herr im vollen Wortsinn, einer der wenigen Menschen, von denen ich das ohne den geringsten Zweifel und ohne Angst vor Übertreibung sagen kann. Nie habe ich einen Mann getroffen, der so ruhig war und so sicher, dass er am richtigen Platz steht. Ich könnte nichts über Könige sagen, aber ich glaube fest, dass kein König jemals so ruhig und souverän auf seinem Thron gesessen hat, sicher, dass dort sein Platz ist, wie Zuhdi in seinem Kiosk stand, hinter der Theke, an der er Pita verkaufte. Er konnte unfehlbar erkennen, wem von den Menschen, die hierher zum Essen gekommen waren, er etwas mehr auf den Teller legen musste, als jener bestellt hatte, wem er ein bisschen weniger abnehmen musste, von wem er einen Geldschein entgegennahm, um ihn ihm zurückzugeben, nachdem er sich kurz an der Kasse zu schaffen gemacht und getan hatte, als würde er kassieren. Zuhdi gab von seinem kleinen Wohlstand ab, soviel er konnte, ganz so, wie ein wahrer Herr gibt – ruhig und natürlich, wie man schwitzt oder atmet. Er gab so, dass es niemandem auffiel, wie er auch atmete, dass es niemandem auffiel. Und genauso wenig erwartete er Dankbarkeit für das, was er gab, wie er sie dafür erwartete, dass er atmete.

Die Tür war geschlossen. Zuhdi saß an einem von drei kleinen Tischen, umgeben von Büchern, ebenso ruhig, souverän und sicher, dass er an seinem Platz war, wie er an der Theke gestanden hatte, wenn er Pita verkaufte. Er grüßte uns heiter und ruhig, bot uns an, uns zu setzen und die Bücher anzuschauen, vielleicht wollten wir ja eins kaufen und mit nach Hause nehmen. Er erklärte mir, es sei jetzt weder sinnvoll noch möglich, eine Burekbäckerei zu führen, und so habe er beschlossen, Bücher, Schallplatten, verschiedene Souvenirs, Andenken und andere Kleinigkeiten zu verkaufen, welche die Leute geliebt, gesammelt und aufbewahrt hatten, nun aber zu verkaufen bereit waren, um sich in dieser elenden Zeit zu helfen.

»Wer bitte verkauft denn das?!«, fragte ich verwirrt, als ich eine Biografie von Jimmi Hendrix und die Schallplatte »Layla« von Eric Clapton betrachtete, zwei Dinge, die ich in gar keiner Weise mit Zuhdi und den Leuten, mit denen er in Kontakt kam, verbinden konnte.

»Der Kleine«, antwortete Zuhdi, und rief dann laut: »Fadil!«

Aus dem Hinterzimmer, in dem früher Teig ausgezogen und Pita gebacken wurde, kam Zuhdis Sohn Fadil, ein großer junger Mann, zu mager für seine Größe, so dass er irgendwie instabil wirkte.

Fadil erzählte, sein Freund Sead sei vor acht Tagen gestorben, wahrscheinlich an einer Überdosis, und er, Fadil, habe sich beeilt, all die Sachen, die Seads Mutter mit Drogen in Verbindung bringen konnte und von denen sie sich befreien wollte, aus der Wohnung zu holen.

»Eine Überdosis?«, rief Peter aus und sah mich an, als wollte er sich vergewissern: »Overdose?«

»Ja. Overdose«, bestätigte Fadil nicht gerade freundlich und ohne daran zu denken, seine fehlende Freundlichkeit zu verbergen.

»Jetzt? Hier?«, wunderte sich Peter.

»Warum denn nicht? Wir sind mit Drogen bestens versorgt. Uns fehlt es an Brot und Wasser, Medizin und immer öfter Strom, aber nicht an Drogen, wenn man das Geld dafür hat, darüber kann sich niemand beklagen.«

»Wirklich?«, fragte Peter mit einer mir unverständlichen Aufregung.

»Prüfen Sie es nach, es kostet nichts«, schlug Fadil trocken vor und kehrte ins Hinterzimmer zurück.

Von Zuhdi erfuhren wir, wo Ibrahim wohnt, und wir setzten unseren Weg fort. Noch heute bedauere ich, dass ich Hendrix und Clapton nicht gekauft habe, von Tag zu Tag fehlen sie mir mehr. Ich weiß nicht, ob einem fehlen kann, was man nie gehabt hat, ich weiß nicht, warum ich Fadil an dem Tag das Buch und die Platte des armen Sead nicht abgekauft habe, und sicher weiß ich, dass ich es mir nicht verzeihen werde, sie nicht gekauft zu haben.

In der Prijedorska-Straße brannte das einst prachtvolle Haus der Familie Dženadije. Das Feuer drohte auf das Haus der Pavlinovi überzuspringen, das nicht weit davon stand, neuerdings mit einem riesigen Loch in der Wand. Ich hoffe, niemand war im Haus, als die Granate dieses Loch riss, ich hoffe, die Pavlinovi haben noch ihre Verwandten in der Tschechoslowakei und konnten dort Unterschlupf finden, als unser Unglück begann. (Wann waren sie überhaupt nach Sarajevo gekommen und warum?) Das Loch und die Flamme waren wahrscheinlich Spuren der Explosion, die wir am Morgen beim Frühstück gehört hatten.

Ibrahim trafen wir zu Hause an (»Wo hätte man mich denn sonst antreffen sollen in meinem Alter und in dieser Zeit?«, antwortete Ibrahim auf meine Freudenbezeigungen, weil er zu Hause war). Ich weiß nicht, ob er sich mehr darüber freute, dass ich der Sohn seines Arbeitskollegen Dimitrije war, oder darüber, dass ich ihn rief »den Brunnen in Ordnung zu bringen«, wie er sagte.

»Aber sicher, wieso denn nicht«, antwortete er, ohne nachzudenken, auf die Frage, ob er unseren Brunnen instand setzen würde. »Besser, irgendwas tun, als hier sitzen und zu Gott beten, dass die Granate mein Haus verfehlt, auch wenn sie dann das vom Nachbarn trifft. Aber der alte geht nicht, das wäre zu gefährlich für mich und für euch, wir müssen einen neuen graben«, fügte er nach einer kurzen Pause hinzu.

»Wie wissen wir, wo wir graben sollen?«, fragte ich besorgt.

»Wo Genosse Ibrahim seine Ferse reinsteckt, dort mit Gewissheit er Wasser entdeckt«, beruhigte mich Ibrahim und versprach, morgen früh zu kommen, wir würden alles Mögliche brauchen und er werde mitbringen, was er habe. »Was den Rest angeht, finden wir uns schon irgendwie zurecht.«

Wir saßen beim Frühstück, als Ibrahim am nächsten Morgen in Begleitung zweier kräftiger Männer mittleren Alters erschien. Sie gesellten sich gerne zu uns und »frühstückten ein zweites Mal«, wie einer der beiden sagte, und Ibrahim erklärte Mutter Ljuba nebenbei ausführlich, warum es nicht in Frage kam, den alten Brunnen zu retten. Der Raum zwischen dem Wasser im Brunnen und der Erdoberfläche sei voller giftiger Gase, so dass es für ihn, Ibrahim, lebensgefährlich wäre, zum Wasser hinunterzusteigen. Aber auch das Wasser sei nicht gut, es sei totes Wasser, man müsste es ganz herausholen und wegschütten, den Grund und die Wände gut reinigen und dann warten, bis der Brunnen sich mit neuem lebendem Wasser füllt. Das Wasser, das sich jetzt im Brunnen befinde, sei abgestanden und voller Läuse, in ihm sei unerwünschtes Leben entstanden, irgendwelche Bakterien und Algen und weiß Gott was sonst noch, das alles sterbe ab und setze Gase frei, die aus dem Wasser herauskommen, dann entstehe wieder etwas und setze neue Gase frei, und all die Gase blieben im Brunnen, über dem Wasser, weil sie schwerer sind als die Luft. Wenn sie ihn jetzt aufmachen und ein Jahr warten würden, hätte sich die Konzentration der Gase kaum verringert.

Wir vergessen ständig, dass das Wasser voller Lebenskeime ist und dass das ganze Leben aus Wasser hervorgegangen ist. Wer schon einmal Wasser in ein Gefäß gegossen und es vergessen hat, kann sich annähernd vorstellen, was sich in einem geschlossenen Brunnen abspielt. Nach einer etwas längeren Zeit findet der vergessliche Mensch Wasser vor, das aussieht, als wäre es ölig, und an den Wänden des Gefäßes entdeckt er eine richtige Schicht von einer gelatinösen, widerlichen Materie, die sehr schwer zu entfernen ist. Er gießt Wasser aus der Leitung hinein, Wasser, das mit Chlor und weiß Gott was versetzt ist, um alles abzutöten, was im Wasser lebt und arbeitet.

»Es ist ein großes Durcheinander, junge Frau«, sagte Ibrahim zu Mutter Ljuba, »wir können das alles nicht zurückverfolgen, weil da das eine abstirbt und dabei etwas Zweites hervorbringt, dann stirbt das Zweite ab und bringt so das Erste oder etwas Drittes hervor. Aber das ist sicher kein Brunnen mehr, Genosse Ibrahim garantiert dir, dass man den nicht mehr retten kann. Darum überlasse ihn seinem Leben und suche für dich lebendiges Wasser.«

Dieses Frühstück brachte mir zwei Überraschungen, von denen ich nicht sagen könnte, dass sie unbedingt angenehm gewesen wären. Die erste war Mutter Ljuba, die sich seit Ibrahims Kommen völlig verändert hatte. Ob deshalb, weil Ibrahim sie als die junge Frau seines Kollegen ansprach, als die Frau, die er früher einmal kennengelernt hatte (er sprach sie beharrlich mit »junge Frau« an, wie er sie damals wahrscheinlich halb im Scherz und halb im Ernst angesprochen hatte), oder ob deshalb, weil die Begegnung in ihr die Erinnerung an eine ferne Zeit und nebenbei an die junge Frau, die sie damals gewesen war, wachrief? Ob deshalb, weil nach Jahren der Stille und Ruhe in unserem Haus gearbeitet und etwas gebaut wurde, so dass Leben, Lärm und Bewegung zurückkehrten, die auch sie in Bewegung setzten? Ob aus einem Grund, den ich nicht bemerken konnte oder wollte, den ich demzufolge jetzt nicht notieren kann oder werde? Auf jeden Fall gab es im Verhalten von Mutter Ljuba an diesem Morgen keine Spur von der nervösen Hast, die der Unduldsamkeit gleicht, vom Gefühl der Bedrohung, das zu verbergen sie nicht schaffte oder gar nicht versuchte, von all dem, was bei ihr zutage trat, seit der Krieg angefangen hatte, und was wahrscheinlich Ausdruck ihrer Angst war. Und es gab auch keine Spur von ihrer unerträglichen Neigung zu seufzen, mit weinerlicher Stimme über die Vergeblichkeit menschlicher Anstrengungen zu sprechen, über das Scheitern von allem, was wir versuchen und um das wir uns bemühen. Im Gegenteil, seit Genosse Ibrahim, wie er sich nannte, aufgetaucht war, war sie lebhaft, heiter, gesprächig, als wäre sie zwanzig Jahre zurückgegangen und hätte das Leben wiedergefunden, das sie damals in sich getragen hatte. Die zweite Überraschung war Peters Entscheidung, in die Stadt zu gehen. Ohne Ankündigung, ohne Grund. Wohin? Warum? Zu wem? Keine Erklärung, nur die Entscheidung und die Tatsache, dass er ging. Als hätte Ibrahims Kommen auch ihn in schönere Tage zurückversetzt, in denen, wenn nichts anderes, mehr Leben gewesen war.

Ibrahim inspizierte lange unseren kleinen Garten und erklärte dabei Mutter Ljuba, warum der neue Brunnen etwas weiter weg von dem alten stehen müsse. Dann nahm er einen gegabelten Zweig, den er mitgebracht hatte, und ging mit diesem Zweig in den Händen den ganzen Garten ab, Schritt für Schritt, in alle Richtungen. An einer Stelle grub er ein wenig mit dem Fuß, als markierte er sie, und setzte seine Besichtigung des Gartens mit dem gegabelten Zweig fort, und als er damit fertig war, kehrte er an die markierte Stelle zurück und begann sorgfältig die Erde zu untersuchen, die Entfernung vom alten Brunnen auszumessen, die Farbe der Blätter an den Pflanzen um die markierte Stelle herum zu prüfen. Er hockte sich hin, griff sich ein wenig Erde und begann daraus einen Klumpen zu formen, ihn auf der Hand zu zerreiben, daran zu riechen. Schließlich stand er auf, schlug einen Keil in die Erde, an den ein Seil gebunden war, und beschrieb dann mit einem anderen Keil, der an das andere Ende des Seils gebunden war, einen Kreis mit dem Durchmesser von etwa drei Metern. Er nahm eine Schaufel, stellte sich neben die in die Erde gezeichnete Linie und verkündete: »Soll einer sagen, was er denkt, Genosse Ibrahim mit Graben anfängt«, stieß die

Schaufel in die Erde und warf die herausgeholte Erde über die Kreislinie. Dann wandte er sich mit einem kurzen »Los, Jungs« an die beiden, die mit ihm gekommen waren, und erklärte danach, dass ein zwei, vielleicht zweieinhalb Meter tiefes Loch im Umfang des beschriebenen Kreises zu graben sei.

Die beiden machten sich an die Arbeit, während Ibrahim Mutter Ljuba erklärte, dass man jetzt eine Rampe bauen müsse, über die man den Aushub aus dem Loch befördern werde und am Ende auch die Leute, die das Loch, das heißt den Brunnen, gegraben hätten. »Das sind zwei, drei Meter, das gilt es zu bewältigen.« Am besten zwei, drei Bretter verbinden, die in das Loch hinabgelassen werden, um auf ihnen das mit Erde gefüllte Wägelchen hochzuziehen. Außerdem muss man Steine suchen, mit denen man den Grund so etwas wie ein bisschen pflastern und den Brunnenfuß setzen könnte, außerdem genügend Steine, Ziegel oder zur Not wenigstens Bretter, um den Brunnen zu ummauern. Ich erinnerte mich, dass es hinter dem Haus einen Berg von Ziegeln und Steinen von weiß Gott wann gab, rief Ibrahim, sich das anzusehen und einzuschätzen, ob es genug sei, und wenn nicht, einzuschätzen, wie viel wir noch brauchten.

»Kann man den Nachbarn irgendwie helfen?«, fragte uns über den Zaun der Nachbar Josip Šimunović, der wahrscheinlich bemerkt hatte, dass bei uns gearbeitet wurde, und gekommen war, um zu sehen, was genau.

Mein Verhältnis zum Nachbarn Josip zeigt ganz deutlich, was für ein unvernünftiger und irrationaler Narr, zumindest in meinem Fall, der Mensch ist. Der Mann hat nie ein böses Wort zu mir oder zu einem von uns gesagt, wann immer es notwendig war, sprang er bei und half, soviel er konnte, doch ich gehe ihm trotzdem hartnäckig aus dem Weg wie einer großen Gefahr. Schon seit meiner frühen Kindheit weiß ich, dass ich ihn meide, weil die Iris in seinen Augen ausgesprochen blass, fast farblos ist, so dass die Augen blind wirken oder, was noch schlimmer ist, einfach leer. Über die Jahre überzeugten mich die Begegnungen mit Josip, die sich nicht vermeiden ließen, dass seine Augen gut sehen und demzufolge weder blind noch leer sind, doch mich erfüllt der Blick auf sie noch heute mit einem tiefen Unbehagen, eigentlich einer stillen Panik. Und dann versichere mir jemand, dass ich ein vernünftiges Wesen bin oder sein sollte!

Ibrahim informierte Josip darüber, was bei uns gearbeitet wurde und wie man helfen könnte, und dieser freute sich, als hätte er eine gute Nachricht gehört. Er klatschte in die Hände, rief: »Das machen wir jetzt!« und ging. Nach zehn Minuten kam er auf einer riesigen Baumaschine zurück, die, denke ich, Grabenbagger heißt, und fuhr auf dieser Maschine in unseren Garten zu den beiden Helfern von Ibrahim. Er erklärte ihnen, wie sie in seinen Hof kämen und wo sie dort große Blöcke zum Mauern aus gebranntem Ton fänden, die sie auf ihrem Wägelchen herüberschaffen sollten. Um mich irgendwie nützlich zu machen, begann ich damit, Steine von dem Haufen hinter unserem Haus anzuschleppen, die ich kurz zuvor Ibrahim hatte zeigen wollen, als wir den Nachbarn Josip getroffen hatten.

In weniger als einer Stunde stieß Josip auf feuchte Erde, und Ibrahim instruierte einen seiner Helfer, auf der Bretterrampe, die er in der Zwischenzeit gebaut hatte, in das Loch hinabzusteigen. Er wollte nicht das Risiko eingehen, dass die Wasserader, auf die sie nach allem zu urteilen gestoßen waren, vor den groben Schlägen des Baggers flüchtete. Der Helfer öffnete mit den vorsichtigen Schlägen einer Spitzhacke die Wasserader, und das Wasser füllte schön und ziemlich schnell das Loch. Mit einer Schaufel verstaute er die ausgegrabene Erde im Wägelchen, wir zogen zuerst das Wägelchen, dann ihn heraus, danach stieg Ibrahim in den künftigen Brunnen hinunter.

Er bestellte von unten, was er brauchte, und wir ließen es

ihm im Wägelchen auf der Rampe oder in einem an ein Seil gebundenen Eimer hinunter. Zuerst große Steine, mit denen man an der Kante den Grund des Brunnens ummauern und so den Brunnenfuß setzen musste, der die Mauer oder den Mantel tragen würde. Danach kleinere Steine, die er auf den Grund schichtete, wobei er darauf achtete, dass die Öffnung, durch die das Wasser in den Brunnen floss, frei blieb. Es folgte das komplizierte Hinunterlassen der großen schweren Blöcke aus gebranntem Ton, mit denen der Brunnen ummauert, d. h. ein Mantel hergestellt werden musste, der verhindern würde, dass von den Seiten Erde in den Brunnen rieselt und ihn so nach und nach verstopft und das Wasser trübt. Am Ende mauerte Ibrahim von den gleichen Blöcken einen schönen Brunnenkranz, während seine Helfer mit Schaufeln Erde um die Mauer oder den Mantel schütteten, so dass unser neuer Brunnen aussah wie ein Rohr aus gebranntem Ton, das in die Tiefe der Erde gepflanzt wurde und bis an die Oberfläche emporgewachsen war.

Währenddessen unterhielten sich Mutter Ljuba und Nachbar Josip. Er erzählte, wie er von der nahegelegenen Baustelle der großen Firma »Hidrogradnja«, auf der er selbst gearbeitet hatte, zwei wertvolle Maschinen und so viel Baumaterial, wie er unterbringen konnte, zu seinem Haus geschafft hatte. Eigentlich rühmte er sich damit, er stellte es als eine besondere Heldentat dar und sagte die ganze Zeit, er habe diese Maschinen und das Material »gerettet«.

»Aber ja«, bemerkte Mutter Ljuba, »wenn du so viele Schuhe von der Firma Borovo retten konntest, wieso hättest du dann nicht auch diese Sachen aus deiner Firma retten sollen.«

Vermutlich konnte Josip, wie übrigens auch ich und wahrscheinlich auch Mutter Ljuba selbst, nicht entscheiden, ob seine Gesprächspartnerin das ernst oder spöttisch gesagt hatte, und so beschloss er, ihr die Sache aus einer weiteren Perspektive darzustellen.

»Wir müssen schützen, was uns gehört, müssen retten, was noch zu retten ist«, sagte Josip jetzt. »Aber wir tun nichts, gucken nur blöde zu, wie die Schufte auseinandernehmen und abschleppen, was übriggeblieben ist, und schimpfen im Stillen über sie. Das ist wenig, Nachbarin, verdammt noch mal, wenig und viel zu wenig, wir müssen etwas mehr tun, von unserem bisschen Schimpfen haben wir keinen Nutzen und sie keinen Schaden.«

Josip konfrontierte mich mit einem Dilemma, aus dem ich mich bis heute nicht befreit habe, nicht einen Millimeter bin ich einer Antwort nähergekommen, mit der ich mich hätte zufrieden geben können. Wie soll man sich in einer Zeit verhalten, die nach dem Zusammenbruch einer Ordnung eintritt, wenn in der Gemeinschaft allgemeiner Diebstahl herrscht? Was soll ich tun, wenn ich sehe, wie die Schufte, wie Nachbar Josip sie genannt hat, die Güter der abwesenden Individuen und der ganzen Gemeinschaft, die gewissermaßen auch mir gehören, beiseiteschaffen? Ich fürchte, auch ich bin bei den Schuften eingetreten, wenn ich etwas von dem, was mir nicht gehört, aber vor meinen Füßen liegt, wegnehme, beziehungsweise rette. Gleichzeitig fürchte ich, eine Art passiver Komplize der Schufte zu sein, wenn ich dem allgemeinen Diebstahl zuschaue und nichts tue, um ihn zu verhindern oder wenigstens einzudämmen. Bin ich wirklich blöd, wenn ich nicht nehme, was ich brauche oder was mir wenigstens von Nutzen sein könnte, wenn es vor mir liegt und der Besitzer nicht in der Nähe ist? Sind Zurückhaltung und Verzicht, die die alten Meister und Lehrer gepriesen und als besten Weg für den rechtschaffenen Menschen erkannt haben, wirklich die Lösung? Warum teilte sich die Gesellschaft in Sarajevo damals derart radikal in jene, die raffen, rauben, retten und sich aneignen, und jene, die sorgsam darauf bedacht sind, dass ihnen auch nicht eine Zigarette in die Hände gerät, die nicht ihnen gehört? Warum waren in der ganzen Stadt keine drei

Menschen zu finden, die irgendwo zwischen diesen beiden Gruppen gestanden hätten?

Nachbar Josip schaffte die Steine und Lehmklumpen mit seiner Maschine in die Ecke des Gartens, hinter dem alten Brunnen, die beiden Helfer von Ibrahim verteilten die Erde mit ihren Schaufeln über den ganzen Garten und ebneten die Erde um den Brunnenkranz. So beseitigten sie fast alle Spuren des Grabens und konnten die Schaufeln weglegen, und Ibrahim klatschte daraufhin laut in die Hände und rief:

»Viel Glück mit dem Wasser, junge Frau!«

»Schade, dass wir keinen Hahn und schon gar nichts anderes haben, um es zu opfern«, bemerkte einer von Ibrahims Helfern.

»Wir könnten aber eine Flasche Schnaps schlachten, ich glaube, so viel könnte man im Haus finden«, schlug Mutter Ljuba vor.

»Das ist nur recht«, stimmte Nachbar Josip zu, »das passt gut zusammen: Es fließt der Brunnen, und es fließt bei Gott auch das Opfer.«

Mutter Ljuba rannte wie ein junges Mädchen ins Haus und kam mit einer Flasche Schnaps und einem Tablett mit Gläsern zurück. Sie reichte mir das Tablett, damit ich es hielt, öffnete die Flasche und goss Schnaps in die Gläser, stellte die Flasche auf den Boden, nahm mir das Tablett ab und bot jedem der Anwesenden an, ein Gläschen zu nehmen. Wir stießen an, tranken aus und stellten die Gläser auf das Tablett zurück, das Mutter Ljuba noch immer in der rechten Hand hielt.

»Wie wenn uns ein Engel getragen hätte – im Handumdrehen war die Arbeit fertig«, verkündete froh und erleichtert Ibrahim.

Mutter Ljuba stellte das Tablett und die Schnapsflasche neben den Brunnenkranz, bat die Gäste, sich selbst zu bedienen, und schwirrte ins Haus, um etwas zu essen zu machen. Kurz nachdem sie verschwunden war, gingen auch wir ins Haus, weil es kalt wurde.

Mutter Ljuba deckte gerade den Tisch für eine Mahlzeit, die gleichzeitig unser Mittag- und Abendessen sein würde, als Peter auftauchte. Auch er roch nach Alkohol, aber im Unterschied zu uns war er außer Atem und sichtlich erregt. Mit einer knappen Geste lehnte er den angebotenen Schnaps ab, setzte sich auf einen von zwei freien Stühlen und atmete einige Male tief ein, als bräche er mit dem Atem durch ein Hindernis, das die Luft vom Durchkommen abhielt.

»Fünf Kinders sind neben dem Daire umgekommen«, teilte uns Peter mit, als er genügend Atem geschöpft hatte, um sprechen zu können. »Und auch ein alter Herr ist ausgestorben, hat die Adern durchgebissen.«

Verwirrt und irgendwie wütend fragte ich mich, was zum Teufel Peter zugestoßen sein konnte. Er kommt in ein fremdes Haus in einem unpassenden Zustand – nicht gerade betrunken, aber auch nicht nüchtern. Teilt bei Tisch, in einem äußerst unangemessenen Kontext, Dinge mit, die man ungern und mit Pein ausspricht. Der große Dichter und Denker spricht in abgebrochenen Halbsätzen. Die Sprache, die er ganz anständig beherrscht, spricht er wie jemand, der gerade begonnen hat, sie zu lernen.

Am nächsten Tag erfuhren wir die ganze Geschichte, die Peters seltsames Verhalten in gewissem Maße erklären konnte. Vor dem ehemaligen Restaurant Daire, in dem jetzt ein Kleidermagazin der humanitären Organisation Merhamet untergebracht war, hatte ein ziemlich alter Mann mit fünf Kindern gestanden, sicherlich hatten sie in der Schlange gewartet, um etwas Kleidung für den Sommer zu bekommen. (Es stellte sich heraus, dass drei Kinder seine Enkel und die anderen beiden die Kinder seines direkten Nachbarn waren.) Während sie warteten, schlug in unmittelbarer Nähe eine Granate ein und streckte alle nieder. Der Mann war seltsamerweise am Leben geblieben. Er sah sich um, als er das Bewusstsein wiedererlangte, und röchelte nur, als er die zerstückelten Kinderkörper sah. Er blieb liegen und fing an, sich in die eigenen Arme zu beißen, vielleicht hoffte er, den seelischen Schmerz leichter ertragen zu können, wenn der körperliche nur stark genug war. Oder er tat es nicht, weil er irgendetwas gehofft hätte, sondern instinktiv, reflektorisch, nach dem Diktat von etwas, das im menschlichen Wesen tiefer liegt als jede Hoffnung und jeder Grund? Jedenfalls hatte der arme Mann, als er sich in die Arme biss, auch die Pulsader an seinem rechten Arm durchgebissen und war vor Eintreffen des Notarztwagens verblutet.

Nach Peters Aussage herrschte lange Schweigen. Niemand rührte etwas an, als fürchteten sich alle am Tisch vor dem Klang, den der Löffel am Teller hätte erzeugen können. Nach einer Weile nahm Ibrahim die Schnapsflasche, goss sein Gläschen voll und trank es mit einem Schluck aus. Ich gewann den Eindruck, dass er eine Zeitlang mit etwas in seinem Innern gekämpft und am Ende beschlossen hatte, sich seine Freude über die gut verrichtete Arbeit, über die Mahlzeit, die er in guter Gesellschaft genoss, über den Tag, an dem alles aussah wie im normalen Leben, nicht verderben zu lassen.

»Dein Freund da spricht wie der Ungar Géza«, Ibrahim unterbrach das Schweigen, das auf allen wie eine Last gelegen hatte, und wandte sich mir zu, »irgendwie ist dir alles klar, und trotzdem verstehst du nichts.«

»Also wirklich!«, fuhr ich ihn an. »Bei den zwölf Sprachen, die er fließend spricht und schreibt, hat er doch wohl das Recht, eine schlecht zu sprechen.«

Warum habe ich das gesagt, lieber Gott?! Nahm ich Peter vor Ibrahim in Schutz, weil ich den höllisch starken Wunsch verspürte, mein Vorbild und meinen Lehrer eigenhändig zu erwürgen? Was für eine Bitterkeit brach da aus mir hervor?

Aber warum richtete sie sich gerade gegen Ibrahim? Zum Glück ließ er sich nicht beirren. Rasch hatte er sich gefangen, sein Gesicht drückte tiefes Bedauern aus, und er legte die Hand an die Stirn, wie es Menschen in Augenblicken schwerer Trauer oder Sorge tun.

»Au weh, da haben wir den Schaden, Genosse Ibrahim wird nicht mehr wagen, etwas zu sagen«, rief Ibrahim in seinem Stil, und die Anwesenden lachten laut, außer Peter und mir.

»Wer ist denn dieser Ungar Géza, den kenn ich gar nicht«, fragte Nachbar Josip, bemüht, das Gespräch auf dem Weg fortzusetzen, den Ibrahim eingeschlagen hatte.

»Géza der Uhrmacher, ein spitze Meister«, antwortete Ibrahim. »Er hat bei Kapidžić gearbeitet, der wo sein Geschäft etwas unterhalb vom ›Bristol‹ gehabt hat. Eigentlich hat er, der Géza, gearbeitet, und der Kapidžić hat ein bisschen geschmuggelt und sich ein bisschen aufgespielt. Aber was der geredet hat!!!«, schrie Ibrahim nach einer kurzen Pause, hob die Arme und streckte die Handflächen von sich, weil er wohl meinte, so am besten tiefes Erstaunen auszudrücken.

»Ich hab ihn auch gekannt, hab aber nicht gemerkt, dass er so komisch spricht«, bemerkte Mutter Ljuba. »Vielleicht ein bisschen anders, aber nicht unbedingt so stark.«

»Aber sicher, liebe junge Frau«, rief Ibrahim, »das reinste Wunder! Einmal kam er unter unser Fenster und fing an, den Nachbarn Faruk zu rufen. Ich war noch nicht eingeschlafen, und so hat's mich gar nicht gestört, aber der Idiot hat meinen Vater selig geweckt, der Arme war gerade erst süß eingeschlafen, und um vier musste er in der Bäckerei sein. Vater dreht sich auf die eine Seite, dreht sich auf die andere Seite, hofft, dass das Geschrei aufhört und ihn schlafen lässt. Aber das Geschrei hört nicht auf, sondern wird noch stärker, weil Géza stur sein ›Faruk!‹, ›Faruk!‹, ›Faruk!‹ wiederholt. Vater steht auf, wütend wie ein Stier, ich hab gedacht, er springt durchs Fenster auf ihn drauf.

›Was röhrst du da rum, du Hornvieh, siehst du denn nicht, dass Mitternacht ist‹, schrie Vater durch das Fenster und die nächtliche Stille, so laut er konnte.

›Und wieso hängen Sie rein?‹, antwortete Géza ruhig. ›Ich röhre nicht Sie, ich röhre Faruk. Sie sollen reinhängen, wenn ich Sie röhre.‹

›Was für ein seltsamer Vogel‹, wunderte sich Vater, machte das Fenster zu und ging wieder ins Bett. ›Da könnte sich ja noch einer was dabei denken.‹«

Allgemeines Lachen am Tisch, lediglich Peter starrte ins Leere. Hätte ich ihm nicht gegrollt, hätte ich mich gefragt, was ihm zugestoßen war.

»Hat er wirklich so gesprochen?«, fragte sich Mutter Ljuba, die in den letzten zwanzig und mehr Jahren nicht so viel gelacht hatte.

»Genau so, junge Frau, bei meinem Leben«, lachte Ibrahim und genoss offensichtlich seinen großen Erfolg. »Einmal ist der Kapidžić von irgendwoher ins Geschäft gekommen, und da sagt ihm der Géza: Ein Mann hat Sie gesucht, finster wie heut Nacht. Das war Kapidžićs Verwandter Enver, hat ein bisschen dunkle Haut und eben schwarze Haare, von ihm hab ich die Geschichte auch gehört.«

Wieder Lachen und dann Versuche, Gézas Sprechweise nachzuahmen, neues Lachen über die vergeblichen Versuche, weil man die eigene Sprache nicht so falsch sprechen kann, dass sie wirklich komisch wäre. Gegen neun Uhr, als es wegen der Polizeistunde aufzubrechen galt und sich die Gäste von uns und voneinander verabschiedeten, beendete Ibrahim seine Geschichte über den Ungarn Géza mit einem tiefen Seufzer und der Feststellung:

»Aber er war ein Meister, ein Teufelskerl! In ein, zwei Stunden konnte er jede Uhr, die du ihm gebracht hast, auseinandernehmen und fehlerlos wieder zusammensetzen.«

Weiter in die Tiefe

»22. September 1979«

Ein Glas Honig hat noch niemand getrunken, ohne es mit einem Glas Galle zu vergällen.

Diese alte Weisheit ist der beste Anfang für mein Tagebuch, weil sie zwei Nachrichten in sich vereint, die in letzter Zeit zu mir gelangt sind und mich zum Tagebuchschreiben veranlasst haben, in der Hoffnung, so Lebenserfahrungen und -erkenntnisse sammeln zu können. Die erste Nachricht ist eine richtige große Quelle der Hoffnung, der Freude und des Glücks: Das italienische Blatt »Oggi« veröffentlichte auf zwei Seiten den Text »Mädchen vom Himmel wird Mutter« über die bekannteste jugoslawische Stewardess Vesna Vulović, die einen Flugzeugabsturz aus 10 000 Metern Höhe überlebt hatte, praktisch unverletzt. Mediziner und Medien bestaunten und bewunderten monatelang die jugoslawische Heldin, alle behaupteten, es sei theoretisch nicht möglich, dass ein menschliches Wesen einen derartigen Absturz überlebt, aber sieh an, sie hat ihn überlebt und ihr stilles und bescheidenes Leben normal weitergelebt. Und jetzt, nach vier Ehejahren mit ihrem Mann Nikola, wird sie ein Kind gebären! Ist das etwa keine herrliche Botschaft der Hoffnung und Freude, kein unbestreitbarer Beweis, dass die Liebe und das Leben alle Versuchungen und Nöte überwinden können?!

Aber noch während ich dieses Glas Honig genoss, wurde mir auch das Glas Galle zuteil, das niemand trinken möchte. Alle jugoslawischen Medien veröffentlichten die Nachricht von der Tragödie, die Merima Isaković zugestoßen war, einer der schönsten und besten Schauspielerinnen, die wir hatten. Das schöne und edle Mädchen hatte gerade die Dreharbeiten am Film »Eine andere Frau« beendet und feierte diesen beruflichen Triumph mit ihrem Bruder und ihrem Vetter Nedim, aber diese Feier endete mit einer schweren Tragödie, weil in ihr Auto ein anderes Auto raste, das der betrunkene Milizionär Predrag Milojević lenkte, der gerade von einem Besäufnis im Hotel »Jugoslavija« zurückkehrte. Um die Sache zu verschlimmern, fing sich der betrunkene Milojević schnell und nahm die Sache sogleich in seine Hände, begann als Milizionär den Tatbestand aufzunehmen und stellte fest, dass die drei jungen Menschen am Unfall schuld seien. Zum Glück kam auch die Militärpolizei, weil Merimas Vetter Nedim zu der Zeit seinen Militärdienst ableistete, und erlaubte dem bösen Milizionär nicht, seinen Plan auszuführen. Ich weiß nicht, welche Strafe Milojević ereilen wird, aber ich weiß, dass Merima und uns bereits eine schwere Strafe ereilt hat, weil unsere Schönheit mit großer Sicherheit an den Rollstuhl gefesselt bleiben wird.

So begann Veras Tagebuch, das ich auf ihren Wunsch aus ihrer Wohnung mitgenommen hatte. Nach dieser Notiz in ihrer Handschrift folgten Hunderte Seiten und lose Blätter, auf die Todesanzeigen und Zeitungsausschnitte, Fotos und Zeichnungen mit handgeschriebenen Notizen geklebt waren. Es gab Zeitungsberichte über ein großartiges Konzert der Band »Bijelo dugme«, ein Porträt der glänzenden Basketballspielerin Raza Mujanović, ein Gespräch mit einer Fernsehmoderatorin, alles untermauert mit den ausgeschnittenen Fotos. Es gab zahllose Berichte über Beerdigungen prominenter Persönlichkeiten, man ist buchstäblich bestürzt, wenn man Veras Tagebuch durchblättert und begreift, wie viele bekannte Menschen in Jugoslawien in den knapp dreizehn Jahren gestorben sind, seit Vera ihr Tagebuch schrieb. Mir scheint, sie war besonders erschüttert vom Tod des Schauspielers Zoran Radmilović, weil zu den drei Seiten mit Zeitungsberichten ein Dutzend Porträtfotos und fünf Fotos von Vorstellungen, in denen er gespielt hatte, eingeklebt waren. Nur eine der handgeschriebenen Notizen erinnerte an die, mit der das Tagebuch begann, und verfasst wurde sie anlässlich der zweiten Scheidung der ehemaligen Schönheit und Miss Jugoslawien Nikica Marinović. Anlässlich dieser Scheidung und der zweiten gescheiterten Ehe unserer Schönheit fragt sich Vera beunruhigt, ob außergewöhnliche Schönheit, vor allem außergewöhnliche Schönheit bei einer Frau, gleichzeitig einen außergewöhnlichen Fluch bedeutet. Kann eine mit außerordentlicher Schönheit bedachte Frau überhaupt Glück im Leben finden?

Liebe, gute Vera! Nur sie kann so etwas als ihr Tagebuch betrachten. Nirgends ein Satz über sie, nirgends ein Vorkommnis oder ein Mensch aus ihrem Leben, nirgends Gefühle und Gedanken, die wirklich ihre eigenen wären. Sie verschwindet ganz in den anderen, in der Gemeinschaft, das heißt in jenen, in denen sich ihre Gemeinschaft wenigstens für den Augenblick wiedererkannte, mit denen sie sich beschäftigte, um die sie sich versammelte. Vielleicht konnten wir deshalb kein richtiges Paar werden, als wir es wollten und als wir es brauchten, in der Zeit, als sie anfing, ihr Tagebuch zu führen. (Hat der Anfang des Tagebuchs etwas mit unserem Misserfolg zu tun? Hat wenigstens ihr Wunsch, dass ich dieses Tagebuch bekomme, etwas mit diesem Misserfolg zu tun, der uns anscheinend beide gezeichnet hat, auch wenn wir es nicht bemerkt haben?) Ich war zu jener Zeit geradezu leidenschaftlich auf der Suche nach mir selbst, bemüht, meine Gedanken, Gefühle, Wünsche, Bedürfnisse zu erkennen, wie ein Heiligtum hütete ich alles, wodurch ich mich von den anderen unterschied oder mich wenigstens zu unterscheiden glaubte. Und sie erkannte sich bereitwillig und ruhig in allen wieder, in jedem, und ohne den Wunsch und das Bedürfnis, sich zu vervollkommnen und abzugrenzen, ergoss sie sich in die anderen wie Wasser ins Wasser, anwesend in allen und daher abwesend aus ihrem Leben. Fängt an zu weinen über den Verkehrsunfall einer jungen Schauspielerin, bedauert aber mit keinem Wort, dass wir beide uns nicht gefunden haben, obwohl wir uns ehrlich gesucht und gebraucht haben.

Hat es immer Menschen wie Vera gegeben, oder ist das eine Erscheinung jüngeren Datums, entstanden, sagen wir, mit den Massenmedien? Die Medien überschütten in neuerer Zeit eine Vera mit Bildern und halberfundenen Geschichten aus dem Leben prominenter Personen, stilisieren diese Personen und ihr Leben entsprechend dem Geschmack und den Bedürfnissen dieser Vera und ihr ähnlichen Menschen, Personen des öffentlichen Lebens, ihre Geschichten und Schicksale nehmen immer mehr Platz in Veras Wesen und Leben ein, so dass Vera am Ende praktisch aus ihrem eigenen Leben verschwindet, in dem nur die Schatten der Öffentlichkeit bleiben. Schließlich fängt diese Vera an, Tagebuch zu führen und so dem Leser des Tagebuchs den Beweis in die Hände zu geben, dass sie in ihrem Leben keinerlei Spur hinterlassen hat. Hat es vor zwei-, dreihundert Jahren, vor den Massenmedien und den Personen des öffentlichen Lebens, stilisiert nach dem Geschmack und den Bedürfnissen der Verbraucher, Menschen gegeben, die auf diese Art aus dem eigenen Leben verschwunden waren?

Oder handelt es sich darum, dass die meisten Menschen ihr Leben ungern reflektieren, nicht darüber nachdenken, es nicht deuten, nicht erklären möchten, vielleicht aus Angst, auf diese Weise das Leben wie auch das unmittelbare Empfinden ihres Daseins zu verlieren? Ich zum Beispiel habe nicht gerade viel mit den Massenmedien zu tun, lese nicht einmal Zeitung und habe sie nie gelesen, dennoch würde ich nicht sagen, dass ich unbedingt viele Spuren in meinem Leben hinterlassen hätte und in ihm allzu anwesend gewesen wäre. Mein trauriger Fall scheint nichts mit den Massenmedien und Veras Leben zu tun zu haben, in dem sie nicht vorkommt. Aber womit haben unsere Fälle zu tun?

Ich denke, ich habe an jenem Maienmorgen in Sarajevo wie so oft, sehr oft in meinem Leben, die falschen Fragen gestellt und darauf die falschen Antworten bekommen. Das habe ich unmittelbar nach meinem Weggang aus Sarajevo, während eines kurzen zweitägigen Aufenthalts in Zagreb verstanden. Eine liebe Freundin, Autorin von Romanen voller Lachen und Trauer, veranstaltete in ihrer Wohnung ein Abendessen für uns beide, Peter und mich, für den Zagreber Verleger, der Peters »Die weiße Wölfin« und meine beiden Gedichtbände veröffentlicht hatte, sowie für einen Literaturprofessor, den wir alle kannten und schätzten. Während des Abendessens sprach meine liebe Freundin lang und besorgt über den Zustand der Menschenrechte in den Regionen Kroatiens, in denen Serben und Kroaten vermischt leben. Mehrmals fragte sie sich und uns laut, wie sie das in der Öffentlichkeit zur Sprache bringen solle, wobei sie betonte, dass man darüber sprechen müsse und uns das Gewissen und die Mission des Literaten dazu verpflichte. Ich hatte ein seltsames Gefühl, als ich diesen Monolog aus dem Mund einer Autorin hörte, deren Bücher ich kannte und liebte, weil nicht ein einziger Satz von denen, die sie aussprach, in diesen Büchern Platz gehabt hätte, kein einziger glich irgendetwas von dem, was in diesen Büchern zu finden war. Diese Verwunderung lenkte mich auf eine weitere verwunderliche Sache: Sie hatte mich überhaupt nicht gefragt, wie es mir ging, ob ich einen lieben Menschen in Sarajevo zurückgelassen hatte, ob jemand mir Nahestehendes während der Belagerung umgekommen oder zum Invaliden geworden war, ob jemand von mir bis jetzt am Leben geblieben war … Der Grund dafür war sicherlich kein Mangel an Sympathie oder Gleichgültigkeit, ich betone, dass wir zwei uns besonders gut verstanden, schätzten, uns auf Begegnungen und Gespräche freuten. Aber es ist eine

Tatsache, dass sie mich bei aller zweifelsfreien Sympathie und Zuneigung nichts, aber auch gar nichts gefragt hat. Wir begrüßten, umarmten uns, sie sagte »Schön, dich zu sehen«, und ich erwiderte, dass ich mich freue. Es folgte ein kollegialer Austausch von Gedanken und Fragen, Anekdoten aus dem literarischen Leben und dann ihr Monolog über die Menschenrechte. Ist es möglich, dass sie nichts über meine Stadt und über das, was sich dort ereignete, über das, was ich erlebt habe, und alles Liebe, was ich dort zurückgelassen habe, über die Kollegen und Freunde, die sie dort hatte, hören wollte? Es ist nicht möglich, ich unterschreibe, dass es nicht möglich ist. Wie ist das zu verstehen? Ich weiß es nicht. Vielleicht handelt es sich darum, dass wir postmoderne Menschen sind, in denen sich Sprache und wirkliche Welt überhaupt nicht treffen und wir sie daher nicht verbinden können. Wir sprechen brillant, weil wir perfekte, längst abgeschlossene Formeln aussprechen, aus denen das Leben und die Wirklichkeit längst verschwunden sind, wir sind nicht fähig, etwas auszusprechen, womit wir uns ausdrücken würden, oder irgendetwas aus der wirklichen Welt zu benennen. Ich glaube, deshalb hat meine liebe Freundin nicht nach dem Schicksal meiner Lieben in Sarajevo gefragt – was lebendig und wirklich ist, entzieht sich unserer Sprache. Wohl deshalb haben wir alle Antworten und keine einzige verdammte Frage, die unser oder irgendjemandes Leben beträfe.

Wenn das keine Antwort auf meine Fragen zu Veras Tagebuch und ihrer Abwesenheit aus ihrem eigenen Leben ist, weiß ich diese Antwort nicht und werde sie sicher nicht finden, wie so viele andere nicht, die mir wichtiger wären und die ich viel mehr bräuchte.

»Ein aufregendes Tagebuch?«, fragte Peter, als ich in die Küche kam. »Du hast dich lange mit dem Lesen aufgehalten.«

Absichtlich überhörte ich seine Frage, weil ich in diesem Moment mit niemandem über Vera, mich und ihr Tagebuch hätte sprechen können, und begrüßte herzlich die Nachbarin Senada (die Frau war sicher schockiert über so viel Herzlichkeit von meiner Seite) und ihre Schwester, die in Koševo wohnte. Der Mann der Schwester war vorgestern auf dem Friedhof Lav zusammen mit noch zwei Nachbarn ermordet worden, während sie einen Freund beerdigt hatten, und so war sie zu unserer Nachbarin, ihrer Schwester, gekommen, um sich mit ihr so eingehend wie möglich zu besprechen. Vom Berg aus hatten Artilleristen und Scharfschützen gleichzeitig das Feuer auf die kleine Gruppe um das frische Grab eröffnet, drei Menschen getötet und fünf verletzt, sie schossen regelmäßig auf Menschen, die jemanden beerdigten, auf alle Friedhöfe und zu jeder Tageszeit.

»Aber wieso denn eine Beerdigung auf dem Friedhof Lav?«, fragte Mutter Ljuba. »Dort wird doch schon seit den fünfziger Jahren keiner mehr beerdigt. Ist ja auch gar kein Platz da, wo willst du dort jemand beerdigen?«

»Jetzt wieder, in die alten Gräber«, antwortete Senadas Schwester. »Auf allen Friedhöfen. Auf dem Alifakovac, auf dem Kovači, sogar im Stadtpark sind unlängst drei neue Gräber aufgetaucht.«

»Nur unsere Friedhöfe wachsen, meine Arme«, seufzte die Nachbarin Senada. »Alles andere von uns wird nur kleiner.«

»Der Tod wächst! Der Tod wächst!«, rief Peter erregt aus. »Die Friedhöfe erneuern sich aus sich selbst, ein altes Grab wird ein neues. Das ist gut, das ist gut«, rieb sich Peter zufrieden die Hände und schlug sich mit der Hand aufs Knie.

»Aber dass sie auf Beerdigungen schießen, dass sie nicht mal den Tod und die Toten achten!«, rang Mutter Ljuba die Hände. »Gott soll sie erschlagen!«

»Jeden Tag ermorden sie zwei, drei von denen, die jemand beerdigen«, bestätigte die Nachbarin Senada.

»Und eben auch daran erkennst du wahre gute Menschen«, rief Senadas Schwester und seufzte tief. »Aber komm, erklär du heute irgendwelchen Leuten, was Güte und heilig ist, überzeug sie davon, dass es das überhaupt gibt!«

Sie erzählte, in der Stadt werde viel über den Tod von Šaćir Mujezinović gesprochen. Die einen behaupteten, ihm sei es in seiner Güte und Weisheit gelungen, einen Weg zu finden, von dieser Welt zu gehen, ohne dabei jemandem irgendwelche Ungelegenheiten zu bereiten, weil man ihn ja nicht habe beerdigen müssen, es nichts gegeben habe, dem man das letzte Geleit hätte geben und das man hätte begraben können. Wohl dem, der imstande sei, einen Tod für sich zu finden, der seine Nächsten von jeder Mühe, von Kosten oder Gefahren befreit, wie ihn der verstorbene Šaćir gefunden hat, seines Todes und seiner Beerdigung wegen habe niemand in Schweiß oder außer Atem geraten können. Die anderen sagten, er sei im Tod so geblieben, wie er im Leben gewesen sei – unhörbar und unsichtbar, abwesend, als hätte es ihn nicht gegeben. Und möge es ihm so ergehen! Doch die Dritten, lustige Gesellen, überlegten, wie sie vom Bestattungsunternehmen »Bakije« das Geld herausschlagen könnten, das der verstorbene Šaćir für seine Grabstelle und die Beerdigungskosten eingezahlt hatte, sie meinten, »Bakije« müsste dieses Geld an seine Erben auszahlen, weil er weder eine Grabstelle noch ein Begräbnis bekommen habe, obwohl er beides ehrlich und auch noch im Voraus bezahlt habe. »Aber dass man über solche Sachen und Menschen spotten kann!«, rief am Ende Senadas Schwester und breitete wie in Verzweiflung ihre Arme aus.

Mutter Ljuba gab zu, nichts zu verstehen, und ich hob schon an, es ihr zu erklären, aber zum Glück fiel mir im letzten Augenblick ein, dass mein Augenzeugenbericht hier vielleicht nicht ganz am Platze wäre. Senadas Schwester überzeugte mich sogleich, dass ich recht gedacht hatte. Sie erzählte, Šaćir habe bei der Volksbank in der Tito-Straße eine Granate großen Kalibers getroffen, und nach dem Einschlag der

Granate wären über der Stelle, an der Šaćir gestanden hatte, ganze Wolken roter Blütenblätter aufgestiegen. Als hätte die Granate in einen blühenden Kirschbaum eingeschlagen, der irrtümlich rot blühte. »Aber auch das hilft den Narren nicht zu verstehen, denen ist nicht zu helfen«, seufzte die Schwester resigniert. »Nichts kann verstehen, wer ein so deutliches Zeichen nicht verstanden hat, nicht wahr.«

Peter und ich sahen uns an und gingen wie auf Verabredung leise aus der Küche.

»Die Idee, dass Šaćir seinen Tod ausgewählt, ›gefunden‹ hat, wie Senadas Schwester sagt, gefällt mir sehr«, gestand ich Peter und mir, sobald wir im Vorzimmer waren. »So zu sterben, dass er niemandem Kosten, Sorgen, Mühe oder Ähnliches bereitet, sieht ihm wirklich gleich.«

»Aber dass er regelrecht aufblüht?!«, fragte Peter, der an diesem Morgen offensichtlich gut gelaunt war.

»Das ist ein bisschen viel«, gab ich zu, »aber auch ich denke, dass da etwas Seltsames war. Wir waren dort, haben es beide gesehen.«

»Denkst du an den Schatten?«, fragte Peter.

»Ja!«, rief ich erfreut und erleichtert. »Ich hätte es nicht zu sagen gewagt, wenn du es nicht ausgesprochen hättest, aber jetzt kann ich es. Du hast also auch gesehen, dass sein Körper einen zu langen Schatten geworfen hat.«

»Einen zu langen und zu breiten«, stimmte Peter zu. »Als wäre etwas, viel größer als sein Körper, von einem Mantel umhüllt gewesen.«

Wir sahen uns an, zuckten mit den Achseln und gingen weiter in den Garten. Dennoch hätte man nicht darüber sprechen sollen, Gott weiß, was wir wirklich gesehen hatten und was uns nur so vorgekommen war. Vielleicht handelte es sich um ein Spiel des Lichts, vielleicht um unsere Müdigkeit und Angst, vielleicht um die Reaktion unserer Sinne auf die gewaltige Explosion, von der einem buchstäblich der Kopf zersprang? Und alles dauerte maximal ein, zwei Sekunden, sicher weniger, man weiß nicht, was man und ob man etwas gesehen hat.

Wir setzten uns auf eine Bank, die rings um den Stamm eines schönen hochgewachsenen Zwetschgenbaums gebaut war. Der Baum blühte noch, weiß und duftend, ich hatte das Gefühl, in dem leicht bitteren Duft seiner Blüten zu baden. Ich lehnte den Kopf an den Baum und erbebte verwirrt. Ja, man kann manchmal wirklich nicht wissen, was und ob man überhaupt etwas gesehen hat. Ich sah zum Beispiel jetzt etwas, was gar nicht sein konnte – ich sah einen riesigen Schwarm Vögel, die offenbar unterwegs waren, aber soviel mein Auge erkennen konnte, bewegte nicht einer von ihnen die Flügel. Ich berührte Peter und zeigte zum Himmel.

»Das ist ein wundersames Paradox, wie für mich ersonnen«, erklärte Peter nach langem Schweigen. »Hier schwebt alles. Rauch schwebt über zahllosen Brandstätten, über der ganzen Stadt, in der ständig etwas brennt. Die Seelen der Ermordeten und Unbestatteten schweben über und um uns. Fliegen schweben über Müllhaufen und Leichen. Unsere rauschgiftabhängigen Freunde schweben, und jetzt, da, schweben auch die Vögel. Und das ganze Schweben spielt sich in der schwersten Stadt der Welt ab.«

Lange betrachteten wir schweigend die riesigen Vogelschwärme, die sich in alle Himmelsrichtungen davonmachten. Ich weiß nichts über Vögel, kann kaum ein Huhn von einer Taube unterscheiden, aber ich weiß zu schauen und wciß, dass ich in diesen Schwärmen verschiedene Vogelarten gesehen habe, ich weiß, dass ich Tauben, Spatzen und Amseln erkannt habe, und genauso weiß ich, dass ich mindestens zehn verschiedene Arten gesehen habe, die ich nicht erkannt habe, wahrscheinlich habe ich nicht einmal von ihnen gehört und sie deshalb nicht erkennen können. Es war klar, dass die Vögel Sarajevo verließen.

»Der Tod wächst! Der Tod wächst!«, wiederholte ich Peters Freudenschrei von kurz vorher. »Du verstehst es, die Menschen zu trösten, wen du getröstet hast, der wird sich lieber umbringen als ein Glas Wasser trinken.«

»Denkst du an die Frauen in der Küche?«, fragte er unschuldig.

»An wen denn sonst?«, antwortete ich. »Die Vögel geben dir recht, du siehst, auch sie verlassen diese Stadt. Der Tod wächst also, wie du zu sagen beliebt hast. Willst du jetzt losrennen, um ihnen die freudige Nachricht zu melden und zu zeigen, dass du recht hast?«

Peter schwieg und schaute in den Himmel, wahrscheinlich auf die Vogelschwärme, die ihn, schien es, ganz überdecken wollten. Nach einer langen Pause begann Peter doch zu reden und erklärte mir, er habe nicht die Absicht gehabt, die Frauen, mit denen wir am Tisch gesessen hatten, zu trösten, er habe auch nicht mich, nicht einmal sich selbst trösten wollen. Er gestand, übereilt und nicht taktisch gehandelt zu haben, aber er habe, im Grunde genommen, das, was die Frau aus der Stadt erzählt hatte, auf eine kurze und klare Formel gebracht. Vielleicht ein bisschen zu erregt, vielleicht mit zu viel Liebe zum Paradoxen, aber er habe wirklich nur ausgesprochen, was sie beschrieben hatte. Und auch seine übertriebene Erregung könne man verstehen, die Geschichte der Frau aus der Stadt habe ihn an eine von vielen unverwirklichten Ideen erinnert, man könnte sagen, an den interessantesten und ihm liebsten von seinen zahlreichen Plänen, die Pläne oder ein kleinerer oder größerer Stapel von Notizen geblieben seien.

Über lange Zeit hinweg hatte er für sein Buch »Anthropologie des Todes« Material gesammelt und Notizen angefertigt. Menschen bemühten sich in allen Epochen und Kulturen, ihre Vorstellungen vom Tod auszudrücken, ihren Ängsten, Hoffnungen und Ahnungen, verbunden mit der zweifelsfreien Tatsache, dass ihr Leben endlich ist, eine Form zu verleihen. In den Vorstellungen vom Tod sind immer auch die Vorstellungen von Gott oder den Göttern, vom Leben und der Welt enthalten, so dass wir eine Epoche oder Kultur nicht verstehen, wenn wir nicht wenigstens annähernd erfahren haben, was sie im Zusammenhang mit dem Tod ahnt, denkt und fühlt. Man braucht gar nicht zu erwähnen, dass dieses Buch eine spezielle Polemik sein müsste, wie unbeabsichtigt auch immer und so verschleiert wie möglich, gegen das heute herrschende Denken in binären Oppositionen, das uns einredet, der Tod sei das Gegenteil von Leben. Die Welt besteht für dieses Denken aus einer Reihe von Gegensätzen, so ist Tag der Gegensatz von Nacht, Winter der Gegensatz von Sommer, Wasser der Gegensatz von Festland, Weiß der Gegensatz von Schwarz und Leben dementsprechend der Gegensatz von Tod. Aber wie denn zum Teufel?! Sind denn Sommer und Winter nicht Teile eines Kreises, sind Schwarz und Weiß nicht zwei Farben in einem großen Spektrum? Um Teile eines Ganzen zu sein, müssen sie etwas haben, was ihnen gemeinsam ist, und etwas, durch das sie sich voneinander unterscheiden, jeder Versuch, sie nur auf Unterschiede zu reduzieren, vereinfacht und verfälscht die Dinge. Du hast nicht viel vom Winter, auch nicht vom Sommer begriffen, wenn du vergessen hast, dass es Jahreszeiten sind. Wie kann Tod der Gegensatz von Leben sein, ist er denn nicht ein Teil von ihm?! Das Einzige, was man in dem Moment, als ich auf die Welt kam, mit Sicherheit von mir wusste, war, dass ich sterben würde. Heißt das, der Tod ist gemeinsam mit dem Leben in mich eingezogen, untrennbar von ihm, so wie das Leben untrennbar von der Zeit ist? Heißt das, mein Tod ist mit mir gewachsen wie meine Niere, Leber oder irgendein anderes Organ von mir? Wie kann er dann der Gegensatz von mir, meinem Leben oder dem Leben überhaupt sein? Warum ist die Niere kein Gegensatz von mir, wohl aber der Tod? Oder das Wissen, das ich im Laufe des Lebens erworben habe und das mit mir gewachsen ist wie mein Tod? Ist der Schlamm, den ein Fluss mit sich trägt, der Gegensatz des Flusses? Ich unterstehe mich, es nicht zu glauben, ich unterstehe mich zu glauben, dass er und der Fluss nicht voneinander zu trennen sind, dass sie einander in Wirklichkeit bedingen. Im Schlamm haben sich die Erde und das Wasser, also der Fluss und der Boden, auf dem er fließt, getroffen, vermischt und gegenseitig durchdrungen. Im Schlamm steckt auch alles, was der Fluss mit sich trägt, was wenigstens zu einem Teil den Fluss ausgemacht hat und ausmacht – Reste von Gräserchen und Tierchen, verschiedenen Algen, Schnecken, Kaulquappen und anderen Bewohnern der uns unvorstellbaren Welt der Flussflora und -fauna. Alles, was im Fluss gelebt hat und ein Teil von ihm war, verwandelt sich in Schlamm, wenn es stirbt und zu zerfallen beginnt. Daher könnte man sagen, der Schlamm ist eine spezifische Erinnerung des Flusses, seine »zeitliche Dimension«. Ist also Schlamm der Gegensatz von Fluss?

»Schade, dass du das nicht geschrieben hast«, ließ ich mich nach langem Schweigen vernehmen. Ich betrachtete den Schlamm in der großen, mächtigen und ruhigen Urgewalt des Flusses. Ich wollte dieser Schlamm sein und war es. »Ich würde das gern lesen, sehr gern.«

»Ich auch. Ich weiß nicht, ob ich dieses Buch lieber lesen oder schreiben würde«, antwortete Peter. »Aber ich kann nur davon träumen.«

Ich badete im sanften Duft der Blüten und ließ mich vom Fluss tragen. Stellte mir vor, sah, wie Šakir sich in Blütenblätter verwandelte und wie die Blütenblätter in meinen Fluss fielen und zu Schlamm wurden. Stellte mir vor, wusste, dass auch ich zu Schlamm würde, Schlamm war, den ein mächtiger Fluss mit sich getragen und irgendwo zurückgelassen hatte. Es war gut, Schlamm zu sein, ich freute mich, dass der Nil mich an seinem Ufer zurückgelassen und so die Wüste befruchtet hatte. Der Nil und ich hatten die Wüste befruchtet, und das war gut.

Ein Schrei riss mich aus meinen Träumereien, wahrscheinlich hatte ihn einer der Vögel ausgestoßen, die Sarajevo verließen, weil der Schrei, so schien es, von oben kam. Zurück blieb ein tiefes Unbehagen, in mir und überall um mich herum.

»Ich bin ein jämmerliches Exemplar des Menschengeschlechts«, begann ich nach langem Schweigen, in dem ich mich bemüht hatte, mein Unbehagen zu vertuschen. »Ich betrachte diese Blüten, erfreue mich an ihrer Schönheit und tröste mich mit ihrem Duft, aber das hat mich am Ende an einen der traurigsten Anblicke in meinem Leben erinnert.«

»Ja«, hauchte Peter, aber so, dass nicht zu erraten war, ob er mit seinem »ja« etwas fragte oder bestätigte. Das ist nicht unwichtig, wenn es eine Bestätigung war, hat er meiner Meinung zugestimmt, dass ich ein jämmerliches Exemplar des Menschengeschlechts bin.

An einem eisigen Januartag ging ich mit einem Freund in der Peripherie von Rovereto spazieren, eigentlich direkt am Stadtrand, dort, wo die Siedlung aufhört. Hinter einem Zaun, an dem wir entlangspazierten, erstreckte sich eine relativ kleine, ebene Fläche (»ein Landschurz«, würde man in Bosnien sagen), die unweit von uns in einen Hang überging, der allmählich anstieg und sich dann plötzlich in den Steilhang eines ziemlich hohen Berges verwandelte. All das war dicht mit Metallstangen gepfählt, an die man Weinreben gebunden hatte, die sich ohne den Halt an den Metallstangen sicherlich nicht einmal selbst getragen hätten.

»Ein schöner Weingarten«, sagte ich zu meinem Freund, »ordentlich. Ich würde sagen, er ist schon auf das Frühjahr vorbereitet.«

»Eine Apfelplantage«, antwortete er.

»Das?«, fragte ich ungläubig.

»Ja«.

Mein Freund kannte den Besitzer, und so konnte ich mich am Nachmittag davon überzeugen, dass ich eine Apfelplantage gesehen hatte, ohne eine einzige Weinrebe. Aber auch ohne einen einzigen Apfelbaum, weil die Bäume auf armselige Stängel reduziert waren, um nicht Kraft oder Nahrung auf die Bildung und Erhaltung von Stamm und Ästen zu verschwenden. Die Metallstange hält das traurige Surrogat des Baumes, und dieses Surrogat verwandelt alle Nahrung, die es aus dem Boden gewinnt, in Früchte. Diese Erkenntnis kühlte mich stärker ab als der eisige Tag. Ein menschliches Ungeheuer nimmt dem Apfelbaum den Stamm und die Äste, nimmt ihm die Blüte und die Möglichkeit, sich selbst aufrecht zu halten, nimmt ihm Schönheit, Duft und Würde – für, ich weiß nicht, wie viele Früchte mehr.

Nur ein menschliches Ungeheuer kann beschließen, dass es ausgerechnet ihm überlassen ist, den Zweck des Apfelbaums zu bestimmen und zu entscheiden, dass der Apfelbaum erschaffen wurde, um Früchte herzustellen, die er verkaufen wird – je mehr Früchte, desto mehr Kupfermünzen in seiner Tasche und demzufolge desto mehr Sinn in der Existenz des Apfelbaums. Nur ein menschliches Ungeheuer kann sich Früchte ohne Baum vorstellen und wünschen, den Bäumen die Schönheit zu nehmen und den Menschen die Freude über diese Schönheit und den Genuss, im Schatten eines von Blüten bedeckten Baumes zu sitzen und zu seufzen. Aber ein Ungeheuer ist freilich auch, wer sich daran erinnert, während er im Schatten eines blühenden Zwetschgenbaums sitzt und trauert, weil der Apfelbaum die Freundlichkeit des menschlichen Ungeheuers, das aus ihm gemacht hat, was ich gesehen habe, nicht erwidern kann. Zu gern sähe ich verdiente Forscher, die ein Apfelbaum in lauter Füße oder in große Ohren verwandelt und so die Liebe erwidert hat, die diese oder einige andere Forscher den Apfelbäumen haben angedeihen lassen, indem sie sie in Maschinen zur Früchteproduktion verwandelt haben.

»Da brauchen sich nicht die Apfelbäume zu bemühen«, sagte Peter nach kurzem Lachen, »unsere Kultur tut uns heute an, was sie schon vor langer Zeit deinen lieben Apfelbäumen angetan hat.«

Er behauptete, unsere Welt sei schon auf halbem Weg, eine Farm oder Plantage zur Zucht und Lieferung verschiedener menschlicher Modelle nach Wunsch zu werden. Seit Jahrzehnten bietet jede etwas bessere Samenbank in den USA denen, die es bezahlen können, die Befruchtung der Frau mit den Samen eines Genies an. Gerade wie bei den Apfelbäumen oder irgendeiner anderen Pflanzen- oder Tierart, deren Zweck wir bestimmt haben: Modell G (als Zeichen für Genie), Zweck: Wissenschaft, Technik, Forschung, dann Macht und Reichtum als Folge davon. Daneben wird zur Lieferung das Modell B angeboten (als Zeichen für Bodybuilding), Zweck: Fotografieren, Darstellung von Kraftprotzen, verwirklichtes Ideal des menschlichen Körpers. Kann sich jemand diesen Proteinhaufen, geformt als menschlicher Körper, in der hellenischen Kultur vorstellen, die es durchaus verstand, den menschlichen Körper zu lieben und zu preisen? Kann sich jemand eine hellenische Skulptur vorstellen, die so aussieht? Kann man sich diese Kilogramme von Proteinen im Gespräch mit Sokrates vorstellen? Kann und braucht man nicht, denn die Hellenen waren Menschen, und der Bodybuilder ist ein Modell, ein Produkt, das zeigt, wie der Mensch aussieht, wenn man ihn auf eine Eigenschaft, in diesem Fall auf die Muskeln, reduziert. Etwas weiter davon weg steht das Modell K (Zeichen für Krieger), Zweck: Dienst bei Militär und Polizei, Eigenschaften: Gehorsam, Unfähigkeit zu Fragen und Mitgefühl. Nebeneinander stehen also Modelle für die Züchtung, für verschiedene Sportarten, ein Modell, das nur aussieht ... Nein, der Apfelbaum braucht sich nicht an uns zu rächen, wir haben uns bereits darum gekümmert, unsere Welt ist schon den halben Weg zu dieser optimistischen Vision gegangen.

Mutter Ljuba erschien am Fenster und gab unverständliche Zeichen, und gleichzeitig waren aus Richtung Stadt fürchterliche Detonationen zu hören. Mit Bewegungen bedeutete ich ihr, dass wir sie hören und vielleicht besser verstehen würden, wenn sie das Fenster öffnete, was sie dann endlich auch tat. Da erfuhren wir, dass der Strom ausgefallen war und die Telefone nicht funktionierten, weil in der Hauptpost ein Sabotageakt durchgeführt worden war, bei dem die komplette Telefonzentrale zerstört worden war. Die Detonationen wurden stärker, es schien, als würde die ganze Stadt explodieren oder in diesen Explosionen verschwinden.

Wir rissen uns vom süßen Nichtstun los und gingen ins Haus, vielleicht brauchten wir das Gefühl, etwas zu tun, etwas zu können, etwas zu entscheiden. Bevor der Strom ausgefallen war, hatte Mutter Ljuba im Radio gehört, dass Panzer zum Angriff auf das Stadtzentrum unterwegs seien, dass drei Panzer im Stadtviertel Skenderija aufgehalten und vernichtet worden seien, dass die Kämpfe aber um sich griffen und sich ausbreiteten. Deshalb solle sich die Einwohnerschaft mit Wasser, Essen und Decken versorgen und sich gleich in den nächsten Bunker begeben. Für diese Einwohner, das heißt für uns drei, war der nächste richtige Bunker ein Keller in einem großen Wohnhaus hinter der Fakultät für Veterinärmedizin, und so versorgten wir uns, wie es das Radio geraten hatte, und begaben uns dorthin.

Aufzeichnungen aus der Unterwelt

Der Bunker war riesig, viel größer, als ich hatte annehmen können. Zu meinem Eindruck, dass wir in einen riesigen Raum gingen, in eine richtige Welt für sich, sagen wir, in die Unterwelt, trug mit Sicherheit bei, dass ich eine enge staubige Räumlichkeit erwartet hatte und dass es wegen Stromausfalls stockdunkel war. Ich denke, bei eingeschaltetem Licht wäre er einem weniger groß vorgekommen, gerade so groß, wie zu erwarten, wenn man das Gebäude, in dem er eingerichtet worden war, zuvor von außen gesehen hatte, doch uns, jedenfalls mir, kam er geradezu endlos vor, groß, dunkel, erfüllt von Finsternis, die nur hier und da von einer Öllampe durchbrochen wurde. »Als hätte sich der Nachthimmel mit den Sternen auf den Boden der Stadt herabgesenkt«, flüsterte mir Peter ins Ohr, als wir in den Saal traten.

Ich weiß nicht, ob die Leute aus dem Gebäude und der nächsten Nachbarschaft sich hier bereits versammelt und so etwas wie eine Ordnung hergestellt hatten oder ob sich die Ordnung von selbst hergestellt hatte, im Einklang mit den Gesetzen, die den Dingen zugrunde liegen, auf jeden Fall fanden wir im Bunker eine eingespielte und ziemlich klare Ordnung vor. Gleich hinter der Tür trafen wir auf eine recht große Kinderschar. Niemand wird auf die Idee kommen, mich für meine Kinderliebe zu loben oder als jemanden zu würdigen, der sich an ihrer Gesellschaft freut, doch die Kinder, die wir hier trafen, bestätigten zu meiner unendlichen Verwunderung nicht im Geringsten meine schlechte Meinung. Sie waren seltsam still, ruhig, wie gebremst, wegen des schwachen zittrigen Lichts sahen sie eher wie kleine Gespenster aus als wie feste lebendige Körper. Wahrscheinlich verwirrte auch sie das seltsame gräuliche Licht, in das wir getaucht waren, so dass sie sich untereinander eher durch Bewegungen und Berührungen als mit Worten verständigten und besprachen. Das schwache Licht zwang sie außerdem, sich ausgesprochen vorsichtig, langsam und leise zu bewegen, so dass wir Erwachsenen von fast allen mit einer großen Kinderschar verbundenen Plagen verschont blieben, wie von hohen Stimmen, die durch das Ohr direkt ins Gehirn dringen und es erweichen, unerträglichem Trampeln von Dutzenden kleiner Füße auf dem Boden, das man irgendwann wie ein Herumtrampeln ebendieser Füße auf dem Kopf wahrnimmt, den beharrlichen Aufforderungen, dass wir Erwachsenen sehen sollen, was eins von ihnen gerade entdeckt hat. Ich denke, das seltsame unzuverlässige Licht der Öllampen hat sie verunsichert, zur Ruhe gebracht, veranlasst, ein kleines, in sich geschlossenes Volk mit wogenden Bewegungen, unsicheren Körpern, leisen Stimmen zu werden, die man schon bei einem Meter Entfernung wie eine Geräuschkulisse und nicht wie menschliche Rede hört.

Mit Öllampen war der zentrale Raum beleuchtet, in dem sich die Erwachsenen aufhielten. Eigentlich übertreibe ich gewaltig, wenn ich sage, dieser Raum oder sonst irgendetwas sei beleuchtet gewesen, in Wahrheit war er nicht einmal halbbeleuchtet, weil die Öllampe, wie wir eine hatten, kaum Licht und viel Ruß abgab. Trotzdem verwendeten praktisch alle und bei allen Gelegenheiten diese Lampen, weil Stearin- und Wachskerzen oder Petroleum für eine Petroleumlampe fast nicht zu beschaffen waren. Wir stellten sie her, indem wir ein Glas etwa zur Hälfte mit Wasser füllten, dann auf dieses Wasser fingerdick Speiseöl gossen. Dem Blechverschluss von Flaschen entnahmen wir die runde Einlage, Dichtung, oder wie das Ding schon heißt, die aus Kork oder einem synthetischen Material besteht und mit Folie beklebt ist, damit die Flüssigkeit aus der Flasche den Kork nicht anfeuchtet.

Diese Einlage wird in der Mitte durchbohrt, durch das Loch wird ein Leinenbändel gezogen, am besten ein Schnürsenkel, und in das Glas mit Wasser getaucht, auf dem das Öl schwimmt. Das kleine runde Ding aus dem Verschluss, das ich als Einlage bezeichnet habe, funktioniert jetzt als Schwimmer, der nicht erlaubt, dass der mit Wasser und Öl getränkte Bändel sinkt, und die Folie, mit der dieser Schwimmer beklebt ist, erlaubt nicht, dass der Kork oder das synthetische Material, aus dem er gemacht ist, mit Wasser befeuchtet oder angezündet wird. So funktioniert alles glänzend, aber das Speiseöl, das in dieser Lampe brennt, lässt nicht zu, dass damit irgendetwas richtig beleuchtet wird. Wahrscheinlich ist es gerade deshalb das beste Licht für Städte unter Belagerung – es leuchtet gut genug, um in Zuständen der Verzweiflung sogar lesen zu können, aber doch schlecht genug, um nicht alle Scheußlichkeiten der Welt und des eigenen Lebens sehen zu können.

Auf improvisierten niedrigen Tischchen waren zehn bis fünfzehn solcher Lampen verteilt, und auf den Bänken um diese Tische saßen ungefähr fünfzig Menschen mit Rucksäcken, Reisetaschen oder Tragebeuteln auf dem Boden neben ihren Füßen und mit Decken, Mänteln oder warmen Pullovern auf den Bänken daneben. Manche saßen da und unterhielten sich leise in Dreier- oder Vierergruppen, manche spielten Domino oder Karten, manche aßen, was sie mitgebracht hatten, und manche saßen nur da und schauten stumm vor sich hin oder hielten die Augen geschlossen. Unter den Menschen in diesem zentralen Teil des Bunkers waren etwa zehn junge Leute beiderlei Geschlechts, so zwischen fünfzehn und zwanzig Jahren, die bei den Älteren saßen und taten, als nähmen sie an deren Gesprächen oder Spielen teil, oder sich unverhohlen langweilten, aber stur hier sitzen blieben, weil sie sich ihren Altersgenossen im hinteren Teil des Bunkers nicht anschließen wollten oder wegen eines Verbots der

Eltern nicht durften. Dort ließen sich etwa zwanzig junge Leute ausmachen, die sich auf ihre Weise und zu ihrem Vergnügen zerstreuten. Der Aufenthalt im Bunker bestärkte meinen Eindruck, dass sich unter den neuen durch Belagerung und Krieg entstandenen Bedingungen die Mitte unserer Gesellschaft schnell und vollkommen aufgelöst hatte, jene stille Mehrheit, die durch Scham ihre Begierden und durch Anstand ihre Raffsucht kontrollierte. Deshalb waren wir jetzt keine richtige Gemeinschaft mehr, sondern ein Gefüge deutlich getrennter und miteinander unvereinbarer Einzelpersonen – die einen begriffen diese verworrenen Bedingungen als Gelegenheit, alles, was ihnen in die Hände fiel, an sich zu raffen und an sich zu reißen, während die anderen sie als Pflicht und Gelegenheit erlebten, Zurückhaltung und Verzicht auf alles, was ihnen von Rechts wegen nicht gehörte, bis zur Selbstentsagung zu üben. Ich habe nicht geglaubt, dass es Menschen gibt, die an einem goldenen Schmuckstück, das auf der Straße liegt, vorübergehen, bevor ich sie nicht in Sarajevo während der Belagerung gesehen habe. Und ich habe nicht geglaubt, dass Habgierige möglich sind, wie ich sie zur selben Zeit in derselben Stadt gesehen habe. So war es auch mit dem Sozial- und Liebesverhalten. Die einen vervollkommneten ihre Höflichkeit, Hilfsbereitschaft, Vornehmheit und Zurückhaltung bis zu einem Grad, den man nicht mehr für normal halten kann, während die anderen alles außer ihren persönlichen Bedürfnissen, Wünschen und Genüssen vergessen zu haben schienen. Die einen schienen zu sagen: Es ist Krieg und die Welt zerfällt, deshalb müssen wir die Gesetze der Welt wie ein Heiligtum in uns bewahren, denn nur so können wir Menschen bleiben. Während ein anderer Mensch gleich neben dem, der so spricht und handelt, das glatte Gegenteil denkt, sagt und macht, als würde er sagen: Es ist Krieg und die Welt zerfällt, jetzt ist die Gelegenheit und der richtige Moment, alles zu tun, was mein Herz begehrt. Dabei spielten die Unterschiede in Alter, Bildung, sozialem Umfeld, in dem der Einzelne lebte, keine Rolle. Nicht einmal die Familie hatte auf dieser Ebene irgendeinen Einfluss auf ihre einzelnen Mitglieder, weil man sehen konnte, dass ein Bruder nach der Devise »einem freien Menschen ist alles erlaubt« zu leben begann, während der andere Bruder wie ein Moralkodex handelte und lebte. Meiner Erfahrung nach, und dies ist ein Teil dieser Erfahrung, ist Krieg in Wahrheit eine Zeit des entblößten Menschen.

Die Nachbarin Senada und ihr Mann Kenan, die in diesem Gebäude wohnten, luden uns mit einer Handbewegung ein, uns zu ihnen zu gesellen.

»Ich habe von Senada Ihre Geschichte gehört, Mister Hurd«, wandte sich Kenan an Peter, nachdem wir uns niedergelassen und bekannt gemacht hatten. »Ich weiß, dass Sie beschlossen haben, hierzubleiben und unser Schicksal zu teilen, obwohl Sie die Möglichkeit hatten zu gehen. Ich bewundere Ihren Entschluss und danke Ihnen von Herzen dafür, es ist mutig und edel, was Sie tun. Aber ich muss Ihnen sagen, dass Sie einen Fehler begehen, weil man sich für diese Stadt nicht opfern soll. Zwei Sünden vergibt diese Stadt nicht und bestraft diejenigen, die sie begangen haben, grausam. Die erste Sünde ist, dass du hier geboren bist, und die zweite Sünde, dass du diese Stadt liebst und dich bemühst, etwas Gutes für sie zu tun, zu ihrem Wohl beizutragen, deine Liebe zu zeigen und zu beweisen.«

»Wie eine schöne Frau«, lachte Peter. »Es gibt Schlimmeres auf der Welt, nicht wahr?«

»Ich verstehe Sie nicht«, fragte Kenan verwirrt.

»Ihre Stadt, wie Sie sie jetzt beschrieben haben, tritt auf wie eine schöne launische Frau«, erklärte Peter. »Sie bestraft diejenigen, die ihr ergeben sind, hat nicht viel Interesse für ihre eigenen Leute, launisch wie eine schöne Frau, will sie das, was weit weg, uneinnehmbar, feindlich ist. Ich sage nicht, dass das gut ist, ich sage nicht, dass die Welt dank der Launen schöner Frauen besser wird, ich sage nur, dass sie dank der schönen Frauen schöner wird beziehungsweise ist.«

»Ich fürchte, Sie lenken das Gespräch aufs falsche Gleis, Mister Hurd«, Kenan bemühte sich, ruhig und besonnen zu bleiben. »Ich weise Sie darauf hin, dass alle Führer dieser Kranken, die uns belagern, aushungern und ermorden, von anderswoher in die Stadt gekommen sind. Hier haben sie die Gelegenheit bekommen, sich ausbilden zu lassen, haben Wohnungen mitten im Stadtzentrum erhalten, haben Einfluss und Macht erhalten, Karrieren gemacht, von denen sie nicht zu träumen gewagt hätten. Aber ich, der ich hier geboren und aufgewachsen bin, der ich dieser Stadt mein ganzes Leben gewidmet habe, wohne hier, in der fernen Peripherie, und bemühe mich, aus jedem Monat ein paar Tage herauszuschneiden, um mich von einem Monat zum andern zu hangeln.«

Wann immer mich ein Schuldgefühl befiele, weil ich Menschen nicht liebe, würde ich mich an den Nachbarn Kenan erinnern. Er ist ein schlagender Beweis, dass man Menschen nicht zu lieben und sich nicht um sie zu bemühen braucht, weil man sie ohnehin nicht liebgewinnen kann. Wahrscheinlich hatte er als Wermutstängel auf die Welt kommen sollen, aber die Samen waren irrtümlich in den Unterleib seiner Mutter statt in die Erde geraten, und so wurde Kenan aus ihnen geboren. Anstelle einer bitteren, aber heilsamen Pflanze hatte die Welt einen bitteren Menschen bekommen, der nichts Heilsames an sich hatte. Nur so kann ich die Bitterkeit erklären, die ständig aus ihm tropfte, nicht genug, um jemanden zu vergiften, aber völlig ausreichend, um jedem, der ihm begegnete und mit ihm zu reden versuchte, das Leben zu vergällen.

Noch nie hatte Kenan jemandem zugestanden, dass er fähig sei und etwas Gutes getan habe. Der Gott seiner Welt machte keine Fehler, sondern war persönlich ein einziger großer Fehler, weil in dieser Welt, unserer Welt, wie Kenan sie sah, niemand bekam, was er verdient hatte. Die Fähigen und Guten wurden bestraft, weil sie gut und fähig waren, und die anderen wegen Gottes Fehler oder weil sie geschickt und erfolgreich intrigierten, belohnt. Kenan nahm kein Buch in die Hand, um es zu lesen, sondern um Fehler darin zu finden und sich davon zu überzeugen, dass er recht gehabt hatte, als er behauptete, es sei nicht lesenswert. Er unterhielt sich nicht mit Menschen und verkehrte nicht mit ihnen, weil sie und ihr Denken ihn interessiert hätten, sondern um in ihnen die Mängel zu entdecken, die er geahnt hatte, und um sich davon zu überzeugen, dass es sich nicht lohnte, mit ihnen zu verkehren.

Mit zwanzig veröffentlichte er seinen ersten Gedichtband, dem es beschieden war, auch der letzte zu bleiben. Ich las das Buch und überzeugte mich davon, dass es zu Recht positiv aufgenommen und außerordentlich gut bewertet wurde, denn es gibt darin wirklich authentisches Empfinden, frischen Ausdruck, Fragen, die naiv wirken, weil sie aufrichtig sind. In den folgenden paar Jahren nahm Kenan, mit einem gewissen Ansehen als Dichter, an Kunstausstellungen teil, wobei er mit seinen Installationen, die manchmal geistreich, aber immer ausgesprochen originell waren, die Leute verwirrte, manche auch hinriss. Dann begeisterte er sich fürs Theater und wurde in kurzer Zeit das bedeutendste Mitglied des Laientheaters »Hasan Kikić«, in dem er regelmäßig sowohl spielte als auch Regie führte. Dann ließ er auch das sein und begann Texte für Komponisten und Popsänger zu schreiben, was er auch tat, als ich ihn kennenlernte. All das habe ich erzählt, um mir zwei Dinge besser zu erklären, die mich im Zusammenhang mit Kenan verfolgen, seit ich ihn kenne. Warum hat der Mann, der in so vielen Bereichen Talent gezeigt und bewiesen hat, nicht in einem dieser Bereiche etwas Ernstzunehmendes geschaffen? Warum ist er beharrlich beim Talent stehengeblieben, warum hat er ständig gezeigt, dass es eine Möglichkeit war, die nie verwirklicht würde und beharrlich nur eine Möglichkeit geblieben ist? Diese Frage steht in direktem Zusammenhang mit der zweiten, die mir, um die Wahrheit zu sagen, viel wichtiger ist: Warum versprüht ein so reich begabter Mann beharrlich Bitterkeit um sich und macht alle Leute schlecht, die etwas getan haben oder sich wenigstens bemühen, etwas zu tun, zu verwirklichen, zu vollenden?

»Ich denke, Sarajevo ist die einzige Stadt der Welt«, fuhr Kenan fort, der scheinbar nicht die Absicht hatte, mit dem Reden aufzuhören, »die keine einzige Straße, keinen einzigen Platz, keine einzige Ecke nach ihrem Gründer Isa-beg Ishaković benannt hat. Ich behaupte, nicht einmal ein Viertel der Sarajevoer kennt seinen Namen, wir verstecken buchstäblich den Namen unseres Stadtgründers, als wäre es eine Schande, diese Stadt gegründet zu haben. Und tatsächlich, es ist auch eine Schande, wenn du siehst, wie wir sind und wie die Stadt sich an ihren Gründer erinnert. Hier noch ein anderes Beispiel, frisch und allen bekannt. In Sarajevo hat den Volksbefreiungskampf Vladimir Perić Valter angeführt, ein Illegaler, der vier Jahre lang die Faschisten jeglicher Couleur um den Verstand gebracht und ihnen das Leben vergällt hat. Gefallen ist er am Tag der Befreiung Sarajevos, während die Partisaneneinheiten in die Stadt einmarschierten. So wurde er zu einem mythischen, geradezu emblematischen Helden, in dem sich der Geist unserer Stadt verkörperte – ethisch einwandfrei, treu und rein in jeder Hinsicht und im Einklang damit ein heroischer Verlierer. Er fiel, als der Sieg kam, für den er gekämpft hatte, aber man weiß nicht, wodurch und wie er gefallen ist. Fiel er durch eine verirrte faschistische Kugel? Fiel er durch eine irrtümlich abgefeuerte oder eine schlecht gezielte Partisanenkugel? Tötete ihn ein ehrgeiziges Mitglied seiner illegalen Organisation, dem die Aussicht, den Rest des Lebens im Schatten seines großen Kriegsführers zu stehen, nicht gefiel? Das hat man, wie ich sagte, nie erfahren, und man brauchte es auch nicht zu erfahren, um das Bild unseres idealen Helden zu vervollkommnen. Er brachte die Freiheit, die er nie genießen würde, weil Helden kämpfen und Taugenichtse die Früchte des Kampfes genießen. Er brachte den Ideen den Sieg, von denen derjenige, der ihn vielleicht ermordet hat, profitieren würde. Er ist, wenn ich so sagen darf, der Körper unserer Träume, Wünsche, Werte, auf die wir halten. Und wie haben wir es ihm gedankt? Indem wir die kleinste Straße nach ihm benannt haben, die wir finden konnten, eine Gasse mit an die dreißig Hausnummern, die den Genossen Tito und Maxim Gorki, vielmehr die nach ihnen benannten Straßen verbindet. Das ist diese Stadt, mein geliebtes Sarajevo. Ist Ihnen jetzt klar, warum ich denke, dass Sie nicht hätten bleiben sollen?«

»Ich glaube, ich habe Ihren Gedanken verstanden«, antwortete Peter. »Aber ich fürchte, ich habe Sie doch nicht verstanden.«

»Wie das?«

»Sie haben mir erklärt, warum ich nicht hätte hierbleiben sollen«, erklärte Peter. »Mir ist klar, warum Sie so denken. Aber warum sind dann Sie geblieben, wenn Sie recht haben? Diese Frage lässt sich nicht vermeiden, nicht wahr?«

»Aber nein, diese Frage ist unsinnig«, rief Kenan. »Entschuldigen Sie bitte, dass ich so rede, aber sie ist wirklich unsinnig.«

»Warum?«

»Weil es nicht möglich ist.«

»In meinem Fall ist es möglich, in Ihrem nicht?«, fragte Peter.

»Sie sagen es«, stimmte Kenan zu. »Sie hatten die Wahl: Sie konnten gehen und konnten bleiben, und Sie haben gewählt zu bleiben. Ich habe diese Wahl nicht gehabt, in meinem Leben hat es nicht einen einzigen Augenblick gegeben, in dem Weggehen aus Sarajevo möglich gewesen wäre. Wenn Sie mich fragen, warum ich nicht aus Sarajevo weggegangen bin, könnten Sie mich auch fragen, warum ich im Frühling keine Blätter bekomme. Oder warum ich das Essen mit dem Magen verdaue. Das sind keine Wahlmöglichkeiten, das sind nicht unsere Entscheidungen. Für mich ist Sarajevo eine Notwendigkeit, wie für eine Pflanze im Frühling das Blätterkriegen eine Notwendigkeit ist. Nur für die Pflanze, nur sie bekommt Blätter im Frühling. So ist Sarajevo für mich eine natürliche Notwendigkeit, so wie ich bin, bin ich nur hier wirklich, vielleicht bin ich außerhalb von Sarajevo gar nicht möglich. Aber nur für mich, ich mische mich bei anderen nicht ein und schreibe keine Entscheidungen oder Regeln vor.«

»Ihre Frau hätte weggehen können?«, fragte Peter. »Sie hätten sie nicht abgehalten, wenn sie gewollt hätte?«

Kenan und Senada sahen und lachten sich an. Es lag etwas Helles im Lachen der beiden. Der liebe Gott möge mir verzeihen, aber ich muss gestehen, dass Kenan mir in diesem Moment sympathisch, sogar lieb war.

»Sag es ihm«, wandte sich Kenan an Senada und zeigte mit der Hand auf Peter.

»Ich hätte können, Kenan hat mir sogar zugeredet«, antwortete Senada immer noch lachend. »Die Kinder haben wir fortgeschickt, es ist mir richtig schwergefallen, ohne sie zurückzubleiben. Kenan war dafür, dass ich mit ihnen gehe.«

»Ist Sarajevo auch für Sie eine Notwendigkeit?«

»Alle Länder würde ich für Saraj'vo geben und Saraj'vo für meinen Liebsten«, antwortete Senada und brach wieder in ein heiteres helles Lachen aus. »Für mich ist mein Mann eine Notwendigkeit, Mister Hurd, und Sarajevo ist nur eine Stadt für mich. Meine, eine wichtige, die wichtigste auf der Welt, aber nur eine Stadt.«

»Kann ich daraus schließen, dass Ihr Mann mit der Zunge ›geh‹, aber mit dem Tonfall ›bleib‹ gesagt hat?«, fragte Peter hartnäckig, eigentlich bohrte und drängte er. Mir kam die Verbissenheit seltsam vor, mit der er sich auf diese Frage stürzte, die in seinem Leben keine, aber auch gar keine Rolle spielen konnte.

»Ich hoffe, es ist so«, lächelte Senada. »Wissen Sie, eine Frau, der ihr Mann zuredet, von ihm wegzugehen, fühlt sich seltsam. Es ist zwar in ihrem Interesse, es ist wegen ihrer Sicherheit und ihrer Kinder, aber trotzdem ...«

»Ach! Ach!«, ließ sich Kenan vernehmen, ergriff Senadas Hand und drückte sie.

Senada nahm hier von dem heiteren Tonfall Abstand, in dem das Gespräch bis dahin verlaufen war. Es ist, als nähme ein solcher Tonfall dem Gespräch die Schwere und verliehe allem Gesagten etwas Unbestimmtes und Unsicheres, gäbe ihm die Freiheit, die der Scherz hat, weil der Scherz sich in der unbestimmbaren Grauzone zwischen Schweigen und Rede, zwischen »ja« und »nein« bewegt, der Scherz ist und ist gleichzeitig nicht, ebenso wie das, was er sagt, das heißt, er ist eigentlich schon, aber sein Gegenstand ist nicht so schwer und wichtig. Ruhig und ernst erzählte sie, ein paar Tage vor Beginn der Kämpfe in Sarajevo habe sich Kenans Bruder Edin, ein angesehener Arzt und Professor an der Medizinischen Fakultät in Göteborg, gemeldet. Er warnte sie, dass sich die Dinge in Bosnien aufs Schlimmste entwickelten, und lud sie alle vier ein, schnellstens zu ihm nach Göteborg zu kommen. Vom ersten Augenblick an war beiden klar, dass Kenan Edins Einladung nicht annehmen würde und dass sie die Kinder aus Sarajevo hinausbringen müssten, und das bedeutete für Senada eine schwere Entscheidung. »Einer Mutter fällt es schwer, ein Kind im Guten und in der Freude wegzuschicken, aber ein Kind wegzuschicken, um es zu retten ... Ich weiß nicht, ob es etwas Schlimmeres für eine Frau und Mutter gibt«, erklärte Senada. Mann und Haus zurückzulassen, um die Kinder in die Fremde zu begleiten und zu behüten, oder in seinem Haus beim Mann zu bleiben und die Kinder in eine fremde Welt zu schicken – das war nach Senadas Worten keine Wahl, sondern der Tod, weil ein Teil von dir sterben muss, damit du dich in einer solchen Situation für das eine oder für das andere entscheiden kannst. Kenan war wunderbar, wie immer übrigens, er bemühte sich, so gut er konnte, es ihr zu erleichtern, und er hat es ihr auch sehr erleichtert, soweit ein lebendiger Mensch es kann. Er glaubte offensichtlich, es wäre besser oder wenigstens ein bisschen leichter für sie, wenn sie bei den Kindern wäre, und so drängte er sie zu gehen, versicherte ihr, ihm werde es ganz gut gehen, solle es ihm im Übrigen doch gehen wie allen anderen, er behauptete, die Kinder bräuchten sie mehr als er, der er ja doch einigermaßen erwachsen sei. Diese langen Gespräche weckten in ihr zugleich Zärtlichkeit und Unbehagen, Sorge und Dankbarkeit, Trauer und eine verwirrende Freude. Aber die ganze Zeit konnte sie sich nicht von dem unangenehmen Gefühl befreien, dass sie beide nicht aufrichtig genug seien, weil sie ständig darauf bedacht waren, eine Sache nicht zu erwähnen, die sicher kein Problem war und nie gewesen war, aber durchaus präsent und etwas war, worüber zu sprechen schwer ist. Kenan hatte Senada nämlich als Edins Freundin kennengelernt und sie seinem Bruder sozusagen ausgespannt.

»Das ist mein Sieg über den kleinen Bruder«, unterbrach Kenan das Schweigen, das nach Senadas Bekenntnis einsetzte. »Der einzige, aber mehr wert als alle Siege, die überhaupt möglich sind. Ansonsten ist er der Sieger, in allem, der reinste Siegertyp. Er ist durch das Leben gerannt wie ein Sprinter, hat gemacht, was er wollte, erreicht, was möglich war, und alles in einer Geschwindigkeit, in der andere Leute nicht einmal blinzeln können. Er wusste, dass er Arzt werden würde, noch bevor er sprechen konnte, er ist es ein Jahr vor der Regelstudienzeit geworden, in Schweden hat er sein Diplom nostrifizieren lassen, hat Arbeit gefunden und promoviert, bevor ein normaler Mensch begriffen hätte, wo er sich befindet. Ich sage halb im Scherz, halb im Ernst, dass ich zweimal mein Studium abgebrochen habe, um ihm aus dem Weg zu gehen. In allem ist er der reine Sieger und ich der reine Verlierer, ich hoffe, Senada bereut es nicht zu oft, dass ihr Letzterer zugefallen ist.«

»Nie! Nicht eine halbe Sekunde!«, rief Senada laut genug, um auch in den Grüppchen um uns herum Schweigen auszulösen.

Ich gebe zu, all das widerte mich ein wenig an. Was war das überhaupt? Eine Beichte? Ein Liebesspiel? Ich weiß, dass Menschen gerne Unbekannten beichten, zum Beispiel Mitreisenden im Zug, die sie zum ersten und zum letzten Mal sehen. Ein zufälliger Mitreisender ist, als wäre er kein Mensch, er ist und kann kein Zeuge sein, weil wir nichts übereinander wissen und auch nichts erfahren werden, denn wir werden uns nicht mehr begegnen, daher kann man vor einem zufälligen Mitreisenden alles aussprechen, auch das, was man nicht vor sich selbst aussprechen könnte. Aber hier saß nicht nur Peter, da saßen auch wir, mit denen Kenan und Senada ziemlich gut bekannt waren und wohl auch beabsichtigten, noch eine Weile bekannt zu sein. Und wenn ich eine solche Beichte vor Peter allein verstehen und rechtfertigen könnte, vor uns allen kann ich sie nicht verstehen, geschweige denn rechtfertigen. Oder haben die beiden beschlossen, sich nach fünfzehn Jahren Ehe gegenseitig eine Liebeserklärung zu machen, und das vor Publikum? Und was sollte bei alldem, welche Rolle spielte in dieser Veranstaltung Peter?! Er hatte, um die Wahrheit zu sagen, all das verbrochen und in diese Richtung gelenkt.

Offensichtlich war ich nicht der Einzige, dem unsere Auseinandersetzung nicht behagte. In die Stille, die nach Senadas ekstatischem Ausruf herrschte, fiel der Rechtsanwalt Maho ein, der mit seinem Sohn und seiner Schwiegertochter in unserer Nähe saß. Sonst ein betont höflicher und zurückhaltender Mann, der leise und langsam sprach, als bemühte er sich, seinen Gesprächspartner nicht zu belasten und zu belästigen, begann er jetzt zu laut und schnell zu reden, als wollte er die anderen Leute packen und mit seiner Stimme daran hindern, sich überhaupt zu äußern. Er erzählte, wie er kurz nach dem Zweiten Weltkrieg, etwa einundfünfzig oder zweiundfünfzig, mit einem Mandanten, der ein Auto besaß, nach Mostar gereist war. Im Dorf Donja Jablanica mussten sie wegen Reifenproblemen einen Stopp einlegen, und so ging Maho das Dorf besichtigen, um sich das Warten zu verkürzen. Unweit von der Stelle, an der sie angehalten hatten, stand eine kleine Dorfmoschee mit weiß getünchten Wänden (etwas derart Weißes, betonte Maho, habe er im Leben nicht gesehen), an der drei Leute Arbeiten verrichteten, das Dach reparierten und Rinnen anbrachten. Zu dieser Zeit griff die kommunistische Macht die Religion noch immer an und kämpfte gegen sie, und so beschloss Maho zu scherzen und rief den dreien streng zu: »Was macht ihr hier? Wisst ihr denn nicht, dass das unerwünscht ist!?« Die zwei, die auf dem Boden standen, kehrten der Moschee schweigend den Rücken und ließen so die Bereitschaft erkennen, sich zu entfernen, wenn es im Interesse des Volkes war, aber der Dritte vom Dach ließ sich nicht einschüchtern und entgegnete: »Sie haben befohlen, dass man darf. Frag bei der Polizei, wenn du's nicht glaubst.« Danach wiederholte Maho etwa ein, zwei Minuten lang abwechselnd den Spruch »Sie haben befohlen, dass man darf« und ein Lachen, ein paar Leute ringsum begannen ebenfalls zu lachen, und der schwere Klumpen der Stille löste sich auf, der zwischen uns gefallen war.

Bald kamen wieder leise Gespräche zwischen den Leuten in Gang, die sich in Dreier- oder Vierergrüppchen aufgeteilt hatten. In unserer Gruppe drehte sich das Gespräch am längsten um Kenans Bruder Edin, von dem Kenan meinte, dass er an der Züchtung oder Produktion (er wisse nicht, wie es treffender zu sagen wäre) menschlicher Organe arbeitete. Edin war schon lange Mitglied einer Gruppe von Professoren und Wissenschaftlern, die eine Methode gefunden hatten, dem menschlichen Körper Zellen, vielleicht an einer speziellen Stelle, zu entnehmen, die Zellen dazu zu bringen, sich zu vermehren, und dann ihre Vermehrung so zu steuern, dass sie ein beliebiges Organ produzieren, das der Körper, dem sie die Zellen entnommen haben, gebrauchen könnte. Kenan meinte, sie produzierten bereits Reserveorgane für menschliche Körper oder seien kurz davor, damit zu beginnen. Peter gestand, allein schon der Gedanke lasse ihn schaudern, er wolle auf keinen Fall um seinen Tod gebracht werden, er frage sich schon lange, was um Gottes willen die Wissenschaft mit uns Menschen mache. »Wir wissen gut, was sie machen«, entgegnete Kenan. »Sie haben uns versprochen, dass wir wie Götter werden, aber geworden sind wir Industriemüll.«

Das ist das Letzte, was mir von dieser Nacht im Gedächtnis geblieben ist, aus der ich zerknautscht und zerknittert herauskam. Nach dem unangenehmen und verworrenen Gespräch folgte ein unbequemer und verworrener Schlaf in unnatürlicher Sitzposition. »Die Dinge entwickeln sich gut für dich«, würde mir angesichts dieser Nacht ein Pessimist vom Typ Kenans sagen und sich darüber freuen, dass er recht hatte. Er würde sogar den Weltuntergang in Kauf nehmen für einen Augenblick der Freude darüber, dass er recht gehabt hatte, als er diesen Untergang vorhergesagt hatte.

Vor der Nacht der Offenbarung

Drei Tage hatten wir Stromausfall, und die Menschen begannen besser und mehr zu essen als je zuvor seit Beginn der Belagerung. Aus Angst, das, was sie in den Kühl- und Gefrierschränken hatten, also das, was sie vor sich selbst verborgen, was sie für schlechte Zeiten oder eine etwas feierlichere Gelegenheit aufgehoben hatten, könnte verderben, fingen sie an, diese Vorräte herauszuholen, Speisen zuzubereiten, an die sie seit Beginn der Belagerung nicht einmal zu denken gewagt hatten, und zu essen, bis sie völlig übersättigt waren. Heute, nach fünf vollen Tagen ohne Strom, musste man von regelrechten Fressorgien sprechen, weil die Menschen, während der Belagerung schon daran gewöhnt, sich nur halb satt zu essen, nur so viel zu essen, wie man brauchte, um den Hunger zu stillen, nicht aber, um sich satt zu essen, sich jetzt bemühten, alles, was sie aufbewahrt hatten, aufzuessen, in der Meinung, es wäre besser, wenn sie sich überfräßen, als wenn das, was sie hatten, verdürbe. Die ganze Nachbarschaft überfraß sich, lud sich gegenseitig ein, brachte sich fertige Mittagessen vorbei, zeigte sich gegenseitig Listen mit dem, was sie im Gefrierschrank hatte, und tauschte, zum Beispiel gab ein Haus dem anderen von seinem Überfluss an Fleisch ab, um dafür von diesem gefrorene grüne Bohnen oder Krautwickel zu bekommen.

Mutter Ljuba holte schon zwei Tage lang Beutel mit Krautwickel und grünen Bohnen, Fleisch und Pita aus dem Gefrierschrank, schichtete sie besorgt auf und um, fluchte und ärgerte sich, weil alles viel zu schnell auftaute, als hätte der Teufel selbst es gewärmt, um so den armen Menschen das Leben schwer zu machen. Und tatsächlich herrschte wie zum Trotz eine unerträgliche Hitze, ein für den Sommeranfang in Sarajevo übermäßig warmes und unnatürliches Wetter. Sie gab es auf, uns beiden zuzureden, noch ein Stück Fleisch oder eine Pljeskavica, noch einen Krautwickel oder ein Stück Baklava zu essen, gab aber nicht den Kampf auf, etwas zu retten oder zu verwenden, wie sie es auch nicht aufgab, Trost in ihrer ausweglosen Situation zu suchen. So fand sie sich damit ab, dass sie nicht alles, was sie hatte, kochen oder braten konnte, also mit dem Verlust zumindest eines Teils der Kostbarkeiten, die sie bis dahin aufbewahrt hatte, entdeckte aber gleich auch eine gute Seite dieses Übels und erinnerte sich unentwegt daran – wenn sie nicht kochte und nicht briet, sparte sie Holz, und das war kein geringer Nutzen. »Du gewinnst nicht unbedingt etwas, wenn du alle Lebensmittel, die du hast, rettest, dir aber kein Stückchen Holz mehr bleibt, auf dem du etwas kochen oder aufwärmen kannst, wenn die kalten Tage kommen«, sagte sie sich und sortierte, kombinierte, fluchte weiter. Das Fleisch hätte man salzen können, aber sie wagte es nicht, dieses bisschen Salz, das sie hatte, zu verbrauchen, weil sie nicht wusste, wann, wo und wie sie neues Salz besorgen würde. Sie fragte sich laut, ob sie wenigstens etwas retten könnte, indem sie Lebensmittel in Nylonsäckchen packte und diese Säckchen dann in einem großen Beutel oder Eimer in den Brunnen tauchte. Sie entschied, dass auch das keine Lösung sei, das Wasser war zwar kalt, aber es war zu befürchten, dass es den Prozess des Verderbens nur beschleunigen würde, auf jeden Fall war es nicht kalt genug, um ihn aufzuhalten. Und man hätte nicht viel gewonnen, wenn es ihn ein wenig verlangsamt hätte.

Konfrontiert mit der Verpflichtung, zwischen mehreren Möglichkeiten zu wählen, von denen keine einzige in ihrem Sinn und gut war, weil sie nicht zum gewünschten Ziel führte, tat Mutter Ljuba, was sie immer tat, wenn sie sich in einer solchen Situation befand – sie begann, ihrem verstorbenen Mann Dimitrije Vorhaltungen zu machen. Dieses Mal warf sie ihm vor, dass er keinen Keller angelegt hatte, als sie es verlangt hatte, und sie hatte es verlangt, sobald sie in dieses Haus eingezogen waren. Er rechtfertigte sich zuerst, sie hätten kein Geld dafür, und dann fragte er scherzend, was und wen sie denn im Keller verstecken würde, und danach hörte er auf, darüber zu sprechen, und tat, als hörte er sie nicht, wenn sie über den Keller sprach, der ihnen auf jeden Fall willkommen gewesen wäre. Und alles wäre jetzt anders, wenn sie ihren Keller hätte!

Als Österreich in Bosnien das Streckennetz der Eisenbahn zu bauen begann, wurde am Rand des damaligen Sarajevo, gegenüber dem heutigen Hotel »Bristol«, ein Bahnhof errichtet, an den sich noch meine Eltern erinnerten. Westlich von diesem Bahnhof erstreckte sich eine unübersichtliche mit Werkstätten bedeckte Fläche, in denen alles, was man für die geplanten Arbeiten an der Eisenbahnstrecke brauchte, vorbereitet, hergestellt und repariert wurde. Tausende Arbeiter fanden in diesen Werkstätten Arbeit und Brot, sie waren aus Böhmen, der Slowakei, Galizien, Transkarpatien, Slowenien und anderen Teilen der Monarchie gekommen, weil man in Bosnien nicht genügend Spezialisten hatte finden können, die für die anstehenden Arbeiten ausgebildet gewesen wären. Zur Unterbringung der Arbeiter wurden ganze Siedlungen mit Hunderten Häusern in Grbavica, Pofalići, Dolac Malta erbaut. Diese Siedlungen bestanden hauptsächlich aus typischen ebenerdigen Häusern mit ausgebautem Dachgeschoss, mit einem kleinen Hof vor und etwas mehr Garten hinter dem Haus. In diesen Siedlungen wurden die Menschen geboren und großgezogen, die etwas später den Fußballklub »Željezničar« (der Eisenbahner) gründeten, für den sie mit ganzem Herzen spielten und sich begeisterten, die Menschen, die im Zweiten Weltkrieg massenhaft zu den Partisanen gingen und nach der Rückkehr in ihre Stadt weiter an ihrer Maschine und in der Werkstatt arbeiteten, aus der sie bei Kriegsbeginn fortgegangen waren, dieselben Menschen, die in Titos

Jugoslawien das Symbol und gleichzeitig der reale Inhalt des »proletarischen Sarajevo« waren.

Meine Eltern fanden Unterkunft in einem der Häuser der Siedlung in Dolac Malta, ebendem Haus, in dem meiner Mutter heute der Keller fehlte. Im Erdgeschoss die Toilettenräume, die Küche und zwei Zimmer, im Dachgeschoss zwei Zimmer, eins davon gefangen, und darüber ein kleiner Vorratsraum, den man nicht als Dachboden bezeichnen kann, weil man sich nicht darin aufrichten konnte. Schon damals standen nur noch in unserer Siedlung die kleinen typischen Häuser, anderswo waren diese Häuser längst durch große Wohngebäude ersetzt worden, aber im ganzen Stadtteil herrschte eine proletarische Atmosphäre und die Lebensweise vom Ende des letzten Jahrhunderts. Weiterhin wurde, wenn auch in einer kleinen Zweizimmerwohnung, die gute Nachbarschaft gepflegt, und weiterhin bereiteten die Frauen aus allen Wohnungen eines oder mehrerer Gebäude zusammen auf einem Herd, den sie in den gemeinsamen Hof zwischen den Gebäuden gestellt hatten, die Wintervorräte vor, und weiterhin nahmen die Männer an jedem Ersten im Monat ihren Lohn in Empfang und vertranken ein Viertel davon mit Kollegen und Freunden in ihrem bevorzugten Wirtshaus. Zu Hause warteten auf sie die Frauen, die ihnen das Abendessen servierten, so taten, als unterhielten sie sich mit ihnen, angetrunken oder betrunken, wie sie waren, um sie irgendwann ins Bett zu verfrachten und dann aus der Innentasche der Jacke ihres Mannes den Umschlag mit den drei Vierteln des Lohns herauszunehmen, mit denen sie sich bis zum Monatsende und zum nächsten Lohn durchschlagen mussten. Aber im Laufe dieses Monats fanden sich in all den Wohnungen und Häusern wenigstens zwei- oder dreimal befreundete Familien ein, um gemeinsam mit den Gastgebern Esskastanien oder Kürbiskerne zu rösten, sich zu unterhalten und zu singen, wenn sich unter ihnen jemand fand, der das konnte.

Die proletarische Romantik, die ich kurz zu beschreiben versuche, habe ich in den Häusern unserer Freunde kennen und lieben gelernt, weil sie unserem Haus nicht vergönnt war. Ob deshalb, weil mein Vater Dimitrije auch nach dem Ersten im Monat, wenn die Löhne ausgezahlt wurden, gern in einem der Wirtshäuser, von denen es in der Umgebung mehr als genug gab, hängenblieb. Ob deshalb, weil Mutter Ljuba nicht gewillt war zu warten, dass er auftauchte, und das bisschen Geld, das von seinen Ausflügen blieb, auf viele Tage zu strecken. Ob deshalb, weil es um sie herum zu viele Männer gab, die nicht bereit waren zuzulassen, dass Mutter Ljuba ruhig dasaß und still wartete? Ich weiß es nicht, und es ist mir recht, dass ich nicht weiß, warum, mir reicht es zu wissen, dass es in unserem Haus wenig, sehr wenig gab von diesem entspannten Treibenlassen im Fluss der Zeit, von dieser beschwerlichen und doch heiteren Anstrengung, irgendwie an der Oberfläche zu bleiben. Bei uns zu Hause gab es keine Ruhe und Kontinuität. Meine Eltern verstanden es für eine gewisse Zeit, ruhig zu leben und zu genießen, dass sich ein Tag an den vorherigen anfügte, aber nie länger als ein, zwei Monate. Dann begannen wieder allzu laute Auseinandersetzungen, Streitereien, Drohungen, vorübergehende Trennungen. Bis Vater Dimitrije vor fünfzehn Jahren auf Dauer fortging. Er hält sich schon fünfzehn Jahre nicht mehr in diesem Haus auf, schon dreizehn Jahre auch nicht mehr auf dieser Welt, doch seine Frau, meine Mutter Ljuba, diskutiert all ihre Probleme weiterhin mit ihm und nur mit ihm. Eigentlich diskutiert sie weniger und beschuldigt ihn eher, schreibt ihm die Verantwortung für alle Probleme zu, mit denen sie, seine Familie, konfrontiert ist. Sie richtet ihm wohl aus, dass er aus ihrem Haus, sogar aus der Welt fortgehen kann, nicht aber aus ihrem Leben, zumindest, solange die Schulden zwischen ihnen nicht beglichen sind.

Was hätte ich sagen und tun sollen, als sie mir offenbarte,

dass der verstorbene Dimitrije daran schuld war, dass sie nicht alle Lebensmittel, die sie im Gefrierschrank hatte, retten konnte, weil er ihr Armen den Keller vorenthalten hatte? Hätte ich ihr versichern sollen, dass ihr heute auch kein Keller helfen könnte? Hätte ich überprüfen sollen, ob sie damals wirklich einen Keller gewollt hatte? Ein paarmal versuchte ich, sie zur Vernunft zu bringen, als sie ihrem verstorbenen Mann verrückte Dinge vorwarf, und jedes Mal bereute ich es. Einmal fuhr sie mich wütend mit dem Ausruf an »Nimm ihn nicht in Schutz! Nimm ihn nicht vor mir in Schutz!«, und ein anderes Mal verlangte sie genauso wütend, mich nicht bei ihnen beiden einzumischen. Deshalb tat ich dieses Mal das Einzige, was ich tun konnte – ich winkte ab und ging aus dem Haus.

Am Tor traf ich den Nachbarn Damir, der mir mitteilte, dass seine Eltern Mirta und Zlatan uns für heute Abend zu einer »Nachbarschaftssause« in Mirtas Gasthaus »Mondschein« einlüden. Es sollten an die zehn Nachbarn kommen, die sich gut kennen und leiden mögen, um zusammen ein wenig zu essen und zu trinken, zu lachen und zu singen: Wir könnten auch unseren Engländer mitbringen, fügte Damir hinzu und ging wieder, weil er seine Mission wohl für erfüllt hielt. Das zwang mich, die Korrektur hinunterzuschlucken, die mir bereits auf der Zunge gelegen hatte, nämlich die Mitteilung, dass Peter kein Engländer, sondern ein Waliser sei, ich schaffte es nur, Damir zuzurufen, er solle kurz auf mich warten, und kehrte ins Haus zurück. Ich bat Mutter Ljuba, aus ihren Vorräten das, was man bis übermorgen verbrauchen müsse, abzuzweigen und mir in einen Beutel zu packen, und ging mit Damir ins Gasthaus »Mondschein«.

Auf der anderen Flussseite, in Hrasno brdo, brannte es, das Feuer war riesig und dunkel, durchsetzt von schwarzen Schwaden, es mussten mehrere Häuser sein. Es kam mir vor, als dränge ihre Hitze sogar bis hierher, als spürte ich sie im Gesicht und an den Händen, aber ich vergewisserte mich nicht, ob es tatsächlich so war, und so habe ich Damir auch nicht gefragt, ob er die Hitze von der Flamme spüre.

Wir gingen durch die Gaststube, um in der Küche, die hinter dieser Stube, zum Flussufer hin, lag, das mitgebrachte Essen abzustellen. Ich fragte mich, wer das Essen für den Abend, für die »Nachbarschaftssause«, wie sich Damir ausgedrückt hatte, zubereiten würde, denn in der Küche war weit und breit keine Menschenseele zu sehen, und der Mittag rückte schon näher. Damir winkte mir zum Gruß und ging durch die Hintertür ans Flussufer, während ich in die Gaststube zurückkehrte, weil ich vorhatte, wieder nach Hause zu gehen. Ich war schon fast in der Mitte des Saals, als ich bemerkte, dass an einem Tisch, ganz in der Ecke, Mirta saß. Mich überraschte, um nicht zu sagen, erdrückte, was ich sah. Ich glaube nicht, dass jemand Mirta jemals so gesehen hat – allein, am leeren Tisch, still und fast unsichtbar, wie abwesend. Ich kenne sie schon seit Jahren, sogar ziemlich gut, denke ich, weil sie eine der wichtigsten Personen in meinem Leben ist, und bis gerade eben hätte ich sie mir nicht so vorstellen können. Dass sich diese starke, lebensvolle Frau in der dunklen Ecke eines leeren Gastraumes versteckte und tat, als gäbe es sie nicht?! Sogar ihr Trauern, das ich die Gelegenheit hatte mitzuerleben, war intensiv, stark, irgendwie laut, an ihr konnte man nicht vorübergehen, ohne sie zu sehen und gut anzuschauen, auch dann nicht, wenn sie traurig war oder nicht gesehen werden wollte. Es wäre mir wirklich lieber gewesen, ich hätte sie nicht so gesehen.

Jetzt, da ich dies schreibe, ist mir klar, wie gut es für mich gewesen wäre, hätte ich mir die Vorstellung, die ich von Mirta bis zu jenem Tag voller Bangen gehabt hatte, bis heute bewahren können. Ein paar Monate lang hatten wir uns miteinander getröstet. Ich fing etwas mit Mirta an, nachdem ich einsehen musste, dass aus mir und Vera nichts werden würde und in absehbarer Zeit auch nichts mit einer anderen, die mich hätte interessieren können. Und Mirta entschied sich wahrscheinlich, mit mir zu spielen, nachdem mit einem der Liebhaber, an denen es in ihrem Leben nicht mangelte, Schluss gewesen war. Jetzt denke ich, dass die paar Monate, die ich mit Mirta verbracht habe, eine der wichtigsten, wenn nicht gar die wichtigste Zeit in meinem Leben war. In diesen paar Monaten wurde in mir alles umgewälzt, und das veränderte mich wie das Reifen die Frucht. All meine Hemmungen sind geblieben oder haben sich sogar vertieft, mein Unwissen über wichtige Dinge ist sicher nicht kleiner geworden, das Gefühl, nicht unbedingt bereit für das Leben zu sein, hat sich kaum gemildert, aber nach der Erfahrung mit Mirta fühlte ich mich viel wohler in meiner Haut als vorher. Mirta hat mir nicht geholfen, die Frauen besser zu verstehen, ich fürchte, ihretwegen habe ich sie noch weniger verstanden als vor ihr, aber sie waren mir nach dem, was ich mit ihr erlebt habe, näher und doch klarer. Über das, was zwischen uns war, empfand ich kein Unbehagen, weder gegenüber ihrem Mann Zlatan noch gegenüber anderen Leuten, die gewiss von uns wussten, aber die Verlegenheit mir selbst gegenüber, weil ich dergleichen nicht einmal im Wahn mit mir in Verbindung hätte bringen können, nahm unvorstellbare Ausmaße an. Vor Mirta und direkt nach Mirta, wie im Übrigen auch jetzt, hielt ich und halte ich jemanden, der nicht wenigstens ein Unbehagen gegenüber dem Mann empfindet, mit dessen Frau er schläft, für einen Zyniker und Schuft, ich denke, ich würde aufhören, ich zu sein, wenn sich an dieser Überzeugung etwas ändern würde. Aber damals empfand ich kein Unbehagen und das half mir, mich viel wohler zu fühlen. Mirta hat mir nicht geholfen, gewandter zu kommunizieren, nach der Zeit mit ihr habe ich mich mit Menschen nicht besser verstanden und mich auch nicht lieber mit ihnen unterhalten, aber ich fühlte mich weniger fremd unter ihnen nach dieser Erfahrung, nicht mehr so verloren und isoliert. Wahrscheinlich war es wegen all dessen, was sie mir bedeutete, seltsam und traurig für mich, Mirta an jenem Tag so verloren, abwesend, verstört zu sehen. Mirta – und verstört?! Die Frau, die stets spontan und ohne Umschweife tat, wozu sie Lust hatte, und sich manchmal vielleicht auch fragte, was sie getan hatte, aber die Fragen kamen bei ihr später, viel später.

Seltsamerweise war Mirtas Ehe mit Zlatan, nach dem zu urteilen, was wir von außen sehen konnten, ganz gut, obwohl er in allem das glatte Gegenteil von seiner Frau war. Still und zurückgezogen, ruhig und immer nachdenklich, war er das perfekte Beispiel eines Mannes, den man nicht bemerkt, wenn man an ihm vorübergeht. Wobei das diesem Mann, nämlich Zlatan, gerade recht war, denn er schien alles zu tun, um immer und überall unbemerkt zu bleiben. Ich erinnere mich gut an sein Gespräch mit einem mir unbekannten Mann im selben Restaurant. Zlatan war hier im Mantel und mit Regenschirm aufgetaucht, weil es nach Regen aussah.

»Ist das nicht ein bisschen übertrieben heute, mit deiner Vorsicht?«, fragte ihn der mir unbekannte Mann.

»Wieso übertrieben?«, antwortete Zlatan mit einer Gegenfrage.

»Regenschirm und Mantel, nur weil es etwas bewölkt ist«, erklärte der Unbekannte, »das ist doch zu viel der Vorsicht, oder nicht?«

»Auf dieser Welt kann man nicht vorsichtig genug sein, mein Held, deshalb kann man rein logisch nicht übertreiben und zu vorsichtig sein. Sagen wir, vorsichtig genug waren die, denen es gelungen ist, als Fehlgeburt zu enden, sie haben dadurch vermieden, hierherzukommen, und deshalb denke ich, dass sie vielleicht vorsichtig genug waren. Alles andere ist reines Risiko und wahrscheinliches Übel, wie denkst du, soll man dabei zu vorsichtig sein?«, erklärte Zlatan, als erklärte er seinen Schülern eine Aufgabe, und löste am Tisch Lachen aus.

»Und jetzt übertreibst du es auch mit dem Philosophieren«, wandte der Unbekannte leicht nervös oder sogar unwillig ein, als wäre das Lachen gegen ihn gerichtet gewesen.

»Wann hast du zum letzten Mal einen Menschen gesehen, der gesungen oder gelacht hätte, als er in diese Welt fiel?«, fragte Zlatan ruhig und sehr pädagogisch. »Niemals, mein Held, niemals, weil es solche Menschen nicht gibt. Wenn wir hierher, in das Leben fallen, brüllen wir wie verrückt, weinen und schreien, weil uns das bisschen Verstand, das wir mitgebracht haben, gesagt hat, wohin wir fallen. Halten wir uns länger hier auf, verlieren wir früher oder später den Verstand, den wir mitgebracht haben, und reden uns ein, dass uns hier nichts bedroht, und weil uns alles liebt, glauben wir, dass sich die Welt, in die wir gefallen sind, über uns freut und daher nur Narren und Feiglinge in dieser wunderschönen Welt vorsichtig sind. Wir lachen über alles wie ein Narr über das Mehl, wissen aber nicht, weil wir es nicht sehen, dass uns sowohl das Mehl als auch unsere wunderschöne Welt nach dem Leben trachten.«

In Zlatans Stimme lag keine Bitterkeit, keine Wut, kein Gefühl, betrogen worden zu sein, keine Spur von all dem, was man in der Stimme von Menschen hört, die solche Dinge öffentlich aussprechen. Im Gegenteil, er verstand es, all das ruhig, heiter, wie nebenbei, sogar mit einer Prise Humor auszusprechen. Wobei man bei ihm nie wusste, wo der Scherz endete und wo der Ernst begann, bis wohin er spielte und ab wo das echte Leben begann. So verhielt es sich auch mit einem der Dinge, die ich als Erstes über Zlatan erfuhr und die mir nicht erlaubten, mir eine einigermaßen sichere und endgültige Meinung von ihm zu bilden. Er füllte schon dreißig Jahre lang regelmäßig Lottozettel aus, gab sie aber nie ab. Einen Tag nach der Ziehung studierte er die Berichte, rechnete aus, wie viel er bekommen würde, wenn er seinen Zettel abgegeben hätte, das heißt, wie viel er verloren hatte, weil er ihn nicht abgegeben hatte, oder wie viel er dadurch gespart hatte, dass er ihn nicht abgegeben hatte, und wenn er sich davon überzeugte, dass er kaum ein bisschen oder sogar nichts bekommen würde, dann vermerkte er in einem Notizbuch die Ersparnis oder den Verlust zusammen mit dem Datum der Ziehung. Alle paar Monate setzte er sich hin, um die Verluste und Ersparnisse zusammenzuzählen, verglich sie und stellte fest, wie viel er dadurch verloren oder gespart hatte, dass er sich nicht dazu hatte verleiten lassen, die Zettel abzugeben und die Gebühren zu bezahlen. Auch darüber, wie über alles andere, sprach er ruhig, heiter, mit ein wenig Humor, so dass niemand wusste, wie ernst er seine Verluste und Ersparnisse im Lotto nahm, das er nicht spielte oder nur halb spielte. Wahrscheinlich fanden ihn wegen dieser Eigenschaft, wegen dieser totalen Unsicherheit und Unmöglichkeit zu bestimmen, was er wirklich dachte, einige Menschen, zum Beispiel ich, ausgesprochen angenehm, während er anderen auf die Nerven ging und ihnen lächerlich vorkam. Aber ich denke, von denen, die sich über seine Gesellschaft freuten, gab es doch mehr.

Mirta antwortete nicht auf meinen Gruß, bedeutete mir nur, mich neben sie zu setzen, und schwieg, zur Seite sehend, weiter. Das dauerte ein paar geradezu hässliche und schwere Minuten.

»Möchtest du einen Kaffee?«, fragte sie schließlich, als hätte sie mich gerade bemerkt.

»O ja, gern! Ich kann mich nicht erinnern, wann ich zuletzt einen getrunken habe«, antwortete ich erfreut. Ich denke, ich habe mich mehr darüber gefreut, dass sie endlich aufgelebt war und zu sprechen begonnen hatte, als über den Kaffee, über den ich mich sicher freute.

Mirta ging in die Küche und kam nach einer gewissen Zeit mit zwei großen Tassen zurück. Eine reichte sie mir, die andere stellte sie vor sich auf den Tisch und starrte erneut abwesend auf die Tischplatte, als läse sie auf ihr weiß Gott was für Worte. Das wurde mir bald unerträglich.

»Was ist los mit dir?! Wie bist du denn heute drauf?«, fragte ich, als ich ihre Abwesenheit nicht mehr aushielt.

»Wie bin ich denn drauf?«

»Elend, wenn ich ehrlich sein darf. Ich erkenne dich kaum wieder. Als wärst du nicht da. Ich kann dich so nicht ertragen, als ob du die richtige Mirta verspotten würdest.«

»Die richtige?«

»Ja, die richtige. Die Mirta, die alle um sich herum in ihren Bann gezogen, alle versammelt und mit sich gerissen hat wie ein mächtiger Fluss ... Aber dies hier ist ein Häufchen Elend, das hat nichts mit dir zu tun.«

Mirta versank erneut in Schweigen. Oder wäre es treffender zu sagen, dass sie sich von sich löste, entfernte und uns von weitem betrachtete? Jedenfalls kam ich mir ausgesprochen dumm vor in der Gesellschaft von jemandem, der nicht da war.

»Du bist in Ordnung, gut, dass du da bist«, erklärte Mirta nach langem Schweigen, um dann wieder zu verstummen und am Ende, als drückte sie das Ergebnis einer reiflichen Überlegung aus, festzustellen: »Ich weiß nicht.«

»Was weißt du nicht?«

»Ich weiß nichts. Ich weiß nicht, welche Mirta die Richtige ist, ich weiß nicht, ob ich je die Richtige gewesen bin, ob ich überhaupt die Richtige sein kann ... Ich weiß gar nichts.«

»Heute ist es wirklich schwer, dich zu verstehen«.

»Du würdest mich verstehen, wenn du ein paar Sachen wüsstest.«

»Dann erzähl sie mir doch.«

Es folgte ein neuerliches langes Schweigen, dann begann Mirta zu sprechen, als wendete sie sich an jemand Fernen oder an sich selbst.

»Als ich in der achten Klasse war, habe ich Safet Tahirović, einen Jungen aus Sjenica, kennengelernt, der bei Tante Raza und ihrem Mann Samed wohnte. Er war zauberhaft – schön, romantisch und zärtlich, wie geschaffen, um das Schicksal eines fünfzehnjährigen Mädchens zu sein. Wir verliebten uns wie zwei Verrückte, jeder Augenblick der Trennung fiel uns schwer wie eine Strafe, als hätte keiner von uns atmen können, wenn der andere nicht da war. Tante Raza hatte ihre Freude an uns, half uns, möglichst viel Zeit miteinander zu verbringen, versicherte uns, dass sich die Dinge gerade so gefügt hätten, wie es uns entsprach – Safet schloss die Fachschule für Maschinenbau ab und ich die achte Klasse der Grundschule, für uns beide begann also eine neue Lebensphase, was zu zweit viel leichter zu ertragen ist. Irgendwann Anfang Mai begann Safet zu seufzen und zu bedauern, dass er demnächst, sobald das Schuljahr beendet ist, nach Sjenica zurückkehren müsse. Er war zwar davon überzeugt, dass er im September nach Sarajevo zurückkommen würde, aber er wusste nicht, wie er es ohne mich bis September aushalten solle. Einmal habe ich ihn vormittags besucht. Tante Raza war allein zu Hause, weil ihr Mann auf der Arbeit und die Kinder in der Schule waren. Kurz nachdem ich gekommen war, ging auch sie zu einer Nachbarin Kaffee trinken, so dass Safet und ich allein blieben. Er begann wieder, wie hundert Mal davor, über den öden Sommer, der ihn in Sjenica erwartete, zu seufzen, aber an diesem Tag hatten seine Seufzer und seine Trauer eine besonders starke Wirkung auf mich, und so sagte und tat ich alles, was mir in den Sinn kam, um ihn zu trösten. Zum Schluss gab ich mich ihm hin.«

Mirta seufzte tief und stieß dann laut Luft aus, als müsste sie mitten in einer schweren Arbeit Atem holen. Sie nahm die Tasse mit dem Kaffee und trank einen großen Schluck.

»Das war unser Ende«, seufzte sie noch einmal und setzte ihr Bekenntnis fort. »Wir sahen uns bis Mitte Juni, bis zu seiner Abfahrt nach Sjenica regelmäßig, waren aber nie mehr allein. Schon damals habe ich, obwohl ich ein dummes Kind war, den Schluss gezogen, dass er Begegnungen zu zweit vermied und immer danach trachtete, dass noch jemand mit uns zusammen war. Hatten ihm die Geschwindigkeit und die Heftigkeit, mit denen ich mich ihm hingegeben hatte, Angst eingejagt? Hatte ihn das abgestoßen und verwirrt? Im Herbst schrieb er mir aus Belgrad, er habe beschlossen, es sei doch besser, wenn er dort studieren würde. Ein schöner Brief, zärtlich und romantisch, ihm ganz ähnlich, aber doch ohne ihn. Danach kamen noch ein paar Briefe, ich liebte sie und las sie, bis ich sie auswendig konnte, aber er tauchte nie wieder auf.«

Aus ihrer Kehle entfloh ein seltsamer Laut, als hätte sie einen Ballon verschluckt, der geplatzt war, als er in ihre Kehle gekommen war. Dann endete sie in völlig verändertem Ton, wie eine fremde Stimme:

»Das ist es, was du wissen musst, wenn du mich verstehen willst.«

»Jetzt weiß ich's, versteh dich aber trotzdem nicht. Kein bisschen.«

»Na ja, es ist schwer, dir normale menschliche Dinge zu erklären.«

Sie erzählte, sie habe sich bereits in der ersten Gymnasialklasse, gegen Ende des Schuljahres, neu verliebt und sei praktisch von Safet Tahirović geheilt worden. Es sei natürlich in all den Jahren vorgekommen, dass sie sich an ihn erinnert und sich gefragt habe, wie es ihm geht, aber sie hätte nicht sagen können, dass er in ihrem Leben eine Rolle gespielt hätte, genauso wenig wie die Erinnerung an ihn, die sich, Hand aufs Herz, ausgesprochen selten gemeldet habe. Sie sei sicher, dass sie sich in all den Jahren nicht gefragt hatte, wie ihr Leben mit Safet aussähe, sei sicher, dass sie nie auch nur versucht hatte, sich eine Ehe mit ihm vorzustellen, sei sicher, dass sie sich nie gefragt hatte, wie ihre Kinder aussähen. Er sei all die Jahre schlicht nicht in ihrer Welt gewesen. Doch dann sei er aus dem Vergessen aufgetaucht, in den letzten paar Monaten habe sie sich buchstäblich nicht von Safet und zahlreichen mit ihm verbundenen Fragen befreien können. Ob er damals Angst bekommen oder ihn die Geschwindigkeit und Heftigkeit, mit der sie sich ihm hingegeben hatte, angewidert habe. Ob in ihren späteren Beziehungen absichtlich Romantik und Zärtlichkeit gefehlt hätten, um die Erinnerung an Safet zu vermeiden. Ob sie die Männer ausgenutzt und mit ihnen gespielt habe, um Safet zu bestrafen und sich an ihm für seine feige Flucht zu rächen.

Sie wisse, dass solche Fragen keinen Sinn hätten, aber sie verfolgten sie seit Monaten und ließen nicht zu, sich um etwas anderes Gedanken und Sorgen zu machen. Wahrscheinlich brachte dieser vom Krieg erzwungene Stillstand Fragen und Zweifel an die Oberfläche, von denen sie nichts gewusst hatte, solange sie ohne Fragen durchs Leben hatte rennen können. Hatte es Safet erschreckt und vertrieben, dass sie wie ein mächtiger Fluss war? Oder war sie überhaupt kein mächtiger Fluss gewesen, sondern ein verliebtes Mädchen, das sich ihrem Liebsten mit viel Zärtlichkeit und dem Wunsch, ihn zu trösten, hingegeben hatte, aber er, der Idiot, das nicht richtig verstanden hatte? Oder …?

»Aber jetzt ab nach Hause, Ljuba könnte befürchten, dass ich dich wieder verführt habe«, unterbrach sie abrupt und grob die Versuche, ihre verborgenen Knoten zu lösen. Mir war sofort klar, dass sie das tat, weil sie sich für ihr Bekenntnis schämte, aber die Grobheit und Bosheit ihrer Bemerkung verletzte mich doch tief. Daher stand ich ohne Gruß auf und ging schnell zur Tür, und Mirta bat mich mit einer sanfteren, das heißt normalen Stimme, bitte schon gegen acht zu kommen, damit wir mehr Zeit für die Sause hätten.

Keine zwei Monate später starb Mirta, still, wie wenn eine Kerze erlischt. Seit ich von mir weiß, glaube (denke?, fühle?) ich, dass unser Tod uns irgendwie ähneln muss, wie die Mündung eines Flusses nach der Natur der Dinge Ähnlichkeiten mit dem Fluss haben muss, der in ihr endet. Aber Mirtas Abgang ähnelte der starken, lauten und eigenwilligen Frau, die ich kannte, nicht im Geringsten. »Sie ist nicht gestorben, wie Menschen sterben«, sagte Zlatan einmal zu mir, »sie ist erloschen.« So musste ich begreifen, dass die Stille, die mir an jenem Tag im Gasthaus »Mondschein« als Mirtas Eigenschaft aufgefallen war, nichts mit Safet aus Sjenica zu tun hatte, sondern mit Mirta und nur mit ihr. Ich nehme an, Safet Tahirović hat sich nur deshalb aus dem Vergessen hierher verirrt, um die Stille zu rechtfertigen, die Mirta auf einmal überflutete, sagen wir, um dieser Stille ein Gesicht und einen Namen, einen Grund und eine Form zu verleihen, aber die Stille und Verwirrung, die Abwesenheit und Flucht vor sich selbst waren allein die von Mirta. Sie waren die Mirta jenes Tages. Wäre Safet Tahirović nicht aus dem Vergessen hervorgekommen, wäre ein anderer gekommen, irgendeiner der unzähligen Menschen, die sie kannte, weil das Neue, das in ihr aufgetaucht war und das uns allen, aber auch ihr selbst unbekannt war, einen Namen, einen Ursprung und einen Grund brauchte. Ahnte ich damals, dass es sich in Wirklichkeit um den stillen Tod handelte, der Mirtas Tod, der die richtige Mirta sein würde? War es für mich wegen dieser Ahnung so schrecklich, sie still und abwesend zu sehen? Die Mirta, die ich an jenem Tag im »Mondschein« traf und mit der ich beim besten Willen nichts anfangen konnte, verdrängte jene Frau völlig, die ich jahrelang gekannt und gebraucht hatte, und löschte sie geradezu aus. Erst heute, da ich dies niederschreibe, begreife ich, wie sehr ich sie tatsächlich gebraucht habe.

Zu Hause traf ich Mutter Ljuba am Küchentisch an, auf dem alles für das Mittagessen vorbereitet war. Sie war weinerlich und blass, sie empfand und zeigte immer eine tiefe Verletztheit, wenn ein normaler Mensch getobt und danach getrachtet hätte, seinem Nächsten den Hals umzudrehen.

»Es ist bestimmt schon ganz kalt, es ist über eine Stunde her, dass ich alles vorbereitet habe«, erklärte sie mir, als ich in die Küche trat, mit einer Stimme, die vor Wut zitterte, die sich bei ihr als Verletztheit, Trauer äußerte, ich weiß nicht, wie ich es nennen soll.

»Aber ja, es ist höchste Zeit für das Mittagessen«, bemerkte ich, nachdem ich auf der Uhr gesehen hatte, dass vier Uhr nachmittags vorbei war. »Lass uns essen, es geht auch kalt.«

»Wollen wir auf ihn warten?«

Es war klar, dass sich ihre Frage auf Peter bezog.

»Nein«, antwortete ich. »Aber seine ständigen Gänge in die Stadt beginnen unser Leben zu verkomplizieren, besonders deins, ich müsste mal ernsthaft mit ihm reden,«

»Musst du nicht, wirklich nicht, was mich betrifft, soll er ruhig in der Stadt sein, am besten wäre es, er würde gar nicht mehr auftauchen.«

»Was hat er dir denn jetzt Schlimmes getan?«, fragte ich verwirrt durch die Wut und Bitterkeit in ihrer Stimme.

»Mir nichts, aber ich fürchte, dir wird er Schlimmes tun. Viel Schlimmes.«

»Wie das jetzt, ich bitte dich?!«

»Ich weiß nicht, mein Sohn, ich kann es nicht wissen, aber ich habe ein schlimmes Vorgefühl. Ein wirklich schlimmes Gefühl, richtige Angst. Ich würde viel geben, wenn er nicht hier wäre und ich ihn nie gesehen hätte. Er ist nicht das, als was er dir erscheint, bestimmt ist er dem nicht mal ähnlich.«

Ich winkte ab und begann mit dem unangenehmen Gefühl zu essen, dass ich Mutter Ljuba und ihre Angst ganz gut verstehen konnte.

Die Nacht der Offenbarung

Peter erschien kurz vor sieben Uhr abends mit wahnsinnig geweiteten Pupillen und völlig exaltiert, als würde er in dieser Sekunde vom Boden abheben und zum Himmel fliegen. Er umarmte mich, klopfte mir auf die Schultern, alle Augenblicke überfiel er mich, um mich zu küssen, bedankte sich dabei die ganze Zeit und schwor, er sei bereit, sich mir sein ganzes Leben lang erkenntlich zu zeigen.

»Nur dir verdanke ich all das, ohne dich hätte ich all das nie erfahren können«, schwatzte er begeistert und schwor zum wer weiß wievielten Mal, bis ans Ende des Lebens mein Schuldner zu sein.

Ich begriff, dass ich ihn ein wenig abkühlen musste, wenn ich die Absicht hatte, ihn bis zum Ende des Tages auszuhalten und ihn noch anderen Menschen zu zeigen, und so forderte ich ihn auf, mich zum neuen Brunnen zu begleiten. Dort zog ich einen Eimer frischen Wassers heraus, während Peter sein nicht gerade sauberes Hemd auszog, und goss ihm Wasser auf die Hände, damit er sich gut waschen konnte. Das half. Peter landete. Dennoch setzten wir uns auf die Bank, die den alten Zwetschgenbaum umschloss, damit er sich noch ein wenig sammelte, bevor wir unter Menschen gingen.

»Du denkst bestimmt, ich bin bekifft oder verrückt und rede dummes Zeug«, sagte Peter, als wir uns setzten, ohne jede Spur der Euphorie von vorher, mit einer fast normalen Stimme, aber etwas lauter, als notwendig gewesen wäre. »Aber ich gebe ganz ernsthaft zu, dass ich dir viel, viel verdanke.«

»Was bitte schön verdankst du mir denn?«, fragte ich, schon reichlich genervt.

»Alles, was sich mir hier offenbart hat«, entgegnete Peter.

»Erst hier und jetzt habe ich wahre Freiheit kennengelernt, als Zeuge, aber auch als jemand, der diese Freiheit spürt und lebt. Das ist wunderbar, das ist ein wie für mich ersonnenes Paradox, wie meinen Schriften entnommen – der größte Grad der Freiheit offenbart sich mir in einer belagerten Stadt.«

»Viel Glück!«

»Das stimmt wirklich, Rajko. Die Menschen befreien sich schnell von den Ängsten vor der Reaktion der Gesellschaft, von den Grenzen und Verboten, allen Rücksichten und Schranken, wenn sie spüren, wenn sie voll und ganz begreifen, dass ihnen der Tod im Nacken sitzt und ihnen näher ist als die Halsschlagader. Sie wünschen sich wenigstens noch ein bisschen Genuss, wollen noch ein wenig Leben an sich reißen. Aber das Leben fließt jenseits der Regeln und Gesetze, das Leben duldet keine Schranken, es ist eine Naturgewalt.«

»Danke für diese Enthüllung, mein Lehrer«, rief ich aus und bemühte mich, die Bemerkung spöttisch klingen zu lassen. »Ich hab ein paar Leuten geglaubt, dass es ohne Form keinen Sinn gibt und dass das menschliche Leben manchmal gerade deshalb Sinn hat, weil es uns gelingt, ihm eine Form aufzuerlegen. Aber jetzt hast du mich von diesem gefährlichen Irrtum befreit.«

»Das hast du nicht im Ernst gesagt, du denkst nicht so«, lächelte Peter.

»Natürlich denke ich das nicht! Der Wichtigste von den Leuten, die mir beigebracht haben, die Form zu achten, heißt Peter Hurd. Von irgendwo bekannt, mein Lehrer?!«

»Ja, das ist wahr, so habe ich wirklich gedacht. Aber wahr ist auch, dass mich diese Zerstörung der Schranken und Rücksichten, Ängste und auferlegten Verhaltensregeln jetzt begeistert, geradezu antörnt. So überlassen sich viele Menschen der Naturgewalt des Lebens! Und da gibt es auch die besonders schlauen Leute, die diese Flut von Freiheit als Recht auf Ehrlosigkeit deuten: Unter diesen Bedingungen gibt es keine Ehre, Verpflichtungen und Schranken, wir haben hier und jetzt das Recht auf alles. Die ständige und unmittelbare Gegenwart des Todes befreit den Menschen von jeder Verpflichtung, jeder Rücksicht, von allem, was ihn hemmen könnte. Das ist so aufregend, Rajko, mein Schüler. Nebenbei gesagt, mag ich es tatsächlich, wenn du mich deinen Lehrer nennst.«

»Wenn du wirklich mein Lehrer bist, darfst du die nicht vergessen, die sich genau umgekehrt zu denen verhalten, die du lobst, und hier gibt es ziemlich viele von ihnen. Es gibt welche, die den Zerfall der Welt und die ständige Gegenwart des Todes als Gelegenheit und Verpflichtung deuten, mit einem Mehr an Rücksichten ihrem Leben eine Form aufzuerlegen und so seine Bedeutung und seinen Sinn zu bewahren. Ein paar von diesen Menschen hattest du die Gelegenheit kennenzulernen, nicht wahr?«

»Ich hab ihn nicht vergessen, das vergisst man nicht, wie könnte ich den einzigen Moment vergessen, in dem ich in den letzten dreißig Jahren richtige große Scham empfand? Auch dafür bin ich euch dankbar, dir und deiner Mutter. Aber du musst begreifen, dass mich augenblicklich etwas anderes stark anzieht, etwas meinem bisherigen Leben Entgegengesetztes, etwas, was ich bis jetzt weder kennengelernt noch geahnt habe.«

Ich wusste, dass er an unser Gespräch am Frühstückstisch dachte, vor etwa zehn Tagen. Mutter Ljuba schenkte uns so etwas wie Tee von frischen Kräutern ein, und ich fragte sie im Scherz, ob sie denn wirklich erwarte, dass wir uns vergewissern, ob ihr Getränk ein guter und echter Ersatz für Kaffee sei.

»Wir müssen es glauben, so wird es leichter für uns«, antwortete sie ernsthaft.

Daraufhin bot Peter an, Kaffee, so viel wir bräuchten, und nicht nur Kaffee, sondern auch alles andere, alles, was uns in den Sinn komme, mitzubringen, wobei er betonte, man könne heute in Sarajevo alles bekommen, buchstäblich alles, was man sich nur wünschen könne, man müsse nur die richtigen Leute kennen. Man brauche nicht einmal allzu viel Geld, nur die Bekanntschaft mit den richtigen Leuten, die er, Peter, kenne. Ich erinnere mich noch gut, ich höre in meinem geistigen Ohr noch seine Behauptung, »es gibt keinen Ort auf der Welt, an dem man es sich so gut gehen lassen kann wie heute in Sarajevo«. Er fragte sich, ob Tod und Angst, Hunger und Durst den Genuss derer, die sich dem Genuss hingeben können, verstärkten, und erklärte dann, als schämte er sich, dass er das vor uns ausgesprochen hatte, er sei durchaus bereit, uns jeden Genuss zu verschaffen, an dem uns etwas liege, wobei er betonte, dass er uns einiges schulde. Wir beide schauten ihn wahrscheinlich so entsetzt an, als hätte er den verrücktesten Unsinn ausgesprochen, und Mutter Ljuba bekräftigte ihre Verwunderung über seine Worte mit dem Ausruf: »Gott bewahre, Himmel nein!« Peter bat, ihm unsere Verwunderung zu erklären, was sie gerne tat, als hätte sie es kaum erwarten können, ihm endlich ein paar Dinge zu erklären. »Mann, ich kann den Kaffee nicht genießen, wenn in der ganzen Nachbarschaft nur ich welchen trinke. Ich möchte auch keine Luft, wenn nur ich sie atme, ich möchte nichts, was ich nicht irgendwie verdient habe und was nicht auf anständigem Weg zu mir gekommen ist«, erklärte Mutter Ljuba, während ich nickend meine volle Übereinstimmung mit ihr ausdrückte. Peter sagte, er verstehe uns, und bedankte sich für die Lektion, die er gerade erhalten hatte.

Aus dem Haus trat festlich gekleidet Mutter Ljuba, und Peter rannte ins Haus, um ein frisches Hemd überzuziehen, damit wir zusammen in den »Mondschein«, zur »Nachbarschaftssause« aufbrechen könnten, auf die sie sich richtig freute.

Bei den neuen Wohngebäuden hinter der Fakultät für Veterinärmedizin trafen wir Kenan und Senada. Ich war entsetzt, eigentlich erschrocken, als ich Kenan sah, weil sein Körperumfang in weniger als einem Monat buchstäblich auf die Hälfte geschrumpft war. Er bemerkte unsere Verwunderung und erklärte uns, der Frage vorgreifend, dass er keine wirklichen gesundheitlichen Probleme habe, das hätten ihm alle Ärzte gesagt, die er konsultiert hatte, aber er habe auch keine wirklichen Gründe, all das zu erdulden. Wahrscheinlich deshalb schlage bei ihm nichts an, sein Hals sei zugeschnürt, nichts gehe in ihn hinein. Sein ganzer Körper sei zugeschnürt wie das Herz eines Wucherers, nichts wolle in ihn hinein, aber alles wolle aus ihm heraus, es sei ein großes Problem für ihn, einen Schluck Wasser runterzuwürgen, und er schaffe es sowieso nicht, mehr als ein bisschen zu nippen.

»Willkommen in der Stadt der Verlorenen, Herr Hurd«, grüßte Zlatan Peter freundlich, nachdem er uns Einheimische herzlich geküsst hatte.

»Warum ›der Verlorenen‹?«, fragte Peter.

»Menschen, die von keiner Scharfschützenkugel oder Granate aufgefunden worden sind. Die Sarajevoer, die nicht verloren sind, liegen entweder im Krankenhaus oder auf dem Friedhof, sie halten keine schönen Zusammenkünfte ab«, erklärte Zlatan und forderte uns mit einer Bewegung auf, in den Saal von Mirtas Gasthaus zu gehen.

Drinnen war man schon dabei, für gute Stimmung zu sorgen, obwohl sich erst drei Gäste eingefunden hatten, sie saßen an den Tischen, die an die Wände geschoben worden waren, um die Mitte des Saals freizuhalten.

Wenn ich ein Motorrad kauf
Flieg ich dann zu dir darauf
Liebe Anna, hab schön Acht
Dir zu sagen »Gute Nacht«.
Wenn ich ein Motorrad kauf
Wenn ich ein Motorrad kauf
Ljuba, hole ich dich ab.

Das sang der Nachbar Rasim, der sich auf der Mandoline begleitete. Als er Mutter Ljuba erblickte, widmete er das Lied ihr, indem er ihr versprach, sie abzuholen, obwohl die Heldin des Liedes noch einen Augenblick zuvor Anna geheißen hatte. Das verdarb mir meine ohnehin schlechte Stimmung vollends. Rasim hatte dasselbe Lied ein oder zwei Jahre bevor er und mein Vater Dimitrije Sarajevo verließen und nach Split gingen genauso gesungen und dabei Mutter Ljuba liebevoll aus dem Augenwinkel angesehen. Ich weiß nicht und will es nicht wissen, ob er etwas mit Mutter Ljuba gehabt hat, aber ich glaube, dieses Lied und seine Blicke bestärkten Vater Dimitrije in seinem Entschluss, die Familie und seine Stadt zu verlassen. Schon damals hatte sich Rasim gern als Bewohner des Mittelmeerraums, eigentlich als Bewohner von Split aufgespielt, obwohl er weder über den Mittelmeerraum noch über Split etwas wusste. Schon damals sprach er gern und oft den ikavischen Dialekt, schon damals sang er ihre Lieder, sprach über Wein und Fisch, verkaufte Witze wie den, in dem erklärt wird, warum Männer hauptsächlich mit dem Kopf voran und die Frauen mit den Füßen voran ins Wasser springen (»Jeder streckt heraus, was sein Haupttrumpf ist«, war Rasims Erklärung). Ich erinnere mich, dass ich mich schon damals gefragt habe, wie viele Leben und Personen dieser Possenreißer angeblich gelebt, doch in Wirklichkeit nur oberflächlich gemimt hatte. Schon damals fragte ich mich, warum er das tat, welche Probleme er mit sich hatte, was einen erwachsenen Menschen dazu veranlassen konnte, aus heiterem Himmel ein Bewohner des Mittelmeerraums zu werden, nachdem er zehn, fünfzehn Jahre heftig in seine Stadt verliebt gewesen und dann in diese zurückgekehrt war, ohne die es doch nicht ging, und danach Gott weiß was. Und dabei nichts davon wirklich war. Kann sich so jemand wenigstens einmal im Leben in seiner Haut wohlfühlen und dank dieses Augenblicks wissen, wie er ist oder zumindest, wie er mit Sicherheit nicht ist? Mann, du musst nicht wissen, wer du bist, viele von uns entdecken das niemals, aber es gehört sich, bis zum dreißigsten Lebensjahr sicher zu wissen, wer du nicht bist.

Rasim und sein jüngerer Bruder Kasim waren ein typisches Brüderpaar, in fast allem das glatte Gegenteil voneinander. Rasim war mittelgroß, mager und sehnig, schnell im Wort, dem guten und bösen gleichermaßen, immer bereit zu einem Lied, aber auch zu einer Schlägerei, aufgelegt zu jeder Unternehmung, die irgendwem aus seiner Gesellschaft in den Sinn kam. Und er hatte viel Umgang, gern und mit jedem beziehungsweise mit allerhand Leuten. Kasim war im Gegensatz dazu ein riesiger Mann mit ungewöhnlicher Kraft (es kam nicht selten vor, dass er ein Auto anhob, an dem sie den Reifen wechselten, und es lange genug hielt, weil er keine Lust hatte, den Wagenheber zu suchen) und so gutmütig, dass ihn jemand, der ihn von der Seite ansah, für beschränkt, wenn nicht für ernsthaft zurückgeblieben halten konnte. Vielleicht waren die Unterschiede zwischen ihnen am besten im Verhältnis zu ihrem Vater und ihrem Verständnis von Familie zu sehen. Ihr Vater Nerzuk, ein magerer kleiner Mann, trank sehr gern und genauso gern oder noch lieber machte er sich Sorgen. Nachdem seine Söhne erwachsen waren und die Werkstatt übernommen hatten, konnte es geschehen, und nicht so selten, dass er schon am frühen Nachmittag etwas über das Maß getrunken hatte und in die Werkstatt hinunterging, um seinen Söhnen zu zeigen, wie er sich sorgte, und ihnen mit guten Ratschlägen zu helfen. Er betrat die Werkstatt, setzte sich in seinen Stuhl aus Weidengeflecht und begann laut über das zu sprechen, was ihm in diesem Augenblick Sorgen bereitete. Alles verlief ruhig, wenn ihn das Schicksal der Welt oder die Situation in Jugoslawien sorgte, weil ihn dann seine Söhne Sprüche klopfen ließen und ihrer Arbeit nachgingen, wobei sie taten, als hörten sie ihn nicht. Aber Nerzuk war viel häufiger über das Schicksal der Familie und die Werkstatt besorgt, und dann gelang es Rasim selbst unter der größten Willensanstrengung nicht, so zu tun, als hörte er ihn nicht.

Nerzuk hatte Ende der fünfziger Jahre eine Autowerkstatt neben seinem ebenerdigen Haus am Anfang der Bihaćer Straße, gleich hinter dem Gesundheitshaus Omer Maslić, eröffnet. Und schon Ende der Siebziger lebten er und seine Familie in einem großen zweistöckigen Gebäude mit Werkstatt im Erdgeschoss, wobei es jetzt eine universale Werkstatt für die Reparatur und Erhaltung von Autos war – Autolackiererei mit Vulkanisierwerkstatt, Autowerkstatt und Autoschlosserei, weil Nerzuk darauf bestanden hatte, dass seine Söhne zwei Handwerke erlernten. Nun, wenn er sich so angetrunken in seinen Stuhl aus Weidengeflecht setzte, begann er laut zu lamentieren, dass seine unfähigen Söhne alles, was er, Nerzuk, mit seinen Händen und schwerer Arbeit aufgebaut hatte, ruinieren würden, weil seine Söhne nicht mit Menschen, aber deshalb genauso wenig mit Autos umgehen könnten. Rasim unterbrach regelmäßig seine Arbeit, wenn Nerzuk so seine Besorgnis (der Unglückliche dachte wahrscheinlich, Besorgnis sei ein Zeichen von Verstand und menschlicher Ernsthaftigkeit) zu zeigen begann, und fing an, mit dem Hammer auf etwas zu hauen, was laut hallte, um den Vater irgendwie zum Schweigen zu bringen oder wenigstens zu beschwichtigen, meist vergebens. Am Ende trat er fast regelmäßig an seinen Vater heran, hob den geflochtenen Stuhl mit dem Vater auf die rechte Schulter und ging mit ihm aus der Werkstatt.

Sobald Kasim bemerkte, dass Rasim sich den Vater mit dem Stuhl auf die Schulter geladen hatte, unterbrach er seine Arbeit, ging auf den Bruder zu und begann ihn zu bitten, sich doch zu beruhigen und den Vater, aber auch die Familie als Ganzes zu verschonen.

»Mach uns bitte nicht zum Gespött«, flehte er den älteren Bruder an und bedeutete ihm mit der Hand, dass er seine ungewöhnliche Fracht herunterlassen solle. »Die Leute werden über uns lachen, lieber Rasim, komm sei vernünftig, bitte. Was ist denn schon, er hat dir doch nichts Schlimmes gemacht.«

Kasim bat den Bruder immer wieder von neuem, sich doch nicht so aufzuregen, und begleitete ihn bis zu einem kleinen Park, der sich vom Wohngebäude in Čengić vila bis zum Ufer des Flusses erstreckte. Wenn sie an den Rand des Parks kamen, blieb Kasim meist stehen und drehte dann um, weil an dieser Seite des Parks, der zu ihrer Werkstatt schaute, beinahe regelmäßig Leute Bocchia spielten und mitbekommen mussten, was da in ihrer Familie vorging.

»Siehst du jetzt, du machst uns zum Gespött, alle lachen über uns«, erklärte Kasim und kehrte in die Werkstatt zurück, obwohl es auch vorkam, dass keiner lachte, weil die Nachbarschaft längst an den Anblick gewöhnt war, den ihnen Rasim und Nerzuk boten.

Kurz nachdem Kasim gegangen war, äußerte sich Nerzuk mit der prophetischen Stimme, mit der er sprach, wenn er betrunken war, und begann auf Razim einzureden, doch zur Vernunft zu kommen.

»Lass deinen Vater auf die Erde hinunter, Sohn Rasim, bitte«, sagte er mit ruhiger, monotoner Stimme, bequem in seinem Stuhl zurückgelehnt. »Ich bin doch dein Vater, Sohn Rasim, ich sag es zu deinem Guten.«

Aber Rasim schwieg beharrlich, schnaubte wütend und trug seine Last auf der rechten Schulter bis zur Fußgängerbrücke von Čengić vila, neben der, auf der anderen Seite des Flusses, Zuhdis Burekbäckerei stand. Dort ließ er, ganz verschwitzt und außer Atem, den Stuhl mit Nerzuk auf die Erde hinab.

»Jetzt kannst du klugscheißen, soviel du willst«, sagte er jedes Mal, wenn er den Vater an der Brücke sitzenließ. »Jetzt erklär allen, dass deine Söhne nichts taugen.«

Rasim beendete gerade das Lied und versprach, mit seinem Motorrad Mutter Ljuba abzuholen, als aus der Küche Mirta, Zlatan und Mirtas schöne Kellnerin Ljilja in die Gaststube traten. Mirta klatschte, ich weiß nicht, ob ernst oder spöttisch, auf jeden Fall stimmten alle ein und begannen zu klatschen, woraufhin Rasim sich unverdrossen verneigte, offensichtlich wusste er selbst nicht, ob er es im Ernst oder zum Spaß tat. »Ein geborener Schauspieler«, dachte ich und schaute, wie er sich auf den Applaus hin verneigte, den er genoss, obwohl unklar blieb, inwieweit er den Applaus und seine Verbeugungen ernst nahm. Dann begann eine allgemeine mehr oder weniger fröhliche Begrüßung, man erkundigte sich nach der Gesundheit, weil einige von uns sich seit Kriegsbeginn nicht gesehen hatten. Es hatten sich inzwischen wirklich nette Nachbarn versammelt, wie von Damir angekündigt. Außer uns dreien waren Mirta, Zlatan und Mirtas Freundin Dalila, Rasim und Kasim mit seiner Frau Hasena, Kenan und Senada da, alles Leute, die sich gut verstanden und vertrugen, auch dann, wenn sie sich nicht sonderlich sympathisch waren, wie z. B. Kenan und ich. Als sie uns ihrer Schätzung nach genug Zeit für die Begrüßung und den Austausch wesentlicher Informationen gelassen hatte, klopfte Mirta mit einem Messer an ein Glas, um unsere Aufmerksamkeit auf sich zu ziehen, und bat uns, an den Tischen Platz zu nehmen. Während sie sprach, ging die Kellnerin Ljilja hinaus und kam mit einem schon vorbereiteten Tablett zurück. Jedem von uns stellte sie ein Gläschen Schnaps hin, ging wieder zur Theke und nahm sich das letzte Gläschen vom Tablett. Mirta hob ihr Gläschen und rief:

»Zum Wohl! Auf dass sich das Böse für uns in Gutes verwandelt.«

»Ex!«, kreischte Dalila.

Alle stießen wir mit den Gläsern an der Tischplatte an und tranken auf einen Zug aus.

»Maestro – Musik!«, rief Mirta und gab der Kellnerin Ljlja mit der Hand ein Zeichen.

Rasim stand auf, verneigte sich, als stünde er auf weiß Gott was für einer Bühne, rückte seinen Stuhl etwas vom Tisch weg und begann, ein Lied zu singen, von dem er schon in meiner Kindheit behauptet hatte, es sei das schönste Lied der Welt.

O Friedhof, Friedhof, du mein bunter Garten
In dich werden die schönsten Samen gesät
Sie werden gesät, gesät und gehen auf
Weil es die Totengräber sind, die es tun.

Die Hälfte der Gäste brüllte mit Rasim: »Fliegt eine weiße Taube zu dir hierher. Lasse sie ohne Säumen zum Fenster ein. Mit ihr wird meine Seele dann bei dir sein« und winkte mit der Hand oder dem Kopf ab, und ich wunderte und fragte mich, ob Rasim den Liedtext aus Absicht oder aus Versehen verändert hatte. Ich erinnere mich gut, dass in diesem Lied beklagt wird, dass die auf dem Friedhof gesäten Samen nicht aufgehen, wollte aber für alle Fälle Peter fragen, wie der Text des Liedes genau geht. Ich konnte ihn nicht fragen, er schlug auf die Tischplatte, ganz verzückt wie alle anderen, als hätte das Lied sie verzaubert. Am Ende applaudierten alle Rasim und sich selbst, nur die Kellnerin Ljilja ging in die Küche und kam mit zwei großen Krügen zurück. Sie füllte die Ein-Deziliter-Gläser, ordnete die Gläser auf dem Tablett an und servierte uns das neue Getränk.

»Gibt es keinen Schnaps mehr?«, fragte Kasim.

»Nein«, antwortete Ljilja, »aber dafür hast du was Besseres bekommen, trink nur und wart kurz ab, dann siehst du, wie es anschlägt.«

Das Getränk hatte eine milde Säure und ein mir unbekanntes, aber außerordentlich interessantes Aroma.

»Was ist das, verdammt noch mal?«, fragte Rasim, der sein Glas bis auf den Grund geleert hatte.

»Efeu«, antwortete Mirta, weil Ljilja schon damit beschäftigt war, die Teller für das Abendessen aus der Küche zu holen.

»Wie jetzt – Efeu?«, wunderte sich Rasim.

»Normaler Efeu«, antwortete ihm Ljilja und stellte einen vollen Teller vor ihn auf den Tisch. »Der, von dem die Hälfte der Häuser in der Stadt bewachsen sind.«

»Mir kommt's vor wie Wein, bloß ein bisschen seltsam«, erkundigte sich Rasim hartnäckig.

»So soll's ja auch sein. Ein Teil davon ist Saft, den wir aus Efeublättern ausgepresst und mit Wein vermischt haben«, erklärte Mirta.

»Aus frischen Efeublättern?«, fragte Kenan.

»Aus was für welchen sonst?!«, wunderte sich Zlatan. »Efeu ist immer frisch – sommers und winters, jung und alt, wie nicht von dieser Welt.«

»Und der andere Teil?«, fragte Rasim. »Du sagst, ein Teil ist aus den Blättern ausgepresst. Aber was ist mit dem Rest, mit dem zweiten oder dritten Teil?«

»Den anderen Teil haben wir so gemacht, dass wir Efeublätter kleingeschnitten, sie in Essig eingeweicht und ein paar Tage haben stehen lassen. Dann kamen ein bisschen Wasser und ein bisschen Wein dazu. Wenn wir mehr Wein gehabt hätten, wäre gar kein Wasser drin.«

»Unser Gastgeber ist gut«, wandte sich Peter ausgelassen an mich. »Efeu ist tatsächlich nicht von dieser Welt, deshalb ist er auch so wunderbar.«

Er hob sein Glas, trank es in einem Zug aus und erklärte:

»Genau das richtige Getränk für mich.«

»Warum gerade für dich?«, fragte ich.

»In ihm sind zwei meiner Götter. Der Efeu ist die Pflanze von Osiris und Dionysos, in ihm ist alles, womit ich mich mein ganzes Leben lang beschäftige«, lachte Peter und zeigte

Ljilja sein leeres Glas. Sie goss das Getränk gerade aus dem Krug in Rasims Glas und bedeutete Peter mit einem Kopfnicken, dass sie seine Bitte verstanden hatte.

Wir aßen langsam, am liebsten würde ich sagen, feierlich. Wahrscheinlich hatte es für uns alle eine besondere Bedeutung, nach so langer Zeit wieder in einem Lokal, vor anderen Menschen und mit lieben Freunden zu essen. Wir bemühten uns alle, ausgesprochen vornehm zu sein, wir sprachen leise und nur mit Leuten am selben Tisch, kauten lange und achteten streng darauf, es möglichst geräuschlos zu tun. Dabei begossen wir die Bissen gern und nicht unbedingt sparsam mit dem seltsamen Getränk, das wir gerade kennengelernt hatten und das, wie ich glaube, allen schmeckte. So zog sich das Abendessen eine gute Stunde hin, und das war, glaube ich, für die meisten die schönste Stunde seit Gott weiß wann.

»Juhuhuhu!!!«, kreischte Kenan, das Pfeifen einer Lokomotive imitierend, und dann seufzte er tief und laut. »Erinnerst du dich an die Rückkehr vom Meer?«, fragte er einen Gesprächspartner, den scheinbar nur er sah, weil er sich mit seiner Frage nicht an Senada wandte. »Wir sitzen im Zug, schläfrig, zerknittert und müde, dämmern vor uns hin oder dösen, bemühen uns, so weit wie möglich weg von uns selbst zu sein, weil es dann leichter ist zu ertragen, was du nicht magst. Dann kommt der Zug nach Podlugovi, durch die offenen Fenster dringt der milde Geruch von Ruß in die Waggons, und jeder von uns lebt auf, das Herz so weit, weil es weiß, dass wir fast in Sarajevo sind. Ach goldene Zeiten, goldene Erfahrungen.«

Alle schwiegen wir, niemand wollte sich zu Kenans wehmütiger Erinnerung äußern, weil wir alle die Erfahrung teilten, von der diese Erinnerung erzählte, alle entsannen wir uns wie er der Freude und eines weiten Herzens, und alle schämten wir uns wenig, weil es kindisch und sentimental war.

»Juhuhuhu!!!«, pfiff Kenan noch einmal wie eine Lokomotive und ließ den Kopf auf die Tischplatte sinken.

»Musik!«, zeterte Senada und schlug mit der Hand auf den Tisch, gleich neben den Kopf ihres Mannes, der auf dem Tisch lag. »Spiel was Rechtes!«

Rasim rückte den Stuhl wieder ein, zwei Schritte ab und setzte sich mit dem Rücken zum Tisch und mit dem Gesicht zur Gaststube. Er griff in die Saiten, als suchte er etwas, schloss die Augen und wiegte den Kopf, suchte offensichtlich einen Rhythmus oder eine Melodie, die für sein Empfinden dem Augenblick und dem Ort entsprachen. Schließlich wurde er fündig, begann etwas Wiedererkennbares zu spielen, etwas auch mir von irgendwoher Bekanntes, was ich aber dennoch nicht identifizieren konnte. Ein paar Akkorde, dann die Stimme.

> *Zu-zu-zutter, geboren hat dich deine Mutter – o weh!*
> *Erlassen wurde ein Edikt:*
> *Dass jeder Mann zwei Frauen kriegt.*
> *Die alten sollen schuften schwer*
> *Die jungen machen etwas her, o weh!*

Die Kellnerin Ljilja schob ihren Stuhl zu dem von Rasim, legte ihren Arm um seine Schulter, achtete darauf, sein Spiel nicht zu stören, und sang sein Lied weiter:

> *Zu-zu-zutter, geboren hat mich meine Mutter – o weh!*
> *Die Köchin brät ein Huhn geschwind*
> *Der Fleischsaft aus dem Hühnchen rinnt*
> *Wir essen es mit viel Genuss*
> *Die Köchin bekommt einen Kuss – o weh!*

Dann wieder zusammen, laut und allzu laut:

> *Zu-zu-zutter, geboren hat uns unsre Mutter – o weh!*

Dalila sang das angefangene Lied mit einer neuen Strophe weiter, dann Kasim, während Peter mit den Fingerspitzen im Rhythmus des Liedes, das er wahrscheinlich zum ersten Mal hörte, mit geschlossenen Augen und wie in Trance auf den Tisch trommelte. Kasim beendete seine Strophe des gemeinsamen Lieds, und Rasim schlug ein paarmal die Mandoline an und begann zu improvisieren, das heißt etwas zu spielen, was irgendein moderner Tanz hätte sein können, aber genauso ein balkanischer Volksreigen. Ljilja nahm ihren Arm von Rasims Schulter, erhob sich vom Stuhl und stand eine Weile unentschlossen da, als fragte sie sich, ob man zu dieser Musik einen Reigen tanzen solle oder es besser sei, einen modernen Tanz mit wenigen Regeln und viel Freiheit zu improvisieren. Dalila sprang ihr bei – ging auf sie zu, legte ihren linken Arm um sie, als wollte sie Walzer oder Tango tanzen, begann dann zusammen mit Ljilja zu hüpfen, wie man es bei unserem Volksreigen tut. Wobei dieser Reigen sicher auch den beiden unbekannt war. Hasena und Kasim sahen sich an, Kasim machte sie mit einer Kopfbewegung auf die beiden aufmerksam, dann standen sie auf und kamen auf diese Seite des Tisches herüber. Er ergriff mit der rechten Hand ihre linke, stampfte mit dem Fuß auf den Boden, und beide begannen ihre Füße zu verschränken und zu hüpfen, wie beim echten althergebrachten Volksreigen. Die beiden Frauen drehten sich immer wilder, stampften mit den Füßen auf den Boden, atmeten immer lauter, schmiegten sich aneinander, gingen dann wieder auseinander und hüpften wild, während die beiden anderen, Hasena und Kasim, immer fröhlicher die Füße verschränkten, auf den Boden stampften und johlten. Auch einige von denen, die ruhig am Tisch gesessen hatten, begannen zu johlen, immer mehr Gesichter erglühten und schwitzten, ein immer wilderer Lärm erfüllte den kleinen Saal.

Ljilja und Dalila stolperten zum zweiten oder dritten Mal in kurzer Zeit, und Rasim kündigte das Ende seiner improvisierten Tanzmusik an, indem er einige Male mit den Finger-spitzen auf den Resonanzkörper seiner Mandoline trommelte. Er atmete tief ein, stand auf, brachte den Stuhl zum Tisch zu-rück, rückte einen Schritt vom Tisch weg, spreizte die Beine und ging so tief in die Hocke, wie er konnte, ohne das Gleich-gewicht zu verlieren, wild griff er in die Saiten der Mandoline und begann mit gespreizten Beinen in der Hocke zu gehen. Was stellte er nun dar? Einen Gnom? Einen bösen Dämon? War das eine ganz neue Rolle von ihm oder hatte er diese Nummer seinem Publikum bereits vorgeführt? Dalila ging von hinten auf Rasim zu, fasste ihn mit ihren Händen an den Hüften, streckte den Hintern so weit heraus, wie es ging, und begann damit hin und her zu wackeln, wahrscheinlich im Be-mühen, ein Huhn nachzuahmen. Ljilja fasste Dalila an den Hüften und wackelte mit ihrem Hintern, auch sie einem Huhn ähnlich. Kasim fasste Ljilja an den Hüften, ging nach dem Vorbild seines Bruders in die Hocke, spreizte die Beine und begann zu gehen wie Rasim, wobei er bei jedem Schritt den Oberkörper drehte.

Meinst du, Maid, ich tanz mit dir, weil ich hätt für dich
     Gefühle?
Besser als zu sitzen hier, und mein Arsch poliert die Stühle.

Rasims Stimme war jetzt nasal, unnatürlich hoch, aber stark genug, um den Saal zu füllen und die anderen dazu zu brin-gen, mit ihm zu schreien. Dalila nahm ihre Hände von seinen Hüften, scherte aus der Kolonne aus und sprang vor Rasim, legte ihm ihre rechte Hand auf die Brust, um ihn anzuhalten, und antwortete ihm:

So kommst du mir, mein Lieber?! Wie kannst du nur so sein?!
Ich geb dir alle Geschenke zurück, und du tanze jetzt allein!

Mit uns geschah etwas Unbegreifliches und vielleicht deshalb zutiefst Erschreckendes. Ich war als Einziger an meinem Platz sitzen geblieben, alle anderen waren in einen irren Tanz einbezogen, bei dem sie sich mit großer Wonne bemühten, Tieren zu ähneln. Die Männer gingen in der Hocke und mit gespreizten Beinen im Kreis, bewegten den Oberkörper fast im Halbkreis, während die Frauen mit dem Hintern wackelten und dabei wirklich Hühnern glichen. Wahrscheinlich hatte Dalila das als Erste bemerkt und begann zu gackern, und jetzt sprangen alle Frauen durch den Saal, wackelten mit dem Hintern und gackerten. Peter gab mit gedämpfter Stimme merkwürdige, unartikulierte Laute von sich und versuchte dabei zu springen, ohne sich aufzurichten, so dass er der Länge nach auf den Boden knallte. Das musste geschmerzt haben, aber er lachte laut und ausgelassen. Mutter Ljuba hatte wie ein albernes Mädchen Freude am Gackern und wackelte mit ihrem Hinterteil wie ein Huhn. Was passierte da mit uns?

Ich hob den Blick zur Decke, um unser Übergehen in die Welt der reinen Natur nicht mitansehen zu müssen. Unmittelbar unter der Decke, eigentlich an der Decke selbst, vielleicht bereits in ihr, trieb der Kopf eines Mädchens. Pechschwarzes Haar, ein kleines dunkles Gesicht und große Augen mit kleiner Iris und riesiger Lederhaut, aus der Licht brach. Sie sang, aber ihre Stimme war nicht zu hören. Ich wusste, dass sie sang, weil ihr Lied in mich eindrang und mich mit einer tiefen schweren Trauer erfüllte. Einer Trauer, die einem nicht erlaubt zu weinen und keine andere Erleichterung kennt, einer schweren Trauer, endgültig und unveränderlich wie das Schicksal. Schön, dass du gekommen bist, unbekannte Sängerin! Ich fürchte, du hast mich mit tiefer Trauer gezeichnet, aber dennoch freue ich mich über dich und liebe dich.

Waren sie müde geworden oder hatte Peter sie, indem er sich genüsslich auf dem Boden wälzte, auf die Idee gebracht? Wie dem auch sei, jetzt lagen sie alle auf dem Boden und keuchten. Sie ruhten sich aus, sammelten neue Kraft. Es galt, über die Verzückung, die sie bis dahin kennengelernt hatten, hinauszugeraten, und zwar mit schwacher menschlicher Kraft. Es galt, die Kräfte zu wecken, die in uns schlummern, nur mit ihrer Hilfe würden sie vielleicht noch weiterkommen. Dalila machte sich mit schriller gleichmäßiger Stimme bemerkbar, die ich als stillen Schrei bezeichnen möchte. Ihr schloss sich Ljilja an, dann Hasena. Still und gleichmäßig schrien sie. Es hielt an, hielt an. Rasim kroch zur Wand, nahm seine Mandoline und begann, eine neue Melodie zu suchen. Er griff in die Saiten, suchte. Von dem, was er fand, wurde er, so schien es, ganz schwermütig und traurig, und er brauchte etwas Starkes, Enthusiastisches, Hitziges. Schließlich sang er:

Du siehst, Mutter, den Berg da drüben, siehst, Mutter, den Berg
    da drüben, taj-tavrlje,
Dort mich ein Mädchen lieben, dort mich ein Mädchen lieben,
    taj-tavrlje.

Alle stimmten ein, wie ein geübter Chor, weil sie offensichtlich in der Gewalt des Rhythmus waren und seinem Willen folgten, einen eigenen hatten sie nicht mehr, und deshalb konnten sie ein Chor sein, obwohl sie zum ersten Mal zusammen sangen.

Taj-tavrlje vrtavrlje, opavrlje vrtavrlje, taj-tavrlje.
    Taj-tavrlje vrtavrlje, opavrlje vrtavrlje, taj-tavrlje.

Wieder Rasim allein:

Du siehst Mutter, wie das Laub gelb wird, siehst, Mutter, wie das
    Laub gelb wird, taj-tavrlje.
So werde auch ich verwelken, so werde auch ich verwelken,
    taj-tavrlje.

Und wieder alle:

Taj-tavrlje vrtavrlje, opavrlje vrtavrlje, taj-tavrlje.
Taj-tavrlje vrtavrlje, opavrlje vrtavrlje, taj-tavrlje.

Immer schneller, immer lauter, immer verrückter, bis sich das Lied in einen rasenden Wirbel verwandelte, der uns, so schien mir, gleichzeitig nach oben und unten, in den Himmel und in den Abgrund zog. Keine Sprache mehr, keine menschlichen Stimmen, nur Schreie ohne Bedeutung, aber voll von einer Gewalt, die uns versklavte. Und mich, den Einzigen in der ganzen Gesellschaft, der schwieg und an seinem Platz saß, forderten die weißen Augen, aus denen Licht brach, auf, in die Trauer und das unhörbare Lied, welches das Mädchen mit diesen Augen für mich sang, einzustimmen. Ich will, meine Liebe, stimmte ich ein, schon habe ich jede Hoffnung verloren.

Dann Stille. Sie waren versunken, als schliefen sie. Keine Bewegungen, keine Stimmen, selige Ruhe in der Gaststube des »Mondschein«. Lang, lang, eine ganze kleine Ewigkeit. Wir schlafen, genießen den kleinen Tod, wie die Alten den Schlaf genannt haben. Willkommen, Bruder des Todes. Komm auch du, mein dunkler Bruder, Geliebter der Nacht.

Zlatans Stimme weckte uns und brachte uns in die Welt zurück, rein, angenehm und klar:

Regen würde fallen, kann nicht fallen,
Regen würde fallen, kann nicht fallen,
Die Sonne würde scheinen, o weh, o weh, kann nicht scheinen,
Weil Ibrahim-beg Kummer hat.

Das sang Zlatan. Nie hätte ich mir vorstellen können, dass Zlatan singt, ich glaube, niemand, der ihn kannte, hätte es sich vorstellen können. Was passierte da mit uns? Wer hier nicht verrückt wurde, war wirklich nicht normal. Dann begann Mirta, nur für sich, zu sprechen:

»Das waren Menschen. Er hält mit seiner Trauer den Regen und die Sonne auf. Aber ich kann mit der Trauer, die einen sterben lässt, keine einzige arme Fliege in Bewegung setzen oder aufhalten. Wir sind wirklich kleiner und dünner geworden, aber wann und warum, du lieber Gott?!«

Keine Antwort, niemand sagte etwas. Durch die Fenster drang der Tag, doch im Licht finden sich keine Antworten auf solche Fragen.

Ich stand auf und ging zur Tür.

»Warte kurz, ich gehe auch«, rief mich Peter und unternahm große Anstrengungen, um aufzustehen.

Schließlich stand er auf und kam zu mir, und wir verließen gemeinsam den »Mondschein«. Etwas passierte auch mit der Sonne – sie kam heraus, offenbarte sich vorerst aber nur in Form von roten Strahlen, die den Himmel und die Erde verbanden. Die Krone oder das Bukett der grellen roten Strahlen fiel auf den Boden, als wollte sie ihn in die Höhe heben oder den Himmel auf ihn herablassen.

»Viel Glück, die heilige Ehe ist geschlossen«, verkündete Peter mit einer leicht knarrenden Stimme. Ich glaube, er wollte feierlich klingen, aber er klang, als spottete er über den bloßen Gedanken an eine heilige Ehe.

Unter diesem Zeichen brachen wir in einen weiteren Tag auf, dem man nicht mehr ausweichen konnte.

Die Coolen bezirzen sich

Schon zwei, drei Tage dauern die ernsthaften Probleme mit Peter an. Er hat sich, würde ich sagen, jeder Kontrolle entzogen, nicht meiner oder der eines anderen, sondern auch seiner eigenen, weil er sich schon eine Zeitlang nichts verbieten oder befehlen kann, er weiß, scheint mir, nicht einmal mehr, ob er etwas will oder nicht. Ein Dämon entscheidet, was er tun soll, und der Arme tut es, als wäre er aufgezogen. Ich weiß nicht, vielleicht ist es auch nicht so, aber ich kann nicht glauben, dass er all das, was er tut und was ihm in letzter Zeit widerfährt, wirklich will.

Gestern kam er nach Mitternacht heim, bestimmt hatte ihn ein hohes Tier, das in der Stadt auch während der nächtlichen Ausgangssperre herumfahren und spazieren gehen kann, nach Hause gebracht. Er bemühte sich, geräuschlos durch mein Zimmer in seins zu gehen, aber ich registrierte ihn, und zwar mehr aufgrund des seltsamen Geruchs, den er verströmte, als aufgrund der Geräusche, die er verursachte. Bald schlief ich wieder ein, und deshalb kann ich auch nicht annähernd genau einschätzen, ob eine halbe Stunde, eine Stunde oder noch mehr vergangen war, als er erneut in mein Zimmer trat. Dieses Mal bemühte er sich nicht, geräuschlos zu sein, im Gegenteil, er winselte halblaut und schleifte seine Füße über den Boden, als wäre ihm sein eigener Körper zu schwer. Er kroch in mein Bett und krümmte sich wie ein Fötus in meinem Schoß zusammen.

»Was machst du da?!«, fragte ich ihn entsetzt und rückte so weit wie möglich von ihm weg.

»Es ist grauenhaft, lass mich bitte nicht im Stich, lass mich nicht im Stich«, Peter klapperte mit den Zähnen und winselte, sich an mich schmiegend, als schützte ihn die Berührung unserer Körper vor dem Bösen, vor dem er fliehen wollte.

»Was zum Teufel hast du denn, was ist los?«, fragte ich erneut, bemüht, irgendetwas zu verstehen.

»Lass mich hierbleiben, bitte, hier ist es gut für mich, weniger schrecklich«, winselte Peter, nun schon etwas ruhiger als vor einigen Augenblicken. Und etwas später beruhigte er sich ganz, so dass wir irgendwann einschliefen.

Am nächsten Morgen, forderte ich ihn gleich nach dem Frühstück auf, in den Hof zu kommen, und sobald wir uns auf die Bank neben dem alten Zwetschgenbaum gesetzt hatten, fragte ich ihn, wie ich das, was er in der vergangenen Nacht aufgeführt hatte, verstehen solle.

»Gar nicht, es gibt keine Hoffnung«, antwortete Peter bereitwillig.

»Wie meinst du das?«

»Wie ich es sage. Es gibt keine Hoffnung, es zu verstehen, glaub mir. Was passiert ist? Ich hab mich hingelegt, mich beruhigt und war schon fast eingeschlafen, als ich bemerkt habe, dass die Dunkelheit sich um mich zusammenballte. Es war eine materielle Dunkelheit – eine echte, fühlbare, mit Körper und Gestalt, mit Gewicht und Volumen. Ein aus Dunkelheit erschaffenes Tier. Zuerst fragte es sich, ob es mich umschließen und verdauen soll, so wie eine Amöbe ihre Beute umschließt und verdaut, oder mich vielleicht zermalmen soll, wenn ihm danach ist, seine Kraft zu prüfen und zu zeigen, aber dann beschloss es, in mich einzudringen, mich bis zur letzten Zelle auszufüllen und mich von innen aufzuessen, zu zertrümmern oder etwas anderes mit mir zu tun, was es will. Du kannst dir gar nicht vorstellen, wie es aussieht, wenn eine substanzielle Dunkelheit, wenn ein riesiger Körper aus Dunkelheit, der jeden Augenblick größer wird, durch alle Öffnungen, sogar durch die unsichtbaren Poren in deiner Haut in dich eindringt. Was kann man da verstehen?«

»Das ist dir heute Nacht passiert?«, fragte ich, ich weiß selbst nicht, warum.

»Ja. Ein Körper aus Dunkelheit wollte in mich eindringen, ich denke, er hat auch gesprochen, aber erstarrt, wie ich war, habe ich nichts verstanden. Ja, sicher, der Körper hat etwas geflüstert, es ist, als würde ich auch jetzt sein Flüstern hören, sicher höre ich es auch jetzt, am helllichten Tag. Zum Glück habe ich es geschafft zu fliehen. Aber was gibt es da zu verstehen, frage ich dich wieder. Wie soll man irgendetwas von alldem verstehen?«, fragte Peter nach kurzem Schweigen.

Ich beschloss, die Gelegenheit zu nutzen, um mit ihm über sein Verhalten in der letzten Zeit zu sprechen, das uns Sorgen und Probleme bereitete. Aber alles, was ich versuchte, war und blieb vergebliche Liebesmüh, weil Peter nicht den geringsten Grund zur Sorge sah, er sah nicht einmal etwas Ungewöhnliches in seinem Verhalten. Mich überraschte Peters Beteuerung nicht, mit ihm, in ihm und um ihn sei alles in bester Ordnung, die schönste Gabe, die Rauschgiftsüchtigen und seelisch Kranken von ihren Störungen gewährt wird, ist gerade die Unfähigkeit, irgendein Problem im Zusammenhang mit sich selbst zu sehen und ernsthaft zu begreifen. Ich kenne bereits eine ziemlich große Zahl Rauschgiftsüchtiger und habe noch nie einen von ihnen sagen hören, dass man an einer Überdosis sterben kann oder dass die Droge dem, der sie nimmt, irgendwie schadet. Und von einer guten Freundin, die sich auf Psychiatrie spezialisiert hat, weiß ich, dass es sich so auch mit seelisch Kranken verhält – jemand, den die Krankheit befällt, hat nicht das geringste Problem damit, er ist sich sicher, dass er die Krankheit, wann immer er entscheidet, durch eine kleine Verhaltensänderung aufhalten kann, zum Beispiel dadurch, dass er aufhört zu trinken, solange er die verschriebenen Medikamente nimmt.

So sah Peter in allem, was er tat, nur den Prozess seiner Befreiung. Ruhig und meinungsfest beteuerte er mir, dass der sogenannte gewöhnliche Mensch es vielleicht nicht brauche, dass aber der Künstler ans Ende kommen müsse, er müsse auf die andere Seite gelangen, das heißt, hinter die Angst, die Scham, die Abhängigkeit von anderen Menschen und ihren Meinungen. »Wir sind uns sicher einig, dass Freiheit die Grundbedingung für gute Kunst ist«, sagte er begeistert, »aber was für eine armselige Freiheit kennt jemand, der Angst hat, sein Nachbar könnte denken, er sei seltsam oder etwas noch Schlimmeres?!« Er dachte, er müsse die Gelegenheit nutzen, die sich ihm hier bot, er begehe ein wahres Verbrechen an sich selbst, wenn er sie nicht nutze. Er war sicher, auf dem richtigen Weg zu sein, um sich von Scham und Eitelkeit, Angst und Sorge um andere Menschen zu befreien, er glaubte und versicherte mir, ihn trenne nur noch ein Schritt oder zwei vor dem Abstieg in den tiefsten Grund seiner selbst, in die Schichten seines Wesens, die er sich nicht einmal vorzustellen wagte. »Es gilt, das tiefe und verborgene Selbst kennenzulernen, lieber Rajko, der Künstler hat nicht das Recht, abwesend von seinem Selbst zu sein oder ein ›besseres Selbst‹ zu verkaufen, das den anderen Menschen gleicht und deshalb für alle annehmbar ist, wie es praktisch alle Leute um uns herum tun. Und wo kann man das erreichen, wenn nicht in einer tiefen Stadt, wie es Sarajevo ist?! Ist dir aufgefallen, dass man nach Sarajevo hinabsteigt? Von welcher Seite du dich ihm auch näherst, du musst hinabsteigen.«

Für ein paar Augenblicke fragte ich mich, ob dieser Peter derselbe Mensch war, der in der Nacht in meinem Schoß gewinselt und gezittert hatte. Ruhig, sich seiner selbst und seiner Meinung sicher, klar in seiner Rede und seinen Gedanken, voller Begeisterung – was konnte dieser brillante Mann mit dem Häufchen Elend zu tun haben, das in der Nacht in meinem Schoß mit den Zähnen geklappert und sich an meinen Bauch geklammert hatte? Konnten in einem Menschen gleichzeitig diese beiden leben? Waren sie ein Mensch, und konnten sie es sein? Was passierte mit ihm, wenn die beiden wirklich er waren?

Doch ich vergaß Peter und seine Dummheiten und mein Unbehagen über seine Unfähigkeit, die offensichtlichen und großen Probleme, in die er geraten war, zu bemerken, denn vor unserem Tor hielt ein Auto. Tante Gina und die kleine Sanja stiegen aus. Ibro, der sie hergefahren hatte, fand nicht einmal die Zeit, kurz auszusteigen und uns zu grüßen, wie es sich gehört, sondern raste sofort zurück, und wir vier gingen ins Haus, um Mutter Ljuba zu überraschen. Es war ihr erster Besuch seit Kriegsbeginn, und Mutter Ljuba machte sich gleich am Holzherd zu schaffen, auf den sie zu Recht stolz war, seit der Strom endgültig ausgefallen war. Sie kochte ihren Tee aus Kräutern, die sie an den Rändern unseres Gartens fand, und legte dann auch ein Tütchen mit getrocknetem Huflattich auf den Tisch, den der Nachbar Rasim gestern gebracht hatte. Dieses Kraut rauchten wir, seit Zigaretten und Tabak verschwunden waren. Ich kann nicht sagen, dass es unbedingt ein würdiger Tabakersatz war, muss aber zugeben, dass es ganz ordentlich qualmt und brennt, einem die Tränen in die Augen treibt und die Lunge so gut nährt, dass man sich nach einer Zigarette Huflattich davon überzeugen kann, dass man wirklich geraucht hat.

»Wir haben seit dem Tag, als wir zwei bei euch übernachtet haben, nichts mehr voneinander gehört und gesehen«, wandte ich mich an Tante Gina, in der Hoffnung, ein anständiges Gespräch beginnen zu können, solange Mutter Ljuba am Herd hantierte.

»Eigentlich seit dem Tag, an dem der selige Šaćir Mujezinović umgekommen ist«, verbesserte sie mich.

»Hast du gesehen, wie er umgekommen ist?«, fragte ich nicht ohne Hintergedanken, weil ich hoffte, ihr Zeugnis werde mir helfen, ein wenig Ordnung in die verschiedenen, allzu verschiedenen Geschichten über seinen Tod zu bringen.

»Ja, ich bin ans Fenster gegangen, um euch nachzuschauen, ich hab nicht gewusst, dass Ibro nicht durch die Tito-Straße fährt, wenn er nicht muss, und so hab ich erwartet, dass ich sehe, wie ihr euch ins Auto setzt und abfahrt. Weil ihr nicht da wart und das Auto auch nicht, hab ich mich gefragt, ob ich mich aus dem Fenster beugen und mich vergewissern soll, ob ihr auf dem Trottoir steht, aber gerade in dem Moment haben sie das Innenministerium mit Granaten zugedeckt, und so hab ich gezögert und mich gefragt, ob ich mich vom Fenster zurückziehen soll. In dem Augenblick hab ich gesehen, wie er über die Straße geht und sich in eine Wolke roter Blütenblätter verwandelt. Der Glückliche.«

»Du bist sicher, dass er sich in rote Blütenblätter verwandelt hat, das hast du mit eigenen Augen gesehen? Die Granate hat ihn getroffen, und er ist in Tausende roter Blütenblätter explodiert?«, fragte ich mit der Absicht, sie schwanken zu machen oder sie wenigstens dazu zu bewegen, noch einmal nachzudenken, ihre Erinnerung zu überprüfen, sich zu fragen, ob es gerade so war, wie es ihr nun vorkam.

»Ich stand am Fenster und habe es mit eigenen Augen gesehen. Bei der Granate bin ich mir nicht sicher, die hab ich nicht gesehen, aber eine große Wolke aus Blättern von einer roten Blüte … Wie wenn ich sie jetzt sehen würde. Alles Mögliche hab ich seither über den seligen Šaćir erfahren, aber ich hab nicht erfahren, welcher Baum rote Blüten hat. Aber warum fragst du das?«

»Ich hab's nicht gesehen, ich hab im Durchgang unterhalb eurer Treppe gestanden. Ich hab dagestanden und wie du mit eigenen Augen hingeschaut, hab aber was anderes gesehen. Deshalb vergewissere ich mich, ich fürchte, einer von uns beiden hat sich geirrt.«

»Das muss nicht sein«, bemerkte Tante Gina ruhig. »Was jemand sieht, hängt ab vom Vorfall, den er anschaut, und von seinem Auge. Zwei verschiedene Augen sehen manchmal verschiedene Dinge, auch wenn sie denselben Vorfall anschauen.«

»Was soll das bitte heißen?«

»Dass du kein Auge für rote Blüten hast.«

Tat mich meine liebe Tante nur ab, um sich nicht weiter mit einem Gespräch zu langweilen, das keinen Sinn hatte und sie nicht interessierte, oder spottete sie auch über mich? Im ganzen Gespräch verlor sie kein einziges freundschaftliches Wort, ihr Ton hatte keinerlei Ähnlichkeit mehr mit dem, an den ich gewöhnt war, wenn sie sich mit mir unterhielt. Ich sage nicht, dass sie feindselig gesprochen hätte, aber was ich jetzt hörte, entbehrte der Heiterkeit, der Wärme, des Vertrauens, all dessen, was unsere Beziehung seit meiner Kindheit gekennzeichnet hatte. Als verteidigte sie sich vor mir, als ginge ich ihr auf die Nerven und hinderte sie an etwas Wichtigem. Ihr Ton war gereizt, und das genügte vollauf, dass auch dieser faulige kranke Tag blieb, was er bis dahin gewesen war. Unerträglich.

Nach der bösen Nacht, die ich mit Peter im Schoß verbracht hatte, ihn schützend, wie das Häuschen die Schnecke schützt, stand ich auf und ging in einen toten oder zumindest schwerkranken Tag. Tropische Hitze mit hoher Luftfeuchtigkeit, die nicht erlaubte, sich zu rühren. Kein Blatt rührte sich am Baum, kein Grashalm im Garten, nicht einmal die Fliegen schwirrten oder krabbelten, sondern stellten sich tot oder stöhnten irgendwo, vor allen Blicken verborgen. Die Menschen waren in sich gekehrt und träge, als schliefen sie halb, waren dabei aber krankhaft nervös und bereit, wegen einer Ansicht aufzubrausen.

Beim Frühstück hatte Mutter Ljuba aus heiterem Himmel schwer gestöhnt und sich laut gewünscht:

»Wenn wenigstens ein Vogel vorbeifliegen würde, du lieber Gott.«

»Das geht nicht. Es gibt keine«, antwortete Peter unwirsch,

der ihr gegenüber sonst ausgesprochen freundlich war, obwohl sie sich nicht an ihn gewandt hatte.

»Was heißt: es gibt keine?«, fragte Mutter Ljuba verwirrt.

»Es gibt keine Vögel, sie haben Sarajevo längst verlassen«, erklärte Peter schadenfroh, als wäre das Verschwinden der Vögel aus der Stadt sein persönliches Verdienst.

Und so verläuft dieser Tag von Anfang an – wir gehen einander auf die Nerven, können uns nicht ertragen, haben aber nicht die Kraft, einander aus dem Weg zu gehen. Stur sitzen wir beieinander, doch dieses Beisammensein zeigt uns von Sekunde zu Sekunde immer deutlicher, wie allein und verlassen jeder von uns ist. Aber wir rühren uns nicht, um uns aus diesem Beisammensein zu befreien, weil es an einem solchen Tag leichter ist zu sterben, als sich zu regen. Und wenn du versuchst, dich über andere zu freuen, wie ich mich über die Tante und Sanja freuen wollte, zeigen sie dir, wie sehr du sie nervst und wie wenig sie mit dir anfangen können. Oder du deutest ihren Versuch so, sich über dich zu freuen.

Sobald sich Mutter Ljuba an den Tisch gesetzt hatte, drehte sie für sich, Tante Gina und mich Zigaretten aus Huflattich. Sie hatte es gleich am Anfang ihrer Ehe gelernt, als die gekauften Zigaretten zu teuer für sie waren, sie aber rauchen mussten, um sich wie ein reifer Mensch fühlen zu können. Auch das zeigt deutlich, dass wir das, was wir mit dem Körper gelernt haben, ein ganzes Leben lang wissen und uns merken, weil der Körper im Unterschied zum Verstand nicht vergisst. Aber bevor wir unsere Zigaretten anzündeten, meldete sich Sanja mit der Frage, ob sie denn hier ein Stiefkind oder nur unerwünscht sei oder aus einem dritten Grund nur sie hier kein Recht auf eine Zigarette habe. Diese Intervention wirkte auf mich wie ein Schlag in die Magengrube. Sanja, die eine Zigarette verlangte, und auch noch in diesem Ton! Gleich seit ihrer Ankunft war sie mir irgendwie unangenehm aufgefallen – die Art, wie sie uns grüßte, das vertrauliche Flüstern mit Peter, die affektierten Gesten, die wohl zeigen sollten, dass sie eine erwachsene Frau von Welt war, all das machte mir deutlich, dass dies nicht mehr meine Sanja war. Und dann noch die Zigarette als Gipfel von allem, was ich nicht wahrnehmen wollte. Wer zum Teufel hatte in ihrem Namen beschlossen, dass sie erwachsen werden sollte, und zwar schnell, am besten gleich heute? Und am besten war, dass die Tante und Mutter die Forderung des Mädchens wie die normalste Sache der Welt, vielleicht sogar mit Sympathie aufnahmen.

Die Nachbarin Senada kam mit einem Leinenbeutel in der Hand herein, setzte sich grußlos neben mich, und Mutter Ljuba reichte ihr ohne Frage die Zigarette, die sie gerade für Sanja gedreht hatte, und begann für Sanja eine neue zu drehen. An allem war zu sehen, dass es Senada nicht gut ging. Das kreideweiße Gesicht mit roten Flecken auf den Wangen, die blutige Unterlippe, das zeitweise Zittern, das ihren ganzen Körper durchlief, der völlig wahnsinnige Blick, all das legte den Gedanken nahe, dass sie vielleicht gar nicht wusste, wo sie war und warum. Nach langem Schweigen fragte Mutter Ljuba Senada, wo sie denn herkomme, woraufhin diese erbebte und in einem Atemzug erzählte, sie sei vor einer halben Stunde zum Brotholen in die Bäckerei bei der großen Brücke in Dolac Malta gegangen. Die Bäckerei sei voller Menschen gewesen, von denen manche beunruhigt, manche wütend, manche verängstigt oder verzweifelt gewesen seien, aber alle seien laut und hastig gewesen. Dort erfuhr sie, dass drei, vier Tage zuvor, genau am 14. Juni, Milan und Sredoje Lukić in Višegrad 74 Menschen in ein Haus gesperrt und dann das Haus angezündet hatten, damit alle verbrannten. Unter den Märtyrern war auch ein zwei Tage altes Kind. Das raubte ihr die Stimme und den Atem, so dass sie wahrscheinlich wie ein Stück Holz zwischen den Menschen stand. Als sie ein wenig zu sich gekommen war, drehte sie sich um und ging ohne

Brot aus der Bäckerei. Nach zehn, fünfzehn Schritten blieb sie fassungslos stehen und fragte sich, was sie mit sich anfangen solle. Nach Hause konnte sie nicht, Kenan hätte sofort bemerkt, dass etwas mit ihr nicht stimmte. Sie konnte ihm nichts Harmloses vorlügen, sie beide kannten sich zu gut, als dass sie mit einer Lüge durchgekommen wäre, aber sie konnte ihm auch nicht die Wahrheit sagen, weil der Arme schon ziemlich lange kaum sich selbst ertrug. »Zwei Tage, lieber Gott!«, beendete Senada ihren Bericht, den sie, ich möchte schwören, in einem Atemzug gesprochen hatte.

Lange war nichts zu hören, als hätten wir alle die Luft angehalten. Dann seufzte Mutter Ljuba tief, winselte wüst auf wie ein geprügelter Hund und sagte, als wäre es ohne Absicht oder sogar gegen ihren Willen aus ihr herausgebrochen:

»Mein Gott, werden sie uns jemals das Böse verzeihen, das sie uns antun?«

»Befass du dich bitte nicht mit diesen Dingen!«, fuhr ich sie an.

»Sie befassen sich doch mit mir, sie haben sich in mein Leben eingemischt und lassen mich nicht gehen«, versuchte Mutter Ljuba sich zu verteidigen.

»Halt trotzdem den Mund, dann bist du klüger.«

Seit dem Morgen ging mir die ganze Welt auf die Nerven, aber die Welt in ihrer Gesamtheit reizte mich nicht annähernd so wie meine Mutter Ljuba. Wenn ich nur noch herausbekäme, warum! Sie machte Anstalten aufzustehen, wann immer jemand gegen sie wetterte, oder zog sich in sich und in ihr Schweigen zurück, wenn sie nicht weggehen konnte. Dieses Mal durfte sie nicht weggehen, weil Tante Gina ihre Hand ergriff und sie herunterzog, während ich aufsprang und aus dem Haus rannte, getrieben von einer rasenden heißen Scham, die mich überflutete. Peter kam mir nach und lachte, als er sah, wie ich mit der Hand auf den Stamm des alten Zwetschgenbaums einschlug.

»Besser, du würdest auf deinen Kopf einschlagen«, regte er an.

»Ja, find ich auch«, gab ich zu.

»Was ist los mit dir, welcher Teufel hat dich geritten?«, fragte er nach kurzem Lachen.

»Ich schäme mich, so ein dummer Ausfall ...«

»Klar, er war dumm und ungerecht, aber ich frag dich, was im Haus über dich gekommen ist, warum und wozu dieser Ausfall und das Schimpfen mit Ljuba.«

»Wie kann sie um Gottes willen nur so reden!? Ob sie uns das Böse, das sie uns antun, verzeihen werden? Das ist doch krank.«

»Ich weiß nicht, ob es krank ist, aber ich weiß, dass es stimmt. Sie hat mit ihrem Wesen Dinge verstanden, die dir offensichtlich noch unbekannt oder unklar sind.«

»Zum Beispiel?«

»Zum Beispiel, dass das Opfer keine Wahl hat, während der Verbrecher immer eine hat. Deshalb ist es für die Opfer viel leichter, über Verbrechen zu reden und sie zu verzeihen, für die Opfer ist das Verbrechen ein Unglück, das von außen kommt, ohne ihre Verantwortung und Macht, es aufzuhalten, wie ein Erdbeben. Dieses Unglück ist schwerer und schmerzhafter, wenn die Verbrechen an ihnen von ihnen bekannten und nahestehenden Menschen, Mitbürgern und Nachbarn, wie jetzt hier, verübt werden, aber die Opfer betrachten es bei allem Schmerz und bei aller Qual ohne Scham, Verantwortung und Schuld. Die Opfer sind, wie ich gesagt habe, an den Verbrechen so sehr schuld wie an einem Erdbeben, das ihr Haus zerstört hat. Doch der Verbrecher hatte die Wahl und hat gewählt, das Verbrechen ist in ihm und er ist im Verbrechen. Deshalb ist es teuflisch schwer für ihn, wenn es überhaupt möglich ist, einigermaßen ruhig und objektiv über das Verbrechen zu reden oder sogar überhaupt darüber zu reden. Deshalb hat Ljuba sicher recht: Ihr könnt vielleicht, könnt wahrscheinlich verzeihen, sie dagegen sehr schwer, wenn überhaupt irgendwie.«

Nach dieser Erklärung teilte Peter mir mit, dass er jetzt in die Stadt gehe und heute Abend sehr wahrscheinlich nicht nach Hause komme, so dass ich allein blieb und mich fragte, was ich mit mir in so einer Stimmung, an so einem Tag und in so einer Welt anfangen solle.

Aber bald begriff ich, dass ich nur das tun konnte, was ich in so einem Zustand immer tat – Zuflucht oder wenigstens Trost zu suchen bei den Büchern, die ich liebe, und bei meinen Aufzeichnungen, aus denen vielleicht einmal Bücher werden würden, die jemand lieben würde. So brachte ich mich in meinem Zimmer in Sicherheit.

Auf der linken Seite meines Schreibtischs lagen einige Blätter Karopapier, auf denen ich mit dem Thema der Scham verbundene Gedanken, Fragen und Überlegungen notiert hatte. Ich träumte davon, einen großen Essay über Scham zu schreiben und war schon lange dabei, Thesen für ein geplantes Gespräch mit Peter über diese Idee zu notieren. Ich war sicher, dass mir sein mannigfaltiges Wissen helfen könne, die Natur, die Ursprünge und die Rolle der Scham in einzelnen Epochen und Kulturen zu verstehen, aber mit fortschreitender Zeit notierte ich immer weniger und schob das heiß ersehnte Gespräch immer weiter hinaus.

Ich griff nach den Papieren und begann zu lesen, in der Hoffnung, da und dort eine Notiz zu ergänzen und vielleicht eine neue hinzufügen zu können.

Diese Blätter habe ich mitgenommen, als ich aus Sarajevo fortging, sie bis heute wie eine Kostbarkeit gehütet, und so kann ich sie hier zitieren, anstatt sie nachzuerzählen.

1.0. *Ein großer und schmerzhafter Mangel unserer Tradition ist das Fehlen von Scham. Wir empfinden keine Scham oder empfinden sie falsch, oberflächlich und sehr selten, wir sprechen nicht darüber, denken nicht darüber nach, fragen uns nicht, was Scham ist und wie sie ist, tun, als gäbe es sie gar nicht. Unsere südslawischen Kulturen zeigen nur hin und wieder, dass sie Scham überhaupt kennen, aber fast nirgendwo beschäftigen sie sich ernsthaft damit. Das einzige bedeutende der Scham gewidmete Werk, das diese Kulturen hervorgebracht haben, ist die erhabene Ballade »Hasanaginica« — ein Gedicht über eine Mutter von fünf Kindern, die sich weigert, zu ihrem Mann ins Heerlager zu gehen, obwohl er dies mehrmals verlangt hat. Sie weigert sich aus Scham. Wer schämt sich hier? Die Mutter? Die Ehefrau? Beide? Ich kenne kein einziges weiteres Werk, in dem Scham verarbeitet oder wenigstens erwähnt wird — vielleicht könnte ich die eine oder andere Sevdalinka finden, wenn ich dieses literarische und musikalische Korpus besser kennen würde. Mehr nicht. Und das ist ein schrecklicher, geradezu tragischer Mangel.*

1.1. *Denn die Scham meldet sich, wenn unser Wesen begreift, dass es einen Zeugen für unseren Gedanken, Wunsch und unsere Handlung gibt. Nichts bleibt verborgen. Der Andere ist immer da, bereit, über uns und unsere Werke Zeugnis abzulegen. Dabei ist es einerlei, ob dieser Andere Gott ist, ein anderer Mensch, uns nah oder fern, ein Tier, das über uns, wenn nötig, spricht, oder ob es Kameras sind, die in letzter Zeit jeden unserer Schritte aufnehmen um unserer Sicherheit willen. Die Muslime glauben, dass am Jüngsten Tag die Organe der einzelnen Menschen von deren Leben und Taten zeugen werden. Ein großartiger und erschreckender Ge-*

danke! Der Körper vergisst nicht, deshalb wird dein Körper in Ermangelung anderer Zeugen über dich aussagen. Auf jeden Fall gibt es immer einen Zeugen, immer schaut und hört jemand zu, um deine Würde bestätigen zu können oder den Augenblick im Gedächtnis zu bewahren, als du deiner nicht würdig warst. Wieviel Trost und wieviel Drohung liegt in dieser Vision! Keine Angst, du bist nicht allein, du bist nie allein, sagt mir diese Vision; aber gleichzeitig sagt sie mir: Mach dir keine Hoffnungen, es gibt kein Vergessen und nichts bleibt verborgen. Alles, was du getan hast, hat jemand gehört, gesehen und behalten.

1.2. *Scham empfinde ich, wenn ich meinen Körper mit den Augen eines anderen sehe oder wenn ich über eine Handlung von mir nach den Kriterien und Überzeugungen eines anderen urteile oder wenn mir aufgeht, was ein anderer über einen Wunsch, eine Absicht, eine Handlung von mir denken würde. Die Scham ist ein Zeuge, sie zeigt mir die Grenzen und damit auch die Form meines Wesens, sie zeigt mir, wie es wirklich mit mir und um mich steht. Dank der Scham, die ich empfinde, kann ich das stets übertrieben günstige und geschönte Bild von mir selbst in Frage stellen, weil mir die Scham ermöglicht, mich mit den Augen eines anderen zu sehen und nach seinen Kriterien zu bewerten. Und das heißt, dass ich mich durch die Scham erkenne, dass ich mich ohne Scham nicht wirklich kennen könnte, weil ich dann, ohne Scham, nur meine eigene geschönte Vorstellung von mir hätte. Wie ein Kind, das fühlt und glaubt, es sei der Mittelpunkt und der Grund der Welt (zu Recht, übrigens, weil alles, was in seiner kleinen Welt geschieht, um seinetwillen geschieht). Habe ich im zarten Alter von dreißig oder fünfzig Jahren ein Recht auf dieses kindliche Erleben meiner selbst? Was sagt es über mich aus, wenn ich es habe?*

2.0. *Jetzt ist wohl klar, dass das Fehlen von Scham in unseren südslawischen Kulturen die Infantilität unserer Völker erklärt. Wir befassen uns nicht mit der Scham und kennen sie in Wirklichkeit nicht, daher haben wir uns nie von außen betrachtet und unsere Vorstellung von uns selbst nie in Frage gestellt. Daher bleiben wir ewig Kinder, beziehungsweise werden wir irgendwann jämmerliche alte Kinder, die sich und alle um sich herum von ihrer Unfehlbarkeit und Sündenlosigkeit überzeugen wollen.*

2.1. *Es ist verderblich, wenn eine Kultur die Scham nicht entdeckt oder sie vergisst. Ist Scham doch die Grundlage jeder Kultur, viele Kulturen nehmen ihren Anfang gerade mit der Entdeckung der Scham, weil Scham die Grundlage des Bewusstseins von sich selbst ist. Achilles, der Held der Ilias, wurde erst zum wahren Helden, als er Scham empfand, dass er sich an der Leiche des trojanischen Helden Hektors, der ihm im Zweikampf unterlegen war, so unwürdig aufgeführt hatte. Nachdem er sich auf widerliche und schändliche Weise an seinem besiegten Gegner abreagiert hatte, sah sich Achilles Hektors Vater Priamos gegenüber, der die Leiche seines Sohnes holen kam, um sie zu bestatten. Er sah den machtlosen Greis, seine grauen Haare und seinen Schmerz, er sah die Verzweiflung eines gramgebeugten Mannes, der an Rache oder Genugtuung gar nicht denken konnte. Und bei all dem sah er sich mit den Augen des Priamos. Mit dem Schmerz des trauernden Vaters, beziehungsweise seinem schändlichen und sündhaften Verhalten (Missachtung des Todes, Beleidigung eines Toten) urteilte er über sich selbst. Durch die Scham, die er empfunden hatte, als er sich mit den Augen des anderen betrachtete, begriff er die unerwünschte Wahrheit über sich, er lernte sich selbst richtig kennen und wurde ein wahrer Held – ein Mensch, der sich kennt, so dass er gleichzeitig Angehöriger und Ver-*

treter einer Gemeinschaft ist und dabei auch ein Abtrünniger, als ein Individuum, das seine Besonderheit fühlt und lebt.

2.2. *Kann ich jetzt, nach diesen Schlussfolgerungen, behaupten, dass der Baum der Erkenntnis, von dem in der alttestamentarischen Geschichte über die Vertreibung von Adam und Eva aus dem Paradies die Rede ist, in Wirklichkeit – die Scham ist. Nur Gott weiß, wie lange die beiden unschuldig mit den anderen Tieren des Paradieses gelebt und alles getan haben, was auch die anderen Tiere tun, und zwar geradeso, wie diese es tun. Aber plötzlich empfanden sie Scham und bedeckten gewisse Körperteile mit einem Feigenblatt, jene Teile, die wir seit damals intim, also vor fremden Blicken verborgen, verschlossen, nennen. Ich erinnere an das, was die biblische Geschichte sagt, die uns mitteilt, dass sie es taten, nachdem sie vom Baum der Erkenntnis gekostet hatten, und das müsste bedeuten, dass die Frucht des Baums der Erkenntnis Scham war oder dass diese Frucht Schamempfinden hervorruft, Scham produziert. Sie haben also vom Baum der Erkenntnis gekostet, Scham empfunden und dadurch sich selbst erkannt, so dass sie das Paradies verloren und das Bewusstsein von sich selbst gewonnen haben. Wahrscheinlich verfolgt uns seit damals, seit der Vertreibung (die man auch als Metapher der Geburt verstehen könnte, weil die Geburt eigentlich eine Vertreibung aus dem paradiesischen Zustand ist, der in der Gebärmutter herrscht, die Geburt ist eine Wiederholung der mythischen Vertreibung oder die mythische Vertreibung ist das heilige Bild der Geburt) die Frage, ob wir ins Paradies zurückkehren werden, wenn wir uns von der Scham und dem Bewusstsein von uns selbst befreien. Interessant ist, dass wir in den Reflexionen und Diskussionen darüber überhaupt nicht fragen, ob es sich lohnen würde, die Scham und das Bewusstsein von sich selbst,*

vielleicht überhaupt auch sich selbst zu verlieren um des
Umherstreifens und Paarens im Paradiese willen.

Weder verbesserte ich etwas, noch fügte ich etwas Neues hinzu, ich las lediglich meine Aufzeichnungen und legte die Blätter an den linken Rand des Tisches zurück. Es besteht keine Hoffnung, dass ich das je so niederschreibe, wie es erforderlich wäre, aber mit Peters Hilfe, wenn er jemals wieder zu sich kommt, könnte dennoch etwas Gutes entstehen. Warum zum Beispiel sollte man nicht ein Team von Leuten bilden, die fähig wären, das unerschöpfliche Thema der Scham zu bearbeiten, wie es sich gehört, jeder aus seiner Perspektive und seinen Interessen entsprechend. Ich könnte jedenfalls einen guten und nützlichen Text über uns, die südslawischen Gemeinschaften, und die Scham schreiben, vielleicht wäre ein solcher Text auch gut genug für den Sammelband, von dem ich manchmal träume. Ich muss nur noch ein paar Dinge klären, mir mögliche Antworten auf ein paar Fragen zusammenreimen, etwas von dem, was ich noch nicht weiß, erkennen …

Ich stand auf und ging ans Fenster. Der Tag war noch immer tot, im Garten regte sich kein Blatt, kein Grashalm, kein Lufthauch. Nur bei der Akazie trieben zwei Katzen ihre Liebesspiele. Wie konnten sie nur an einem solchen Tag!? Die Katzen in ganz Sarajevo waren vor etwa zehn Tagen total verrückt geworden. Als hätten sich Hunger und Angst in ihnen in sexuelles Verlangen verwandelt, sprangen sie einander an, wo und wann immer sie sich trafen, und eben auch heute, wo nicht einmal der Tod Lust hatte, irgendetwas zu tun. Den ganzen Tag war keine einzige Explosion zu hören, die Scharfschützen auf der großen Brücke schossen nicht, niemand ging aus dem Haus, wenn er nicht Peter Hurd war … Nur die Katzen waren außer Rand und Band und gaben sich einander hin, wo immer sie sich begegneten.

Die Tür ging leise auf und kurz danach wieder zu, als

hätte sich jemand bemüht, unhörbar ins Zimmer zu kommen.

»Da versteckt er sich also«, erklang Sanjas junge Stimme, und sie kam auf mich zu. »Was beobachtet er denn so aufmerksam?«

Sie lehnte sich an, eigentlich schmiegte sie sich an mich, und begann, unter meinem rechten Arm hervorschauend, mit den Augen den Garten abzusuchen. Sehr schnell entdeckte sie natürlich meine Katzen.

»Schau an, was er gefunden hat!«, rief sie und schwieg gleich wieder, sich stärker an mich schmiegend. »Wie die sich bezirzen! Sind sie nicht entzückend?!«, rief sie und ließ ihrer Hand freien Lauf.

»Gib Ruhe, Dummchen!«, ermahnte ich sie, ganz erstarrt.

»Sag ihnen, sie sollen Ruhe geben«, lachte Sanja auf. »Wem ist heut nach Ruhegeben. Heut bezirzen sich die Coolen.«

Sie begann, mich zu streicheln, wobei sie sich Stellen näherte, die sie nicht berühren durfte.

»Gib Ruhe, Sanja, du weißt doch, dass uns das nicht erlaubt ist«, sagte ich, bemüht, autoritär und ernst zu klingen.

»Und wer kann uns das heut verbieten?«, lachte Sanja weiter. »Wenn sich die dummen Katzen bezirzen können, dann können wir es wohl auch.«

»Wir haben Gesetze, die es uns verbieten.«

»Wir sind Menschen im Krieg. Wer hat im Krieg Angst vor Gesetzen?«

Ich drehte mich um, ging um sie herum und zum Tisch, weil sich ihre Hand gefährlich der Stelle genähert hatte, die sie auf keinen Fall berühren durfte.

»Es geht nicht um Angst, Sanja«, antwortete ich im Ton eines Vortragenden, in den ich mich aus meiner sehr gefährlichen Situation flüchtete. »Nur Sklaven achten die Gesetze aus Angst, deshalb achten sie nur äußere, staatliche Gesetze.

Freie Menschen tragen ihre Gesetze in sich und achten sie, weil sie damit sich selbst achten«.

Sanjas Gesicht wurde rot, dann blass.

»Warum erklärst du's dann nicht ihm?«, fragte sie und zeigte auf meine Ausbeulung, die gut zu sehen war, obwohl ich saß. »Du willst es vielleicht mehr als ich, warum tust du uns das an?!«

»Die Gesetze tun's uns an, Sanja!«

»Ich pfeif auf dich und deine Gesetze!«

Sie rannte türknallend hinaus, und am nächsten Tag kehrten sie und Tante Gina nach Hause zurück, obwohl geplant gewesen war, dass sie fünf, sechs Tage bei uns bleiben sollten.

Manch guter Bissen

Menschen, die für eine Firma oder Einrichtung arbeiteten, sowie jene, die einer angeseheneren Vereinigung als Mitglieder angehörten, also alle, die irgendwie in das System einbezogen waren, konnten in Sarajevo während der Belagerungszeit erträglich überleben. Einige humanitäre Organisationen fanden schon Mitte Mai einen Weg, Nahrung und Medikamente in die Stadt zu liefern. Wenn die Sendung in die Stadt gelangte, wurden die Medikamente auf Krankenhäuser, Apotheken, Ambulanzen und Gesundheitshäuser verteilt und die Lebensmittel auf Firmen, Einrichtungen, Vereinigungen, auf die man etwas mehr hielt, und auf die Gemeinden. Die Leitung dieser Institutionen verteilte dann die Lieferung an ihre Angestellten und Mitglieder, so dass jeder von ihnen genügend Nahrung bekam, um zehn, fünfzehn Tage zu überleben, nicht unbedingt satt, aber jedenfalls nicht hungrig. Die Dinge standen viel weniger gut für jene, die sich außerhalb des Systems befanden, das heißt jenseits und außerhalb aller Systeme, wie zum Beispiel wir beide, Mutter Ljuba, eine Witwe, die von der Hinterbliebenenrente lebte, und ihr Sohn Rajko, ein nicht angestellter, also freier Dichter und Übersetzer. Wer hätte auf die Idee kommen können, uns ein Lebensmittelpaket zuzuteilen, selbst wenn er von uns gewusst hätte? Und wer wusste überhaupt von uns, wer konnte von uns wissen? Wann wäre wem von denen, die von uns wussten, eingefallen, dass wir vielleicht etwas brauchten? So überlebten wir während des Sommers dank unseres Gartens, dank eines bisschen Hilfe, das wir in der Gemeinde Dolac Malta bekommen konnten, dank dessen, was uns besser versorgte Leute aus der Nachbarschaft schenkten, und dank der Rente von Mutter Ljuba. Dabei bemühten wir uns, nicht zu fragen, wie es im Herbst werden würde, was uns zum Glück auch ohne große Mühe gelang.

Sie bekam ihre Rente am zehnten Juli, vielleicht ein oder zwei Tage später, und so ging ich ein paar Tage danach los, um die Märkte in der Stadt abzuklappern und das Günstigste, was ich fand, zu kaufen. Peter ging natürlich mit, er verbrachte schon lange viel mehr Zeit in der Stadt als mit uns zu Hause. Kurz vor dem Ewigen Feuer trafen wir Midhat genannt Mido, einen Pechvogel aus der Gruppe um Narcis, den ich nicht leiden konnte, weil er auch seinen jüngeren Bruder Mehmed in seinen Kreis von Rauschgiftsüchtigen hineingezogen hatte. Mido winkte mir zum Zeichen des Grußes nur zu, aber dafür freute er sich richtig über Peter.

»Wo steckst du denn, Pero, King«, grüßte er ihn fröhlich, und dann vollführten die beiden ein Spiel mit ihren Händen, das wahrscheinlich ein Ersatz für das normale Händeschütteln sein sollte. Sie berührten gegenseitig die Handflächen mit den Fingerspitzen, und am Schluss stießen sie ihre rechten Hände zusammen und beendeten so das »Händeschütteln«.

»Dass du dich blicken lässt, wird ja auch mal Zeit.«

»Du bist gut drauf, du kommst bestimmt von Faris?«, fragte Peter heiter.

»Von wem?! Faris ist übel dran, Kumpel, schon seit zehn, fünfzehn Tagen hat er kein Stäubchen Stoff, nicht mal schlechten. Ich denk, er steht schon auf schwarzen Listen.«

»Wo deckt ihr euch dann ein?«, fragte Peter.

»Bei den Dänen. Zwei aus dem Unprofor-Bataillon hängen ständig auf dem Markale-Platz rum, echt gute Leute. Die haben alles, die haben weißes und gelbes, sie haben Gras und alle vorstellbaren XTCs … Alles erste Klasse, und günstig, billiger als bei Faris«, erklärte Mido ganz euphorisch. »Meld dich nur, wenn du was brauchst.«

»Mach ich«, bestätigte Peter.

»See you!«, verabschiedete sich Mido und schwankte auf seinen langen Beinen, die nicht im Geringsten euphorisch waren, davon. Die seltsame und traurige Verbindung eines fröhlichen Geistes und eines Körpers, der diese Freude schwer erträgt und teuer bezahlt.

Faris war nicht nur ein Dealer, er probierte regelmäßig auch selbst aus, was er anderen verkaufte, und das gern und reichlich. Während wir weitergingen, Richtung Markale-Markt, erzählte mir Peter, Faris habe Ende Mai, als die ganze Stadt bei einem schwereren Angriff von Explosionen widerhallte, vor dem Restaurant Cyrano de Bergerac gestanden, mit dem Mittelfinger auf den Trebević gezeigt, von wo geschossen wurde, und sich bemüht, die Explosionen zu überschreien:

»Ist das hier alles, was du kannst, du Arschloch?! Hast du denn nicht mehr zu bieten, du Pisser?!«

Die Leute hätten ihn unter großen Mühen ins Restaurant gezogen und stundenlang versucht, ihn zu beruhigen, weil Faris, nach allem zu urteilen, einen Wutanfall gehabt habe, der eher auf einer Krankheit als auf schlechter Laune oder einer Krise beruhte. Einige seiner Leute meinten, genau damals sei es mit Faris abwärtsgegangen und zwar so, dass es nicht so bald aufhören würde, wenn es überhaupt aufhörte.

»Du bist, würde ich sagen, mit diesen Leuten ganz dicke?«, fragte ich Peter.

»Was bin ich?«, antwortete er mit einer Gegenfrage, aus der deutlich wurde, dass er unseren Ausdruck nicht verstanden hatte.

»Ich wollte sagen, dass du dich mit diesen Leuten anscheinend wohlfühlst und gut verstehst, dass du unter ihnen sozusagen wie ein Fisch im Wasser bist.«

»Ja, so fühle ich mich.«

»Aber wie kommt's? Wie kommen sie zu dir und du zu ihnen? Die viele Zeit, die du nicht zu Hause bist, die verbringst du doch nicht etwa mit ihnen?«

»Mit ihnen hast du mich bekannt gemacht, lieber junger Kollege, du hast mich ihnen und sie mir gegeben, als wir nach einem gewissen Tagebuch gesucht haben. Sie waren mein Anfang hier, der erste Kreis der Stadt, den ich kennengelernt habe«, erklärte mir Peter heiter.

»Das heißt, du hast noch weitere kennengelernt? Sind es viele?«

»Ich hab viele kennengelernt, ich würde fast sagen – alle, leider ohne dich, obwohl du mein Führer durch diese Stadt und ihre verborgene Welt hättest sein sollen.« Der Rezeptionschef vom Hotel Evropa, den ich, als ich dort wohnte, kennengelernt und zu dem ich gute Beziehungen habe, hat mir den zweiten Kreis erschlossen, den über dem, in den du mich eingeführt hast. Darin bewegen sich einigermaßen angesehene und reiche Menschen, Geschäftsleute und Funktionäre auf mittlerer Ebene, Kriminelle von mittelmäßigem Format und mit zu viel Vorsicht, aber auch künftige große Chefs, die gerade im Begriff sind aufzusteigen. Und der Direktor des Hotels Evropa hat mich in den Kreis darüber eingeführt, in den Kreis, in dem sich die lokale Elite bewegt. Und die gewandtesten und offensten aus der lokalen Elite haben mich mit mächtigen Ausländern zusammengebracht, die sich hier aufhalten und mit ein paar Leuten von hier einen speziellen Kreis bilden.

»Daher also deine Angebote, uns Vogelmilch und Froschwolle zu bringen, wenn wir es wünschen«, ging mir auf, als ich erfuhr, mit wem alles er verkehrte. »Oder etwas, was noch schwerer zu beschaffen ist, oder etwas, was es überhaupt nicht gibt«, lachte ich am Ende über meine eigene Übertreibung.

»Ich weiß nicht, was man hier nicht beschaffen könnte. Ich hab dir schon gesagt, dass es hier alles gibt, aber natürlich nur für die, die sich im höchsten Kreis bewegen, sagen wir im Elysium«, erklärte Peter. »Ich möchte manchmal mit euch teilen, was ich mit ihnen genieße.«

»Was zum Beispiel?«

»Vor ein paar Tagen habe ich zum Beispiel gut zu Abend gegessen und ehrlich gewünscht, ihr zwei wärt da und würdet mit uns essen. Als Vorspeise hatten wir Muscheln, ganz frische und wirklich gute. Danach junges Kalb mit drei Salaten der Saison, und zum Schluss ausgezeichneten schwarzen Kaviar. All das begossen wir mit ausgesuchten französischen Weinen, die uns, wie alles andere auch, die schönsten Frauen servierten, die ich gesehen habe. Manche von ihnen sprachen zu meiner großen Freude perfekt Englisch.«

Wir kamen zum Markale-Markt, setzten aber auch da unser Gespräch fort, das jetzt schon keiner von uns fortsetzen wollte. Zum Glück zwangen uns das Gedränge auf dem Markt und die Atmosphäre des Ortes, die verborgenen Gesetze des Marktambientes, wenn ich so sagen kann, alle Augenblicke, das Gespräch mitten im Satz zu unterbrechen, wir vergaßen, ihn zu beenden, oder hatten das, was wir sagen wollten, schon vergessen. Die Geräuschkulisse des Marktes machte es möglich, so zu tun, als hätten wir das, was wir nicht hören wollten, nicht gehört, und uns zu weigern, etwas, von dem, was uns der andere sagte, zu verstehen, und manches war auch wirklich nicht zu verstehen … Dadurch rann unser unerwünschtes Gespräch über Peters Genüsse wie Wasser aus einem löchrigen Gefäß und befreite uns so von vielen unangenehmen Gedanken und Erkenntnissen.

Ich kaufte zwei große Pasteten in Konservendosen, ein Kilogramm Feta, ein Kilogramm Reis und eine große Packung Makkaroni, dreimal so groß wie die, welche ich für das gleiche Geld in unserem Laden in Dolac Malta bekommen hätte. Danach bestand keine wirkliche Notwendigkeit für weitere Einkäufe, für größere Einkäufe hatte ich im Übrigen gar kein Geld mehr, trotzdem besuchten wir auch den Telali-Markt, eher um den Aufenthalt auf dem Markt, das Gefühl von normalem Alltagsleben, das ein Marktbummel in einem weckt, zu genießen als in der Hoffnung, noch etwas Günstiges zu finden und zu kaufen. Im Bus, der auf einer einigermaßen sicheren Straße zwischen dem Busbahnhof und der Kaserne Marschall Tito fuhr, kehrten wir nach Hause zurück, aufgeheitert durch den Tag, der in vielem auch ein Vorkriegstag hätte sein können.

Wir aßen wie die Könige. Mutter Ljuba kochte die Makkaroni, röstete sie in Butter und bestreute sie mit zerbröckeltem Käse, so dass die Makkaroni den Duft und den Geschmack des Käses aufsaugten, das heißt den Käse milder machten, indem sie einen Teil seines Geschmacks und Dufts annahmen und sich so mit ihm zu einer guten schönen Harmonie verbanden. Zum Schluss gab es auch Süßes, eine Süßigkeit, die unsere Frauen Eurocrème nennen. Sie machen sie aus Milchpulver, Vitaminmehl, etwas Zucker und so viel Kakao, wie sie finden können, verrühren alles in Wasser und kochen es einige Minuten. Mutter Ljuba behauptet, der große Vorteil dieser Süßigkeit bestehe darin, dass sie lange stehen könne, aber wir hatten nicht die Gelegenheit, ihre Behauptung zu überprüfen, weil sie sie so gut zubereitete, dass wir jedes Mal alles aufaßen, was wir hatten. Nach dem Mittagessen waren wir zu nichts mehr fähig, außer auf der faulen Haut zu liegen und wiederzukäuen, obwohl wir, Hand aufs Herz, auch schon vor dem Mittagessen zu nicht viel mehr fähig gewesen waren. Aber was fängt man an einem solchen Tag mit etwas mehr an?

Mutter Ljuba legte sich nach dem Mittagessen auf die Ottomane in der Küche, um »eine Mütze voll Schlaf« zu nehmen, während Peter und ich hinausgingen und es uns auf der Bank neben dem alten Zwetschgenbaum bequem machten. Der Himmel war wie eine durchsichtige blaue Herdplatte, aus der sengende Hitze schlug und die Welt reinigte. Auch

der Boden war heiß, zwar nicht wie eine Herdplatte, aber heiß
genug, um es sehr wohl zu spüren, nur dass seine Hitze nicht
arbeitete, ebenso wenig wie wir, die wir uns zwischen diesen
beiden Hitzequellen befanden. Ermutigt durch den durchge-
hend friedlichen Tag, das fürstliche Mittagessen und die heiße Welt, begann ich mit Peter über meinen Wunsch zu sprechen, gemeinsam ein Buch über die Scham zu verfassen.
Wahrscheinlich hatte ich unter dem Eindruck all des Guten,
das mich an diesem Tag begleitete, meine Zweifel vergessen
und auch, wie sehr mich Peters Veränderungen beunruhig-
ten, die nicht zu übersehen waren. Er hörte mir aufmerksam
zu und überlegte lange, nachdem ich zu sprechen aufgehört
hatte, was mich ermutigte und mir sehr schmeichelte.

»So einfach ist das nicht«, sagte Peter schließlich. »Nichts
ist so einfach, wie wir Menschen es uns wünschen und wie es
uns gefallen würde. Du hast recht, die *Ilias* stellt Scham als
Basis der Heldenethik und der aristokratischen Kultur dar.
Aber derselbe Dichter, der die *Ilias* schrieb, schließt in seinem
zweiten Buch, der *Odyssee*, die Scham vollständig aus dem Leben aus und stellt uns einen Helden vor, der lügt, betrügt,
treulos handelt – alles dem reinen Überleben und dem er-
wünschten Ziel zuliebe. Die aristokratische Kultur bejaht nicht
das Überleben um jeden Preis, sie erlaubt kein mit Betrug,
Verrat, Selbstverleugnung erkauftes Dasein, weil dieser Kultur der Tod nahe ist, er ist Teil des Lebens, untrennbar verbunden mit dem Menschen und seinem Aufenthalt hier, kei-
neswegs dem Leben entgegengesetzt, genauso wenig wie der
Magen dem Menschen entgegengesetzt ist und sein kann.
Aber die in der *Odyssee* dargestellte rationalistische Volkskultur feiert das Überleben und die Bereitschaft zu lügen, zu betrügen, zu verraten und sich selbst zu verleugnen, um zu überleben. Danach ist Homers Odysseus, wie du sicher bemerkt
hast, der Vater oder Großvater einer langen Reihe komischer
Helden in der europäischen Literatur, die lügen, stehlen und

betrügen, um zu überleben. Für sie ist das Überleben Zweck und höchstes Ziel, für sie ist der Tod kein integraler Teil des Lebens, sondern das größte Übel und etwas dem Leben Entgegengesetztes. Deshalb sind Lüge, Betrug, Verrat und was noch alles für sie kein Verbrechen oder keine Versündigung gegen die Menschenwürde, sondern lediglich glückliche Augenblicke, in denen ihr findiger Geist aufblitzte, der sie aus der Klemme zog. Sie schämen sich nicht der Lüge oder des Betrugs, sie feiern sie, wenn sie ihnen geholfen haben, das Ziel zu erreichen. Ein Held würde sich schämen, wenn er jemanden betrogen hätte, Odysseus und seine Nachfahren schämen sich, wenn jemand sie betrügt, denn dass sie Opfer eines Betrugs geworden sind, zeigt, dass ihre Fähigkeit zum Überleben und Erreichen eines gesteckten Ziels unzureichend ist. Die berühmte Behauptung, dass der Zweck die Mittel heiligt, schreiben wir wie so viele andere Dinge, die wir nicht mögen, den Jesuiten zu, aber eigentlich müsste man sie Odysseus und seinen literarischen Nachkommen zuschreiben – den rationalen Volkshelden, denen weniger an der Wahrheit als am Glück, weniger an der Größe und viel mehr am Leben liegt. Diese beiden Ethiken bedingen zwei verschiedene Sichtweisen auf die Scham und das Leben, und sie verlaufen in allen Kulturen, die mir bekannt sind, parallel, nebeneinander. Und schließen sich, soviel ich weiß, nirgendwo aus, sondern ergänzen sich. Du hast kein Recht, in deinem geplanten Buch die volkstümliche Sicht auf die Scham zu vernachlässigen, kannst aber nicht darüber sprechen und schreiben, weil die Volkskultur so tut, als gäbe es die Scham nicht oder als hätte sie zumindest nicht von ihr gehört. Ich denke, das ist das größte Problem im Zusammenhang mit deiner Idee. Aber die Idee gefällt mir, ich denke, es lohnt sich, weiter darüber nachzudenken und zu sprechen.«

Immer ist Peter von Nutzen, auch wenn du ihn aus einer Not heraus gefragt und keine vernünftige Antwort erwartet hast. Ich denke, er hat mir hier eine Erklärung für das Fehlen von Scham in unserer Tradition gegeben, sicherlich keine vollständige und ausreichende, aber eine ganz annehmbare Erklärung. Nur dass wir keine heroische Ethik haben, keine aristokratische Kulturtradition, keine Weltanschauung, die der volkstümlichen entgegenträte und sie gleichzeitig ergänzte, keine Helden, die den Leuten aus dem Volk etwas zuflüstern würden, ohne sie dazu überreden zu wollen, einen anderen Weg zu gehen. Peter hat Recht, es lohnt sich, dieses Gespräch fortzusetzen. Aber nicht heute, der heutige Tag braucht noch viel gutes Schweigen.

Irgendwo hallte ein Schuss, nicht nah, aber auch nicht fern, gedämpft, aber erkennbar und zweifellos ein Schuss. Nach kaum zehn Minuten drangen vom neuen Wohnhaus hinter der Fakultät für Veterinärmedizin aufgeregte Stimmen zu uns, die wiederholten, sie habe ihn umgebracht. Wir machten uns dorthin auf, wer immer wen umgebracht hatte, war uns nicht einerlei, denn sie alle waren unsere Nachbarn.

Wir trafen ein großes Gedränge an. Menschen rannten aufgeregt die Treppen hinauf und hinunter, gingen in die Wohnung im ersten Stock und kamen durch eine Tür heraus, die niemand zumachte, riefen einander Fragen und Antworten zu … Schon die ersten Schritte im Gebäude antworteten uns auf die Fragen, verbunden mit der Erklärung »sie hat ihn umgebracht«, die wir gehört hatten, als wir noch in unserem Hof gesessen hatten – Senada hatte Kenan mit einem Schuss aus einer Pistole getötet, den wir kurz vor dieser Erklärung ebenfalls gehört hatten. Wir eilten hinauf zu ihrer Wohnung und gingen durch die weit geöffnete Tür hinein. In der Wohnung trafen wir außer Senada seltsamerweise nur zwei Frauen an, Senada saß auf der Couch und die beiden links und rechts von ihr. Sie benetzten ihren Nacken mit Wasser, dem sie etwas Essig beigefügt hatten, massierten ihr die Hände und redeten mit sanften Worten beruhigend auf sie ein, obwohl Senada regungslos und still wie ein Stück Holz dasaß, völlig abwesend, außerhalb ihrer selbst und der Welt. Zeitweise seufzte sie tief, sprach einen Teil eines Satzes aus, der sich in ihrem Innern zu bilden begann, aber nach allem zu urteilen nicht endete. Sie saß abwesend da, zitterte und nahm ihre Nachbarinnen nicht wahr, die sie trösteten, sie seufzte tief und fragte halblaut: »Was hätt ich denn tun sollen?« Ein anderes Mal sagte sie: »Ich musste es tun, weh mir«, und dann schwieg sie wieder, zitterte, entfernte sich von sich selbst. »Er hat nie was zu Ende gebracht, er kann nicht abschließen«, sprach sie ohne sichtlichen Grund aus, und wieder wurde jede Andeutung von Gedanken und Bewusstsein bei ihr ausgelöscht.

Seltsamerweise tauchten schnell auch Polizisten auf, der Kommandeur des nahegelegenen Reviers und ein junger Polizist, fast ein Junge.

»Was ist denn passiert, Senada?«, fragte der Kommandeur Mirza, und sie zeigte nach einer langen Pause, während der sie sich wahrscheinlich bemüht hatte, seine Frage zu begreifen, stumm auf eine Pistole, die auf dem Fußboden lag. Mirza fluchte, zuckte mit den Achseln, nahm seine Mütze ab und wischte sich den Schweiß von der Stirn. Er steckte das Tuch wieder in seine Tasche, hob den Blick zur Decke und fluchte noch einmal. »Was machst du jetzt bloß?«, fragte er, ohne sich an jemanden zu wenden.

»Wir müssten sie abführen«, schlug der junge Polizist vor.

»Wen denn?«, fragte Mirza.

»Sie«, antwortete der Polizist, mit einer Kopfbewegung auf Senada deutend.

»Wo willst du sie denn hinbringen?«

»Aufs Revier, vielleicht ins Gefängnis«, äußerte der junge Polizist verlegen, wobei er offensichtlich selbst nicht wusste, ob er sich rechtfertigen oder bei seinem Vorschlag bleiben sollte.

»Hast du sie noch alle, verdammt?! Mit diesem Häufchen Elend ins Gefängnis? Du hast wirklich leicht reden!«

»Aber was sollen wir denn machen? Etwas müssen wir doch unternehmen«, wandte der junge Polizist ein.

»Was kannst du hier tun, mein Bruder?«, fragte sich Mirza besorgt. »Gar nichts, ich bring sie zu mir nach Haus, soll meine Šemsa sie ein bisschen aufrichten, und dann werden wir sehen, was wir machen.«

Mirza reichte Senada die Hand, die diese ergriff, wahrscheinlich ohne zu wissen, was sie selbst tat und was um sie herum und mit ihr geschah.

Etwa einen Monat später gelang es mir, das Geschehen in Kenans und Senadas Wohnung an jenem schicksalhaften Tag zusammenzufügen, weil Doktor Firdus, ein erfahrener Psychiater, der zwei Tage in der Woche im Gesundheitshaus Omer Maslić Sprechstunde hatte, Senada regelmäßig in Mirzas Haus besuchte und mit ihr sprach. Und da der alte Arzt aus mir unbekannten Gründen eine ausgesprochene Sympathie für mich zeigte, erzählte er mir alles, was er von der armen Frau erfahren hatte.

Schon beim Mittagessen war klar, dass es vorbei war. Senada rief ihn zum Essen, doch er verzog sein Gesicht nur zu einer widerlichen Grimasse und winkte ab. (In den unendlichen Gesprächen mit Doktor Firdus hatte Senada Kenans Namen nicht ein einziges Mal ausgesprochen, merkte Doktor Firdus mir gegenüber an. Von jenem Tag an war »Er« für Senada zum Namen von Kenan geworden.)

»Mach mich bitte nicht kaputt«, redete Senada ihm zu. »Ich versteck mich schon wie ein Dieb im eigenen Haus, wenn ich was essen will. Und dann schäm ich mich immer, wenn ich dich anschaue oder nur an dich denke, dass ich was gegessen hab.«

»Wie kannst du das sagen, mein Dummchen!? Leb und iss bitte normal.«

»Kann ich nicht, wenn ich dich seh. Der Bissen bleibt mir im Hals stecken, wenn ich beim Essen an dich denke, und wie kann ich essen, ohne an dich zu denken, hungrig, wie du bist«, versicherte ihm Senada. »Aber alles wäre anders, wenn du wenigstens ein bisschen mit mir …«

»Glaub mir, ich kann nicht, mir wird schlecht vom mildesten Essensgeruch, und ich hab den Eindruck auch schon, wenn ich nur ans Essen denke.«

»Da siehst du's! Wie soll ich normal essen, wenn du tagelang nichts probierst.«

»Mach dir keine Sorgen, ich esse.«

»Wie denn, bitte? Du isst hinter meinem Rücken oder was.«

»Ich esse mich selbst«, antwortete er lächelnd.

»Und wer hat dir vorgelogen, dass du so ein leckerer Happen bist?!«, versuchte Senada ihn mit einem Scherz zu überreden.

»Du bist gut«, lächelte er. »Los iss, lass es dir schmecken. Und dann komm mich trösten, du meine Trösterin.«

Sie brachte beim Mittagessen etwa zehn Bissen hinunter, von denen jeder zweite sie zu ersticken drohte. Nachdem sie ihr erzwungenes Mittagessen beendet hatte, saß sie lange am Tisch und starrte auf dessen Platte. Irgendwann fuhr sie auf, ging in das Zimmer, in dem er lag, setzte sich auf den Stuhl neben seinem Bett und starrte schweigend ins Leere.

»Ach, meine Alte«, ließ er sich mit einem schweren Seufzer vernehmen, »wenn du uns jetzt Spiegeleier machen könntest. Aber so, wie du sie machst, ich finde, nur du kannst sie so machen. Ich glaub, das könnte ich auch essen.«

Sie wusste nicht, was sie ihm antworten sollte, sie wusste nur, dass ihr das Herz stockte, weil sie keine Eier hatte und an keine kommen konnte. Deshalb schwieg sie und schaute weiter ins Leere. Nach dem neuen langen Schweigen ließ er sich wieder vernehmen:

»Ich denke, ich werde, wenn ich sterbe, nur deinen Spiegel-
eiern nachtrauern. Selbst im Paradies würden sie mir fehlen,
wenn ich ins Paradies käme.«

»Und wer sollte bitte schön ins Paradies kommen, wenn
nicht du?«, fragte Senada mit zugeschnürter Kehle und unter
Tränen.

»Du bist gut, gut bist du.«

Und dann wieder langes Schweigen. Es ist interessant, dass
in diesen langen Schweigephasen keine Spur von Unbehagen
oder Ähnlichem lag. Sie schwiegen nicht, weil sie sich nichts
zu sagen gehabt hätten, sondern weil sie keine Worte brauchten, um sich zu spüren und zu verstehen.

»Komm, dann tu so, als ob, damit sie meiner Seele Nahrung geben«, bat er. »Deine Spiegeleier.«

»Das ist kein Hexenwerk, mein Lieber«, antwortete Senada,
die kaum verbergen konnte, dass die Tränen sie würgten. »Du
gießt ein bisschen Öl in die Pfanne, nur so viel, dass der Boden bedeckt ist, dann erhitzt du es gut. Wenn das Öl gut heiß
ist, schlägst du die Eier in die Pfanne, legst den Deckel drauf
und stellst den Herd ab. Das Geheimnis ist, dass du den Herd
gleich abstellst, damit die Eier nicht zu stark braten, und dass
du die Pfanne bedeckst, damit du sie nicht irrtümlich ver-
rührst. Wenn du das so machst, bekommst du gut gebratenes
Eiweiß und nur halb gebratenes Eigelb, so dass du mit Appe-
tit einen Happen Brot in das Eigelb tunken kannst, und das
verläuft teilweise in der Pfanne, und teilweise wird es vom
Brot aufgesaugt.«

Erneut Schweigen, in dem beide tief und genussvoll atmeten.

»Ach, sind die gut, sie geben einem wieder Kraft«, schloss
er mit einem tiefen Seufzer voller Zufriedenheit.

Etwas später meldete er sich erneut:

»Du hast uns wirklich schön zu essen gegeben. Komm, lies
uns jetzt ein bisschen vor, damit du den Genuss vollkommen
machst.«

»Was wollen wir heute lesen?«

»Unser Buch.«

Ihr Buch war *Tödlicher Frühling* von Lajos Zylahi, einmal hatten sie beim Lesen der letzten Seiten dieser Erzählung über Liebe und eheliche Verwicklungen zusammen geweint. Das war lange her, sie waren noch ganz jung gewesen, aber doch schon erwachsen. Es war durchaus lange her, aber es war geschehen, kein Zweifel, dass es geschehen war. Sie stand auf, brachte das Buch und begann gerade diese letzten Seiten zu lesen. Sie kam beinahe bis ans Ende, und ihre Stimme geriet ins Stocken, als würde sie über diesen Seiten wieder weinen:

Der Selbstmörder saß im Lehnstuhl, die Hand, aus der ihm der Revolver gefallen war, hing kraftlos herab.

Seine Augen waren offen – noch lebte er –, und er lächelte schwach. Ich knöpfte ihm Weste und Hemd auf: Die Kugel war etwas über dem Herzen in den Körper eingedrungen. Wir verbanden ihn und nahmen dann seine Visitenkarte heraus. Auf der lithographierten Visitenkarte mit Adelswappen stand der Name …, las Senada stur mit unsicherer Stimme, die alle Augenblicke abbrach. Sie ahnte es, eigentlich war ihr schon alles klar.

Mit einer Handbewegung bedeutete er ihr, mit dem Lesen aufzuhören, mit derselben Hand zog er eine Pistole unter seinem Kissen hervor und reichte sie ihr. Sie wusste, dass er nicht mehr konnte und nicht der Mann war, der etwas, der irgendetwas zu Ende bringen konnte. Sie musste abfeuern.

Wieder klein zu sein

Ich ging früh zum Frühstück hinunter, weil es unter dem Dach nicht mehr auszuhalten war. Schon seit Tagen, seit der Unterzeichnung eines weiteren neuen Waffenstillstands herrschte in Sarajevo eine tropische Hitze, die unser Dachgeschoss in einen Topf verwandelt hatte, den jemand, wohl irrtümlich, ohne Wasser oder Öl aufs Feuer gestellt hatte, so dass Peter und ich, eingeschlossen in unsere Zimmer, schon tage- und nächtelang in der heißen Luft und im eigenen Schweiß dünsteten, ohne Hoffnung, in absehbarer Zeit etwas tun oder denken, einschlafen oder tief und genussvoll einatmen zu können, kurz, ohne Hoffnung, dass uns irgendetwas irgendeine Erleichterung verschaffen würde. Eine vollkommen verrückte Situation: Du musst dich irgendwann in der Nacht ins Bett legen, bewusst, dass du nicht einschlafen wirst, bis zur Morgendämmerung musst du im Bett ausharren, obwohl du dir die ganze Zeit sagst, außerhalb des Bettes wäre es ein bisschen leichter für dich, so wartest du auf den Sonnenaufgang und beginnst dir zuzureden, es noch eine Weile im Bett auszuhalten, weil du jetzt, bei Tageslicht, weißt, dass es für dich in Wirklichkeit nirgendwo leichter sein wird. In einem geschlossenen Topf auf dem Feuer sind alle Stellen gleich heiß.

Mutter Ljuba erwiderte meinen Gruß nicht. Sie saß am Tisch, wälzte nur die ihr bekannten Gedanken und tat so, als hätte sie mich nicht gesehen. In ihrem Gesicht las man wie in einem offenen Buch, auf den ersten Blick wusste man, ob sie wütend oder besorgt, froh oder traurig war, ob es ihr leidtat, weil sie es nicht verstand zu streiten und ihre Wut zu zeigen, oder ob sie stolz war auf ihr reines Herz, das niemandem etwas Böses wünschte. Aber an diesem Morgen konnte ich nichts lesen, als hätte es in ihr gar keine mir zugänglichen Gedanken oder Stimmungen gegeben, sondern nur eine tiefe Verunsicherung und eine einzige unlösbare Frage.

Sie stellte etwas weniger als ein halbes Brot auf den Tisch und ihre Erdbeerkonfitüre, auf die sie zu Recht stolz war. Die Erdbeeren kamen aus unserem Garten, weitere besorgte sie von Nachbarn mit den etwas größeren Gärten, und ihre Konfitüre servierte sie jedem, der in unser Haus kam. Alle lobten die Konfitüre, und ich bezeuge, dass es keine bloße Freundlichkeit höflicher Menschen war.

Peter kam herein, aber sie erwiderte auch seinen Gruß nicht, sondern ging, noch als er einen Schritt von der Tür weg war, an ihm vorbei aus der Küche, betont darauf achtend, ihn nicht zu berühren. Wir beide schauten uns verwirrt an. Peter setzte sich mir gegenüber an den Tisch, und dann saßen wir so richtig lange in der Stille, als warteten wir auf etwas Wichtiges. Sie hatte das Brot nicht aufgeschnitten, hatte uns weder Teller noch Tassen, weder Löffel noch Messer auf den Tisch gelegt. Nicht, dass wir es nicht selbst hätten holen können, aber sonst hatte sie das immer getan, und wir wussten jetzt nicht, ob wir auf sie warten sollten oder uns selbst bedienen mussten. Ich fragte mich außerdem, was diese Botschaft bedeutete. Es war klar, dass sie mir oder uns beiden mit ihrem beharrlichen Schweigen, der Verweigerung eines Grußes, damit, dass sie uns wahrscheinlich kein Frühstück servieren würde, etwas sagte. Aber was richtete sie uns aus und warum? Was war passiert, und warum wusste ich nichts davon.

Mutter Ljuba tauchte nach längerem Wegbleiben in ihrem ewigen hellbraunen Kostüm auf, das ihr in den siebziger Jahren die Nachbarin Sabaheta genäht hatte und das sie seither zu allen Jahreszeiten und zu allen wichtigen Gelegenheiten trug. Sie war ordentlich gekämmt, hatte ihre Lippen diskret mit Lippenstift geschminkt, war also ausgehbereit. Uns teilte sie mit, sie werde vielleicht sogar ein paar Tage weg sein.

»Was heißt das: ein paar Tage?«, fragte ich verblüfft.

»Eben das«, antwortete Mutter Ljuba trocken.

»Wo willst du denn überhaupt hin?«

»Da, wo ich hinmuss«, antwortete sie, wobei es ihr nicht gelang, ihre Nervosität und ihre Angst vor weiteren Fragen meinerseits zu verbergen.

»Und was sollen wir in der Zeit machen?«

»Ihr kommt zurecht, das wisst ihr gut.«

Daraufhin drehte sie sich um und verließ das Zimmer.

Peter und ich saßen noch eine Weile da, dann stand ich auf und stellte das, was wir für das Frühstück brauchten, auf den Tisch. Wir aßen lange, ohne jede Lust und ohne jede Freude am Essen, zogen jeden Bissen in die Länge, als hätten wir Angst, das Frühstück zu beenden und uns mit dem vor uns liegenden Tag konfrontiert zu sehen. Mit einem leeren heißen Tag, an dem etwas Verborgenes und Böses geschah, etwas, was Mutter Ljuba in den Zustand versetzt hatte, in dem ich sie nie gesehen hatte. Irgendwann mussten Peter und ich zugeben, dass das Frühstück ein Ende hatte wie alles Menschliche, und so standen wir vom Tisch auf. Peter half mir freundlicherweise beim Spülen des schmutzigen Geschirrs, und dann teilte er mir mit, er gehe in die Stadt und habe die Absicht, möglichst lange zu bleiben.

»Was ist los?«, fragte ich ihn, verwirrt durch seinen Ton.

»Ich fürchte, es gibt Stress und ich sollte mich möglichst wenig blicken lassen«, erklärte mir Peter geheimnisvoll, zog eine dumme Grimasse, die alles und nichts bedeuten konnte, und ließ mich am neuen Brunnen zurück.

Was sollte ich mit mir an einem heißen Tag anfangen, der nichts versprach und nichts erlaubte? Am besten war es, zu Zuhdi zu gehen und mich an seiner stillen Vornehmheit zu erfreuen, der gewiss weder die Hitze noch die leeren Tage etwas anhaben konnten.

Im Kiosk, den sie stolz Geschäft nannten, saßen Zuhdi

und sein Sohn Fadil zwischen Büchern, Schallplatten, Puppen und Heften, die sie jetzt anstelle der Bureks verkauften. Mir schien, Zuhdi freute sich über meinen Besuch.

»Siehst du, Professor, wie uns das Leben aus der Fassung bringt?«, wandte sich Zuhdi nach langem Schweigen an mich, indem er uns Zigaretten aus Huflattich drehte, umständlich in allen Taschen, die er hatte, nach dem Feuerzeug suchte, das vor ihm auf dem Tisch lag, und unsere Zigaretten schließlich anzündete. (Ich gebe zu, dass mir Zuhdis Gewohnheit, mich Professor zu nennen, gleichzeitig gefiel und lächerlich vorkam.) Wir taten ein paar Züge, und dann fragte mich Zuhdi, ob ich sähe, wie uns das Leben aus der Fassung bringe. »Mein Fadil ist vor ein paar Tagen gegangen, um sich beim Militär zu melden, und ich bin daheimgeblieben und sitze auf glühenden Kohlen. Nie im Leben war ich so stolz und so traurig und so besorgt. Mein heldenhafter Sohn verteidigt seine Stadt. Das ist eine große Sache, Professor, eine sehr große. Aber gleichzeitig haben mich Sorge und Trauer fast erdrückt. Am Nachmittag ist Fadil nach Hause zurückgekommen. Sie haben ihn eingetragen, sagt er, und nach Hause geschickt, sie rufen ihn, wenn sie Waffen für ihn haben. Das hat mich getroffen, und trotzdem hat mich die Freude, dass Fadil wieder zu Hause ist, fast erstickt. Nun mach du dem ein Ende, Professor. Von Kindesbeinen an weiß ich, dass nichts Menschliches rein, klar und einfach ist, aber das alles hat mich richtig aus der Fassung gebracht, das ist mir irgendwie alles zu viel.«

»Du hast dich selbst gemeldet?«, fragte ich Fadil, um mich aus der Affäre zu ziehen, weil ich etwas sagen musste, aber nicht annähernd wusste, was man da überhaupt sagen könnte.

»Natürlich.«

»Und wie war es?«, fragte ich weiter, immer noch ganz unsinnig.

»Nichts, sie schreiben unsere Namen und Adressen auf und schicken uns heim. Es gibt keine Waffen.«

»Was meinst du, soll ich mich auch melden?«

»Mit deiner Brille? Sie würden dich nicht mal eintragen«, antwortete Fadil selbstgewiss, im Tonfall eines Menschen, der etwas über die Dinge weiß, von denen die Rede ist.

Ich konnte mir mich nie als Soldat vorstellen, und trotzdem war es mir nicht recht, dass mich Fadil nicht einmal in die Listen der künftigen Soldaten eintrug. Zwar empfahl mich meine Brille nicht unbedingt als Soldat und Kämpfer, es ist eine Brille, von der man in Sarajevo wegen der dicken Gläser sagt, sie sei der Boden eines Aschenbechers, aber dennoch befiel mich ein Unbehagen wegen Fadils Behauptung, dass sie mich nicht einmal eintragen würden. Man möchte nicht abgeschrieben werden, wahrscheinlich geht es darum.

»Weißt du, was mit Faris passiert ist?«, fragte mich Fadil nach kurzem Schweigen, in dem ich die Gelegenheit gehabt hatte, mich abgeschrieben zu fühlen. »Du hast ihn doch gekannt?«

»Natürlich kenne ich ihn. Aber ich weiß nicht, was passiert ist, warum du sagst, ich hätte ihn gekannt?«

»Dein Engländer hat dir nichts gesagt? Ich bin sicher, er weiß darüber mindestens so viel wie wir alle zusammen.«

»Meinst du Peter?«

»Den, der mit dir hier war.«

»Peter. Er ist kein Engländer, er ist Waliser«, erklärte ich, aber dann merkte ich, dass das, was ich tat, schrecklich dumm war.

»Das ändert die Sache erheblich«, bemerkte Fadil.

»Wie meinst du das?«, fragte ich.

»Mein ich gar nicht, Kumpel, ich mach Spaß. Mir ist es so was von egal, ob er Engländer oder Waliser ist, von mir aus kann er auch Bulgare oder Chinese sein. Aber ich sag dir, dass er ganz genau weiß, was mit Faris passiert ist, und dass es mir verdächtig vorkommt, dass er dir nichts, aber auch gar nichts gesagt hat.«

»Und würdest wenigstens du mir endlich sagen, was passiert ist?«

»Erinnerst du dich an die große Zerstörung in der Altstadt ein paar Tage, nachdem der Waffenstillstand geschlossen wurde? Bei dieser Gelegenheit sollen allein auf das engere Zentrum viertausend Granaten gefallen sein. Faris hat das Haus verlassen und sich irgendwohin aufgemacht, als die Granaten am dichtesten gefallen sind, und ist natürlich umgekommen. Eigentlich haben sie ihn zertrümmert wie ein Kind eine Rassel, sagen die Leute, die gesehen haben, was von ihm übriggeblieben ist. Aber die Menschen, die ihm nahestehen, behaupten, er ist nicht freiwillig hinausgegangen, sie sagen, Nachbarn haben zwei gut bewaffnete Männer gesehen, die in seine Wohnung gegangen sind und ihn bestimmt gezwungen haben, auf die Straße hinaus und in den Granatenhagel hineinzugehen. Verstehst du die Geschichte jetzt?«

»Nicht unbedingt«, gab ich zu.

»Wer sind die beiden, die ihn vor die Granaten getrieben haben? Für wen arbeiten sie? Haben ihn Ausländer beseitigt, die in ihm vielleicht eine Konkurrenz gesehen haben? Hat ihn jemand von hier beseitigt, vielleicht sogar jemand, der mit seinem Geschäft nichts zu tun hat? Hat ihn jemand nur deshalb beseitigt, weil er Ware aus dem besetzten Ilidža bekommen hat? Haben seine eigenen Leute beschlossen, ihn zu beseitigen, weil er unzuverlässig geworden ist? Es soll in letzter Zeit Tage gegeben haben, an denen er selbst mehr Ware verbraucht als verkauft hat. Egal, wie es war, egal, wer ihn beseitigt hat, dein Freund muss etwas darüber wissen, er ist gut bekannt mit allen Gruppen, die in Frage kommen, und mit allen Leuten aus diesem Geschäft. Hat er selbst Verbindungen zu jemand, hat er seine Finger in gewissen Geschäften? Aber egal, es ist nicht in Ordnung, dass er dir nicht wenigstens sagt, dass Faris umgekommen ist, da sind wir uns doch wohl einig.«

So also hat Faris geendet. Ich fürchte, es hat so kommen müssen, das Leben hat ihm zu viel versprochen, doch wie eine alte Wahrheit besagt, wer viel verspricht, hält sein Wort meist nicht. Als er das Gymnasium abgeschlossen hatte, kaufte ihm sein Vater zur Belohnung eine Dreizimmerwohnung mitten in der Stadt neben dem populären Restaurant Cyrano de Bergerac. Da sein Jurastudium ziemlich schlecht lief, bekam er zwei einjährige Stipendien im Ausland, um das Studium endlich in die richtige Bahn zu lenken. Aber nachdem das Studium doch nicht lief, wie man erwartet hatte, beschloss er, etwas weniger oder etwas mehr als sein Vater zu verdienen, ein angesehener und erfolgreicher Anwalt, ohne sich dabei mit den Gesetzen abzuquälen. Und das lief gut, eine Zeitlang verdiente er sicherlich mehr als sein Vater. Wann und wo er die Drogen und die Einkünfte, die sie brachten, entdeckt hatte, wie und warum er sich für die andere Seite begeistert hatte, ob es im Ausland passiert war oder hier, ob ihm nahestehende oder fremde Menschen diesen Weg gewiesen hatten, kann und möchte ich nicht wissen. Wie ich auch nie wissen wollte, wie und mit wessen Hilfe er all das, was für sein unseliges Geschäft nötig war, beschaffte und einführte, aber von Vera und Narcis habe ich unfreiwillig erfahren, dass bei diesem Geschäft von Faris alles vom ersten Tag an lief wie geschmiert. Und geendet hat es auf der Straße, im Granatenhagel.

Ich sage nicht, dass er mir leidtut, zu viele junge Menschen hat er in den Rauschgiftwahn hineingezogen, als dass ich ihn bedauern könnte, aber die Geschichte, die Fadil erzählte, erfüllte mich dennoch mit Trauer und Unbehagen. Eigentlich Bitterkeit, viel mehr Bitterkeit als Trauer oder Unbehagen. Müssen wir Menschen am Ende des Tages aber auch immer angeschmiert und ausgelacht werden, muss es zum Teufel aber auch immer darauf hinauslaufen, dass wir nur geboren werden, damit die Leute Dummköpfe aus uns machen?

»Ich muss los«, verkündete ich, ohne loszugehen.

»Na gut, Professor«, billigte Zuhdi. »Und merk dir, was ich dir schon gesagt hab: Ich steh euch zwei mit meiner ganzen Familie bei. Wenn ihr irgendwas braucht, meldet euch, ich werd mich bemühen zu helfen.«

Ich ging auf unsere Seite des Flusses zurück und in der Bäckerei bei der großen Brücke in Dolac Malta Brot holen. Und von dort nach Hause. Ich hatte keine Lust zu überlegen, was man zu Mittag essen könnte, und so stellte ich das Glas mit der Erdbeerkonfitüre, das ich am Morgen in die Speisekammer gebracht hatte, auf den Tisch. Aber ich überlegte es mir anders, verzichtete aufs Mittagessen und ging mit einem Buch zur Bank beim alten Zwetschgenbaum.

In der Dämmerung tauchte Peter auf. Wieder roch er seltsam, irgendwie verwahrlost und säuerlich. Außerdem war er unsicher, verwirrt, besorgt, ich weiß nicht, wie ich seinen Zustand genau bezeichnen soll, aber ich weiß, dass ich ihn mir so nie hätte vorstellen können und auch nicht ertragen konnte.

»Ist was passiert?«, fragte er, ohne zu grüßen.

»Ja, ich hab fast den ganzen Gedichtband von Puschkin gelesen«, antwortete ich.

»Ich meine die Frage ernst«, ermahnte mich Peter.

»Meine Antwort ist auch ernst. Was könnte hier, in der Vorstadt, passieren, solange der Waffenstillstand eingehalten wird? Wenn etwas passiert, passiert es dort, wo du dich bewegst, sagen wir, in der Stadt, dort, wo es viele Leute, Geld und Macht gibt.«

Peter winkte auf meine Spitzfindigkeit hin ab und ging ins Haus, ich folgte ihm, weil es schon Zeit war, etwas zu essen und sich auf die Nacht vorzubereiten. Erdbeerkonfitüre und Brot schienen mir von allem, was ich gefunden hatte, am geeignetsten für unsere Mahlzeit. Treffender gesagt, meine Mahlzeit, weil Peter nicht essen wollte. Nach dem Essen wollte ich den Tisch nicht abräumen, es wäre unsinnig gewesen, es zu tun, wo ich doch wusste, dass ich morgen zum Frühstück wieder Erdbeerkonfitüre und Brot essen würde, das war so sicher wie das Amen in der Kirche, daher gingen wir beide hinaus und setzten uns auf die Bank. Es war immer noch heiß, aber ohne die Schwere, die tagsüber alles niedergedrückt hatte, so dass man geradezu angenehm sitzen konnte. Peter holte Zigaretten heraus, im Dunkeln sah ich nicht, was für welche, wir zündeten sie an und vervollkommneten so den Genuss. Die Zigarette war hervorragend, ich weiß nicht, ob ich jemals im Leben etwas so Gutes angezündet habe, aber Peter konnte nicht einmal diese hervorragende Zigarette rauchen, wie es anständige Menschen tun, sondern sprang alle Augenblicke auf, ging vor meiner Nase von links nach rechts und von rechts nach links, kehrte auf die Bank zurück, nur um sich eine Sekunde später erneut um die eigene Achse zu drehen. Er verdarb mir nicht den Zigarettengenuss, ging mir aber derart auf die Nerven, dass ich ihm etwas Verdruss gönnte.

»Du hast mir gar nichts von Faris gesagt«, bemerkte ich.

»Was?«, antwortete Peter.

»Zum Beispiel, dass er umgekommen ist, wahrscheinlich unter zweifelhaften Umständen.«

»Gibt es denn dazu etwas zu sagen, hat er denn nicht sein ganzes Leben so geführt, dass ein solches Ende unvermeidlich war? Ich denke, in den Menschen sind Leben und Tod eingeschrieben wie die Augenfarbe und die Blutgruppe – unauslöschlich und unveränderlich, ungeachtet dessen, was er alles zu tun versucht, um sie zu ändern. Was es auch immer für Umstände sind, in denen sich sein Leben abspielt, wie sehr er und die ganze Welt sich auch bemühen, seine Schritte in die gewünschte Richtung zu lenken, er wird doch den Weg gehen, der in ihn eingeschrieben ist, und an das Ende gelangen, das ebenso in ihn eingeschrieben ist.«

Mir verschlug es vor Überraschung die Sprache. Alles Mögliche konnte ich mir vorstellen, aber bis gerade eben hätte ich mir weder nüchtern noch betrunken vorstellen können, dass Peter Hurd so ein unsinniges Zeug über das traurige menschliche Schicksal behaupten würde, das angeblich ins menschliche Fleisch gemeißelt sei wie in Stein. Etwas Merkwürdiges geschah mit meinem Lehrer und Freund, und es ließ nichts Gutes ahnen.

»Ist das die Erklärung für dein Schweigen zum Tod von Faris?«, fragte ich in der Hoffnung, dass ihn meine Frage darauf hinweisen würde, wie dumm er daherredete.

»Ich denke schon«, antwortete Peter, stand wieder auf und begann umherzugehen, dieses Mal um den alten Zwetschgenbaum herum. Als hätte er es darauf angelegt, dass ich aus der Haut fahre.

Ein Gespräch konnte es da nicht mehr geben, und so saßen wir noch eine Weile da, schwiegen und atmeten etwas tiefer als während des Tages, und dann gingen wir schlafen. Peter wollte im Erdgeschoss bleiben und auf der Ottomane in der Küche schlafen, er wollte nicht einmal seinen Schlafanzug anziehen, sondern beschloss, sich nur auf der Ottomane auszustrecken und die Nacht angezogen, wie er war, zu verbringen.

Am Morgen, als ich zum Frühstück hinunterging, musste ich mir eingestehen, dass Peters jämmerlicher Anblick kaum mehr an einen gesitteten lebendigen Menschen erinnerte. Verwahrlost, mit unordentlichem Haar und Dreitagebart, ganz zerknittert und verwirrt, in Wirklichkeit völlig verloren, stand er am Fenster und sah hinaus, als erwartete er etwas. Wir gingen zum neuen Brunnen, um uns zu waschen, und ihm gelang es dabei, die Ärmel und den Kragen seines Hemdes zu benässen, das er nicht hatte ausziehen wollen. Eine Elendsgestalt, die erbärmliche Karikatur eines großen Mannes.

Er aß auch verloren, abwesend, wobei er sogar einige Minuten lang den Bissen im Mund vergaß. Ich glaube nicht, dass er wusste, ob er etwas Salziges oder Süßes aß, ich weiß nicht, ob er überhaupt wusste, dass er aß.

»Was sind deine Pläne für heute?«, fragte ich gegen Ende des Frühstücks.

»Ich habe keine Pläne«, antwortete er, an mir vorbeisehend.

Ich begriff, dass ich ihn irgendwie bestrafen musste, er hatte nicht das Recht, sich in einen solchen Trauerkloß zu verwandeln, und auch noch vor meinen Augen. Immerhin war er Peter Hurd, zum Teufel, wenigstens er musste wissen, was Menschenwürde ist, wie sehr sie uns verpflichtet und wie wichtig sie für uns ist.

»Was ist? Du hast die Erforschung deiner Tiefen doch wohl nicht aufgegeben?!«, fragte ich, bemüht, spöttisch zu klingen.

»Das gibt es nicht, das ist dummes Zeug.«

»Was ist denn dummes Zeug?! Du denkst doch wohl nicht, dass es dumm ist, in seine Tiefe zu reisen?«, rief ich spöttisch.

»Sei nicht böse zu mir. Ja, das war ein Irrtum. Wir sind Menschen.«

Plötzlich tat er mir leid, in seinem fortgeschrittenen Alter wirkte er wie ein verlorenes Kind, und das musste schrecklich sein für einen Menschen, der sein ganzes Leben in der Sicherheit verbracht hatte, die ihm sein ungeheures Wissen bot. In Wahrheit bezog dieses Wissen andere Menschen nicht ein, auch seine eigenen Gefühle, Wünsche und Sehnsüchte, körperlichen Erfahrungen und Träume bezog es nicht direkt ein, aber seine Lebensweise verlangte auch gar nicht, dass er sich mit anderen Menschen auseinandersetzte und mit seinen oder ihren Gefühlen, Problemen, Sehnsüchten kämpfte. Und da saß mein Lehrer nun wie ein früh ergrauter Junge vor mir. Gerade er hatte hundertmal gesagt und geschrieben, dass Verstand für Wissen nicht ausreiche, weil man wahres Wissen mit dem ganzen Wesen erwerbe und deshalb Erfahrung dafür notwendig sei, und nun bewies er mit seinem traurigen Fall, dass er recht gehabt hatte. Die Lebensumstände erlaubten ihm nicht, Erfahrungen zu machen und wahrhaft zu erkennen, und so verwandelte er sich also in einen Jungen, sobald er versuchte, Erfahrungen zu machen.

»Heißt das, dass es zwischen dir und deinen Leuten in der Stadt nicht mehr stimmt?«, fragte ich.

»Je nachdem, mit wem. Aber ...«, begann er, brach ab und starrte wieder aus dem Fenster.

»Aber?«, fragte ich aufs Neue.

»Ach nichts. Du weißt, die Leute schmeißen ihre Trips ein, aber mir reicht's langsam. Ich muss davon runter. Bin ich immer noch ich? Bin ich bereit aufzuhören, ich zu sein?«, antwortete Peter und starrte weiter aus dem Fenster.

Es stellte sich heraus, dass er aus gutem Grund aus dem Fenster gestarrt hatte, denn in der Küchentür tauchte Mutter Ljuba auf. Hatte er sie gesehen oder hatte er auf eine mystische Art ihr Kommen vorausgeahnt? Sie kam grußlos herein, schob das Glas mit der Erdbeerkonfitüre an den Tischrand, sammelte die Brotkrümel zusammen und fegte sie mit der rechten Hand vom Tisch in den linken Handteller, öffnete das Fenster und warf die Krümel in den Garten, wie sie es immer tat, weil die Vögel, wie sie behauptete, das alles fänden und fräßen. Sie schloss das Fenster, kam zum Tisch zurück und setzte sich uns gegenüber. Nicht, dass sie uns streng angeschaut hätte, aber den Blick, mit dem sie uns an unsere Plätze schmiedete, hatte ich bis zu diesem Zeitpunkt nicht mit ihr in Verbindung gebracht.

»Gut«, sagte sie nach langem schwerem Schweigen, dann wandte sie sich Peter zu: »Du gehst jetzt in die Stadt und kommst nicht eher zurück, als bis die Kleine fort ist. Setz dich bei deinen Freunden dafür ein, dass sie so schnell wie möglich rauskommt. Kannst du nach England telefonieren, wann sie kommt? Wann sie wenigstens ungefähr kommen könnte. Sie hat einen Bruder dort, er würde sie abholen.«

»Ich weiß, ich brauche die Nummer«, antwortete Peter.

»Da hast du die Nummer«, Mutter Ljuba legte einen Zettel vor ihn auf den Tisch.

»Gut«, sagte Peter und verließ grußlos das Haus.

»Ist was passiert?«, fragte ich Mutter Ljuba.

»Nichts, wofür man deine Hilfe bräuchte«, antwortete sie knapp.

Da empfand ich zum ersten Mal, dass ich in meinem Haus nicht am rechten Platz war. Weder dachte noch spürte ich, dass ich unerwünscht oder etwas Ähnliches war, aber mir wurde plötzlich klar, dass ich wirklich und absolut überflüssig war. Das wurde aus der kurzen scharfen Antwort von Mutter Ljuba deutlich und vielleicht noch mehr aus ihrer Haltung, sagen wir, aus dem, was die modernen Menschen Körpersprache nennen. Sie saß mir in ihrem hellbraunen Kostüm für alle Jahreszeiten und alle wichtigen Gelegenheiten stocksteif gegenüber wie ein Offizier, aber ich hatte den Eindruck, als wäre sie ferner von mir als alles Ferne und als würde sich an diesem fernen Körper nie wieder etwas im Zusammenhang mit mir in Bewegung setzen. Ich stand auf und ging hinaus.

Was kann ein überflüssiger Mensch mitten im Krieg und in einer belagerten Stadt mit sich anfangen? Das fragte ich mich, während ich am Tor stand und in meinen Gedanken die Wege durchspielte, die ich gehen könnte. Nach kurzer Überlegung fiel mir ein, dass dieser Mensch zu Doktor Firdus gehen und sich anhören könnte, wie dessen Gespräche mit der armen Senada abgelaufen waren.

Die Schwester, die vor der Praxis von Doktor Firdus saß, bat mich, im Flur zu warten, weil der Doktor einen Patienten habe. Ich ließ mich auf einem Stuhl gegenüber einem Schalter nieder, hinter dem niemand war. Auf das Glas des Schalters war ein ziemlich kleines Blatt Papier geklebt, auf das jemand mit der Hand geschrieben hatte: »Versicherungsbüchlein für Blutzuckerwerte aus dem Finger in Zimmer 42 abgeben«. Ein paarmal hintereinander las ich in meinem Innern diesen Hinweis, aber ich hatte keine Lust aufzustehen und das Zimmer 42 zu suchen. Und warum auch, mich interessierten Blutzuckerwerte aus dem Finger nicht die Bohne.

Ich weiß nicht, wie lange ich gewartet habe, bevor eine entsetzlich magere Frau, sicher die Patientin, die bis jetzt in der Praxis von Doktor Firdus gesessen hatte, durch den Flur zum Ausgang ging. Es ist merkwürdig, wie die Umstände beeinflussen, wie wir etwas erleben und darauf reagieren. Ich weiß nicht, ob ich jemals im Leben auf etwas gewartet habe, ohne nervös oder sogar wütend geworden zu sein und vom Weiterwarten abgesehen zu haben, wie wichtig und notwendig das, worauf ich wartete, auch war. Aber heute war ich der unbekannten Patientin dankbar, dass sie in dem Zimmer saß, in das auch ich hineinwollte, weil das Warten auf ihr Gehen die unangenehme Frage, der ich heute nicht ausweichen konnte – was mit mir anfangen –, aufschob. Wahrscheinlich empfand ich wegen des Gefallens, den die magere Frau mir unabsichtlich getan hatte, eine gewisse Sympathie für sie, ich seufzte sogar und bedauerte, dass die Arme so fürchterlich mager war. Aber ich konnte sie nicht länger bedauern, weil mir die Schwester mitteilte, dass mich Doktor Firdus erwartete.

Wir unterhielten uns lange. Ich wollte alles hören, was der Doktor über Senadas Fall dachte, fragte, ob er einen ähnlichen Fall kenne und ob er in seiner langen Praxis vielleicht etwas Ähnlichem begegnet sei, alles Mögliche fragte ich und wollte alles Mögliche hören, weil es mir ein Bedürfnis war, möglichst lange in diesem kühlen Zimmer und in der Gesellschaft des angenehmen weisen Alten zu bleiben. Und er antwortete und erklärte gern, weil es ihm, nach allem zu urteilen, gefiel, dass ihn jemand etwas fragte und ihm aufmerksam zuhörte. Aber alles, was angefangen hat, endet einmal, so auch unser Gespräch – die Schwester meldete einen neuen Patienten, und ich musste gehen.

Ich beschloss, auf einem Umweg nach Hause zu gehen, auf

dem längsten, der mir einfiel. Vom Gesundheitshaus Omer Maslić ging ich zur Fußgängerbrücke in Čengić Vila, stieg hinauf zur Prijedor-Straße und nach Aneks, und dann ging ich hinunter nach Čengić Vila 2, überquerte die Džemal-Bijedić-Straße und setzte meinen Weg, vorbei am Kino Kumrovec, Richtung Dolac Malta fort. Unterwegs freute ich mich, dass der Waffenstillstand eingehalten wurde, und redete mir zu, dass mich kein nervöser Scharfschütze umnieten würde, nur weil ihm langweilig war oder weil er die Hitze nicht mehr ertragen konnte. Vielleicht litten die Scharfschützen ja gar nicht zu sehr unter der Hitze, vielleicht hatten sie einen Unterschlupf vor der Sonne, die schon seit vierzehn Tagen wie verrückt brannte. Es wäre logisch, dass sie einen Unterschlupf hatten, sie lagen den ganzen Tag an ihren Plätzen, irgendwie mussten sie vor Regen, Sonne und anderen meteorologischen Problemen geschützt werden.

Zu Hause traf ich Sanja an. Sie saß mit Mutter Ljuba in der Küche, zusammengekrümmt in der Ecke der Ottomane, blass und in sich versunken. Sie wirkte irgendwie kleiner, auf jeden Fall kleiner als letztes Mal, als sie hier war. Ich bitte Gott, mir zu vergeben, ich gestehe, mich gefreut zu haben, dass sie so klein war, dass sie wieder ein Kind war, zumindest dem Aussehen nach, dass in diesem verlorenen Menschenkind keine Spur von dem lebhaften Mädchen war, das sich entschlossen hatte, in diesem Augenblick ganz erwachsen zu werden. Ich weiß nicht, wie lang die beiden zusammen in der Küche gesessen haben, aber ich weiß sicher, dass sie nicht gerade ausgiebig miteinander gesprochen haben. Das Schweigen, das zwischen ihnen lag, war schwer wie Blei, es war mit der Haut und dem Bauch sowie mit den Ohren zu spüren. Ohne Gruß trat ich ein und setzte mich auf die Ottomane, und Sanja drehte sich auf die Seite, streckte sich aus und legte ihren Kopf in meinen Schoß. Ich bemerkte Augenringe in ihrem Gesicht, dunkel und tief. Die Freude, dass sie kleiner geworden und wieder ein Kind war, ging nach hinten los. Mit den Fingern kämmte ich ihr Haar und massierte ihren Kopf. Es war in Wirklichkeit eher ein Streicheln als eine Massage, ebenso wie das, was ich mit ihrem Haar tat, ein Streicheln war, das vorgab etwas anderes zu sein. Sanja beruhigte und entspannte sich, tauchte ein in den schönen Raum zwischen Schlaf und Wachzustand, den man, denke ich, Dösen nennt, es ist der Zustand, in dem wir mit dem Körper und den Schichten des Geistes denken, die tiefer liegen als das Bewusstsein, der selige Zustand, der uns von erlittenen schmerzhaften Erfahrungen heilt und auf künftige vorbereitet.

Mutter Ljuba beobachtete uns schweigend, und als sie bemerkte, dass sich Sanja entspannt hatte und fast eingeschlafen war, seufzte sie tief und stand vom Stuhl auf.

»Fein, soll es so sein«, sagte sie zustimmend und ging, um ihre Arbeiten zu verrichten.

Meine Hände wurden schon schwer, sie taten nicht weh, aber ich spürte sie mit Unbehagen, wie eine Last, doch ich streichelte Sanjas Haar unbeirrt weiter, weil ich spürte, dass es außerordentlich wichtig war, ihren Schlummer zu verlängern. Bis heute ist mir nicht klar, wie ich das wissen konnte, doch in dem Moment wusste ich sicher, dass diese halbbewusste Ruhe heilsam für sie war, und deshalb tat ich alles, was mir in den Sinn kam, um sie zu verlängern. Warum habe ich mich nicht gefragt, wovon ich sie heilen musste? Wie kam es, dass ich mich bemühte, sie zu heilen, aber gar nicht versuchte, etwas über ihren Schmerz zu erfahren? Wir sind uns, Gott sei Dank, über uns selbst nicht im Klaren, und wir werden es, wenn wir Glück haben, auch niemals sein.

Die Dämmerung senkte sich bereits herab, als Mutter Ljuba in die Küche zurückkam. Sie erklärte halb flüsternd, sie müsse eine Suppe kochen (»ein Süppchen ist immer gut«), und begann, Feuer zu machen. Nur Mutter Ljuba kann begreifen, dass es für ein menschliches Wesen gut ist, wenn ein heißer Tag in einer kleinen Küche endet, in der Feuer brennt – wenn einem das Gehirn nicht zum Kochen gebracht wird, gelangt man zu der Überzeugung, dass der endende Tag angenehm oder wenigstens erträglich war, weil er weniger schweißtreibend und stickig war als die Küche, in der man gerade sitzt. Aber weder das Feuer noch die Zubereitung der Suppe störten Sanja und mich in unserem stillen Ritual.

Wir aßen in völliger Stille. Wir sprachen nicht, seufzten nicht, stießen mit dem Löffel nicht gegen den Teller und schlürften die Suppe nicht, aber die Stille lag nicht zwischen uns, sondern sie verband uns und hüllte uns in einen angenehmen Frieden. Wahrscheinlich zogen wir das Abendessen deshalb so weit in die Länge, wie es ging, als hätten wir alle drei gespürt, dass wir etwas Schönes verlieren würden, wenn dieses Abendessen endete.

So war es auch. Keinem von uns war danach, etwas zu sagen und mit der Stimme den schönen Schleier zu zerreißen, mit dem uns die Stille während des Essens umhüllt hatte, obwohl uns klar war, dass dieser Schleier uns jetzt nicht mehr umhüllte. Daher gingen wir in aller Stille auseinander, die beiden ins Schlafzimmer und ich in mein Dachgeschoss.

Gegen halb zehn deckten sie die Stadt mit Granaten zu, als hätten sie beschlossen, sie ganz und gar vom Angesicht der Erde zu fegen. Ich habe mich nicht gefragt, was ich tun sollte, weil man in meiner Situation nichts Vernünftiges tun konnte – sich jetzt in einen Luftschutzraum zu begeben, wäre einem Selbstmord gleichgekommen, aber im Haus zu bleiben und auf die Granate zu warten, vor der mich nur ein dünnes Dach schützte, wäre ebenfalls einem Selbstmordversuch gleichgekommen. Vielleicht hätte ich die beiden ein wenig beruhigen und ihre Angst verringern können, aber mir fiel nicht ein, wie ich das hätte tun können, und so blieb ich im Bett liegen.

Ich hörte nicht, wie die Tür meines Zimmers aufging, hörte nicht einmal Schritte, ich registrierte nur, wie ein kleiner

Körper ins Bett kroch und sich in meinem Schoß wie ein Fötus zusammenkrampfte. Davon verkrampften sich auch meine Eingeweide, weil mir auffallen musste, dass Peter genau das Gleiche getan hatte, als er mir so in den Schoß gekrochen war. Aber der Krampf in meinen Eingeweiden ließ bald nach – die Kleine zitterte am ganzen Körper, und dagegen konnte nichts von mir taub sein. Ich umarmte sie und zog sie an mich, dann schob ich die rechte Hand unter ihren Kopf, damit sie es etwas bequemer hatte. Im Nu war die Hand feucht, sie weinte wie ein Wasserfall.

»Lass mich nicht im Stich, Onkel, bitte beschütze mich«, sprach sie nach Gott weiß wie langer Zeit halblaut aus.

»Hab keine Angst, ich beschütze dich«, antwortete ich. »Du siehst, ich hab dich ganz umfangen, kein Splitter und keine Kugel können dir was anhaben.«

»Du bist ja doof«, lachte Sanja freudlos, »davon rede ich überhaupt nicht.«

Sie richtete sich auf und setzte sich aufs Bett. Ich zog mich zurück, lehnte mich an die Wand und spreizte die Beine, während sie sich in meinem Schoß niederließ und sich mit dem Rücken an meine Brust lehnte. Ich begann, ihr Haar zu streicheln, und ließ meine Hand auf ihr Gesicht gleiten. Noch immer weinte sie, still und ohne Schluchzer.

»Versprich mir etwas, mein großer Onkel«, begann Sanja wieder, »versprich mir, dass Sarajevo überleben wird und es in diesem Sarajevo ein Viertel oder wenigstens eine Straße für uns geben wird, die wir am meisten gelitten haben. Versprich mir, dass in diesem Viertel keine Witze über unglückliche Menschen gemacht werden, dass sich die Leute nicht ihrer Güte schämen werden, dass die Leute, die über alles und jeden spotten, nur damit sie nicht sehen, wie sie sind, keinen Zugang zu ihm haben werden. Versprich mir das bitte, schwör es mir. Ich muss nur von diesem Sarajevo wissen und daran denken.«

»Wovon sprichst du denn, Dummchen!?«, fragte ich. »Ich verspreche es dir, ich verspreche dir alles und werde bestimmt tun, was ich versprochen habe, aber … Worum geht es, was redest du?«

»Ich gehe in den nächsten Tagen fort, ich bin nicht mehr hier.«

»Nur wir …«

»Ich will nicht«, schnitt mir Sanja das Wort ab, legte den Kopf an meine Schulter und beruhigte sich, als wäre sie bewusstlos geworden. So erwarteten wir das Ende des Artillerieangriffs und den neuen Morgen.

In den folgenden drei Tagen klärte sich alles. Der Chauffeur Ibro brachte am nächsten Nachmittag einen ziemlich kleinen Koffer mit Sanjas Sachen. Am zweiten Tag, es war bereits dunkel, kurz vor der Polizeistunde, übermittelte ein Mann eine Botschaft von Peter – er habe persönlich mit Sanjas Bruder gesprochen und der Bruder habe schon auf Sanjas Namen ein Flugticket Ancona–Rom und Rom–London gekauft, wo er auf sie warten werde; morgen gegen zwei nachmittags komme ein Auto und fahre Sanja zum Flughafen, wo Leute warten würden, um sie ins Flugzeug nach Ancona zu setzen.

Trost und andere Miseren

Der liebe Gott straft manchmal die Narren, indem er ihnen einen Wunsch erfüllt. So bestrafte er zum Beispiel mich damit, dass er Peter nach Hause zurückbrachte und ihn mit uns volle zehn Tage, und zwar jeweils den ganzen Tag, verbringen ließ. Ich denke, diese Tage waren sowohl für ihn als auch für uns eine schwere Versuchung, aber vor allem für mich (vielleicht weil ich mich am meisten angehe). Ich erinnere mich, an einem dieser Tage zu Zuhdi gesagt zu haben, bei dem ich saß, um mich ein bisschen von Peter zu erholen, kein normaler Mensch könne eine solche Versuchung unbeschadet ertragen. »Ich könnte verstehen, so versucht zu werden, wenn ich in die Reihen der Heiligen aufgenommen werden wollte, aber so – aus heiterem Himmel all diese Qualen zu ertragen …«, sagte ich zu Zuhdi, aber dieser winkte ab und ermahnte mich, nicht mit solchen Dingen zu spaßen. »Lass die Heiligen und Seligen in Frieden, egal, welcher Religion sie angehören, soll jeder seine Arbeit machen«, sagte Zuhdi. Und ich fragte mich, ob er so ernsthaft die Achtung der Heiligen und Seligen verlangte, weil sein Sohn Fadil schon fünf Tage in den vordersten Linien kämpfte. Wahrscheinlich hoffte der arme Zuhdi, es werde helfen, wenn er sie achtete und sich für ihre Achtung einsetzte, und auch ich bat sie, den guten Fadil zu schützen, so gut sie konnten.

Peter war drei, vier Tage nach Sanjas Abreise aufgetaucht, und von da an hatten wir die Hölle im Haus. Nervosität oder irgendeine andere Qual ließ ihn keine zwei Minuten ruhig an einer Stelle sitzen, so dass er ohne Unterlass hereinkam und hinausging, sich setzte und gleich wieder aufstand und irgendwohin ging oder anfing, von der linken zu rechten Wand durch das Zimmer zu spazieren. Er wusste einfach nicht, was er mit sich anfangen sollte, aber auch uns beide ließ er nichts Erträgliches mit uns anfangen, weil er sich wie Kaugummi an uns klebte. Nichts in diesem Haus konnte in Ruhe getan werden, weil Peters Unruhe sich wie ein unangenehmer Geruch verbreitete und sich an alles hängte, in dessen Nähe er kam.

Unaufhörlich sonderte er einen schweren stinkenden Schweiß ab, der offensichtlich auch den Armen quälte, aber uns beide schwer mitnahm wie eine Krankheit. Von diesem Schweiß sah sein dichtes, ewig verworrenes Haar aus, als wäre es fettig, und vielleicht war es das ja auch, weil es mich nicht im Geringsten überrascht hätte, wenn der Schweiß auch fettig gewesen wäre, denn normaler menschlicher Schweiß war es mit Sicherheit nicht. Er war nicht imstande, einen zusammenhängenden Satz auszusprechen, nach drei oder vier ausgesprochenen Wörtern brach er ab und starrte mich oder Mutter Ljuba blöd an, als erwartete er von uns, dass wir beendeten, was er hatte sagen wollen, oder dass wir ihm etwas aushändigten, was er verlangt hatte. Und wenn es dann doch geschah, dass er zehn Wörter in einem Zug aussprach, war mehr als klar, dass es Teile zweier oder mehrerer Sätze waren, so dass man sie genauso wenig verstehen konnte wie die zwei, drei Wörter, die sonst von ihm kamen. Oft befiel ihn ein Jucken, das ihn manchmal dazu trieb, sich blutig zu kratzen, ohne dass jemand von uns die Gründe für diese Anfälle ahnen konnte, weil an seinem Körper kein Ausschlag war, der auf Krätze, noch sonst irgendwelche Spuren, die auf Flohbisse oder eine Allergie hingewiesen hätten, es gab buchstäblich nichts, was uns geholfen hätte, die Gründe für seine Qual herauszufinden und zu versuchen, diese Qual zu lindern.

Es waren nicht nur seine, sondern leider auch meine Qualen, weil die Juckanfälle, scheint es, nachts stärker waren als tagsüber, und so konnte es vorkommen, dass ich die ganze

Nacht hörte, wie er stöhnte, seufzte und fluchte, wie er sich wütend kratzte und auf der Couch herumwälzte, die davon knarrte, wie er manchmal jammerte und ächzte. Aber der liebe Peter ließ mich auch in Nächten nicht schlafen, in denen ihn das Jucken nicht befiel. In der dritten oder vierten Nacht nach seiner Rückkehr schlief ich ein wie ein Kind, weil ich weder Explosionen noch sein Herumwälzen im Bett, weder laute Seufzer noch halblautes Jammern hörte, und mein Schlafbedürfnis war nach all den Nächten, in denen ich nicht normal geschlafen hatte, unerträglich. Aus dem ersten guten Schlaf, dem Schlaf, der das Leben regeneriert und die Kraft zurückbringt, weckte mich eine weinerliche Stimme, die aus seinem Zimmer kam. »Help! Help me! Please help!«, wimmerte die weinerliche Stimme still und monoton, aber dennoch durchdringend und bohrte sich mir ins Hirn. Ich seufzte und verfluchte das Schicksal, das mich mit Peter gesegnet hatte, ergriff die Öllampe vom Fußboden neben dem Bett und ging in sein Zimmer, um herauszufinden, woher und von wem die unbekannte und unerträgliche Stimme kam. Die Tür zwischen unseren Zimmern war offen, wahrscheinlich deshalb hatte mich die leise weinerliche Stimme wecken können. »Wer hat wann und warum die Tür geöffnet«, fragte ich mich verwirrt, eigentlich schoss es mir durch den Kopf, und danach überließ es den Platz einer anderen, viel wichtigeren Frage – wer hat hier gewimmert und um Hilfe gerufen? Im Zimmer war niemand außer Peter, der flach und schnell atmete, schweißbedeckt, als renne er in einem unruhigen Traum umher. Er war es, der gewimmert und um Hilfe gerufen hatte, nur er konnte es gewesen sein. Aber er hatte mit einer Frauenstimme gerufen und, ich würde wetten, mit geschlossenem Mund. Woher hat er diese Stimme? Seit wann kann er sprechen, ohne die Lippen zu bewegen? Der Teufel soll mich jetzt holen, wenn aus ihm nicht eine Frau gewimmert hat, aber wie kommt eine Frau in ihn hinein?! Wie und was für eine Frau?!

Noch einmal seufzte ich, folgerte, dass die Welt voll unverständlicher Phänomene sei, und kehrte in mein Zimmer zurück, wobei ich leise die Tür schloss, die mich von Peter und der Frau, die in ihm winselte, trennte. Ich löschte die Öllampe und legte das Kissen auf den Kopf, in der Hoffnung, wieder einschlafen zu können, wenn ich mich vor den Stimmen aus Peters Zimmer schützte. Vergebens, durch die geschlossene Tür und durch das Kopfkissen stach mir beharrlich die wimmernde, um Hilfe rufende Frauenstimme ins Hirn. Ich bin also nicht geweckt worden, weil die Tür offen war, sondern weil die Stimme so ist, folgerte ich. Aber diese Erkenntnis brachte mir nicht die geringste Erleichterung.

Am Morgen freute ich mich, dass Peter nicht zum Frühstück herunterkam, eine kleine Atempause von ihm hatte ich bitter nötig. Nach dem Frühstück stieg ich hoch in mein Zimmer, griff nach dem ersten Buch, das mir in die Hände kam, und ging hinunter in den Hof. Ich setzte mich auf die Bank beim alten Zwetschgenbaum, schlug das Buch auf, seufzte tief, erfüllt von einer stillen Freude, die ich bis dahin in meiner Brust nicht einmal geahnt hatte, und versank in den Anblick des tiefdunklen Augusthimmels. Die Sonne wärmte schon die Haut, die Knochen und die Seele. Alles sprach dafür, dass der Tag schwül und heiß werden würde, aber jetzt, bis jetzt, war er gerade gut.

Peter erschien mit einer Matte von wirrem und wie fettigem Haar über einem kreidebleichen Gesicht, und meine Freude verflog. Man schien heute normal mit ihm reden zu können, aber das bedeutete, ein schmerzhaftes Gespräch beginnen zu müssen. Es gibt Dinge, die man nicht im Meer des Schweigens untergehen lassen kann, ich hatte das Gefühl, ich würde mich selbst totschweigen, wenn ich nicht über Sanja sprach. Peter setzte sich neben mich, saß eine Zeitlang da und schwieg, aber dann atmete er genüsslich ein und reckte sich. Die Augustsonne muss auch ihm wohlgetan haben.

»Kann es sein, dass du heute ziemlich normal aussiehst?«, fragte ich ihn.

»Ja, ich hab heut Nacht geschlafen, vielleicht die ganze Nacht.«

»Können wir reden?«

»Ja, natürlich«, antwortete Peter und wandte mir sein Gesicht zu. »Deswegen bin ich ja gekommen, wir haben viele Dinge zu bereden.«

»Lass uns mit dem Wichtigsten, Entscheidenden anfangen,« schlug ich vor und bemühte mich, entschlossen zu klingen, dann fügte ich schnell hinzu: »Hattest du was mit Sanja?«

»Warum fragst du?«, antwortete Peter nach einer ziemlich langen Pause mit einer Gegenfrage.

»Weil ich dich umbringe, wenn du ihr etwas angetan hast.«

»Tu's nicht«, entgegnete Peter mit einem Seufzer und fuhr dann mit den Händen über sein Gesicht, als wollte er sich waschen. Danach rieb er sich lange die Stirn, wobei er mich anstarrte, als wunderte er sich, wie es komme, dass ich vor ihm saß. »Nein, ich hab nichts gemacht, von dem ich gewusst hätte, dass es gegen sie wäre. Selbst wenn ich gewollt hätte, scheint mir, hätte ich nichts tun können, wenn ich gewusst hätte, dass es schlecht für sie wäre. Da kannst du sicher sein.«

»Aber sie ist gebrochen«, bemerkte ich. »Und das hat, fürchte ich, mit dir zu tun.«

»Ich weiß. Das hat niemand gewollt, ganz sicher nicht«, gab Peter zu. »Für den einen ist es eine Medizin und für den anderen ein Gift, wir können nicht wissen, wie sich was bei wem auswirkt.«

Ich wollte aufschreien, wollte aufspringen, meinem Lehrer und Freund an die Gurgel gehen und kräftig zudrücken, bis ich ihn erwürgt hätte, ich wollte mit dem Kopf gegen den Stamm des alten Zwetschgenbaums schlagen, bei dem wir saßen, ich weiß nicht, was ich alles tun wollte, um die rasende Wut, die in mir entbrannt war, wenigstens ein bisschen zu beschwichtigen. Du kannst, zum Teufel, die verweinte und gebrochene Sanja doch nicht mit einer abgedroschenen Bemerkung erklären und abhängen, die uns belehrt, dass wir nicht wissen können, wie sich was bei wem auswirkt. Mit solchen Phrasen können sich frustrierte Dorflehrer trösten, aber sie sind bestimmt unter der Würde eines Peter Hurd. Dabei wusste ich gut, dass ich für alles, was geschehen war, nicht nur ihm die Schuld geben konnte, ich hätte wetten können, dass Tante Gina von Anfang an in diese freudlose Geschichte verwickelt war, und vielleicht war auch meine Mutter Ljuba nicht ganz unbeteiligt. Deshalb saß ich da, schlug mit dem Hinterkopf gegen den alten Zwetschgenbaum und atmete tief, in der Hoffnung, meine blinde Wut werde nachlassen, bevor ich etwas Dummes tat.

»Obwohl … Ich weiß nicht«, erklärte Peter nach langem Schweigen.

»Ja?«, fragte ich und verzerrte vor Schmerz im Hinterkopf das Gesicht.

»Ich weiß nicht. Ich frage mich, ob das überhaupt ich gewesen bin. Inwieweit ich es gewesen bin, wenn ich es denn gewesen bin? Das alles sieht mir gar nicht ähnlich. So etwas«, bemühte Peter sich, etwas auszusprechen, was ihm entschlüpft war. »Ich glaube, niemand ist so verwirrt wie ich. Verstehst du?«

Ich weiß nicht, was für eine Hoffnung in mir erwachte, als Peter erneut zu reden begann, aber ich weiß, dass mir nach dieser Erklärung vollkommen klar war, dass ich nichts mehr zu hoffen hatte. Daher schwieg ich, schlug mit dem Hinterkopf gegen den alten Zwetschgenbaum, betrachtete den tiefen Augusthimmel und kämpfte mit den Tränen, die mir kamen. Leer, völlig leer, selbst ohne Trauer, weil meine Sanja nicht mehr hier war, weil sie sicher nie mehr hier sein würde und weil sich in dieser Stadt niemand und nichts außer mir an sie erinnern würde.

»Wir müssen hier weg, Rajko«, begann Peter nach langem, langem Schweigen wieder. »Sehr schnell, weißt du. Dringend.«

»Ja?«, fragte ich kurz, weil ich mehr als das nicht aus meiner zugeschnürten Kehle hervorstoßen konnte. Was konnte mich so zuschnüren, wo ich doch total leer war?

»Ja, ja.«

»Warum?«, fragte ich erneut, so kurz ich konnte.

»Ich ... Ich hab Angst«, antwortete Peter. »Es ist alles zu weit gegangen. Hier ist unser Bleiben nicht länger. Oder unseres Bleibens?«

»Willst du sagen, dass du zu weit gegangen bist?«, fragte ich, bemüht, meiner Stimme einen spöttischen Beiklang zu verleihen.

»Ja, könnte man sagen.«

»Und jetzt willst du dich aus dem Staub machen?«

»Wir, zusammen. Ich könnte nicht allein mit allen Dämonen fertigwerden.«

»Mit allen Dämonen, die du hier losgelassen hast?«, fragte ich.

»Ja.«

»Gut, rede mit deinen Freunden, und dann werden wir sehen, was wir machen und wie wir's machen, wenn du dich mit ihnen abgesprochen hast.«

»Mit welchen Freunden?«, fragte Peter erstaunt. »Hier?«

»Mit den Freunden, die Sanja hinausgebracht haben.«

»Was sind das für Freunde?«

»Deine!«

»Die sind keine Freunde von mir und vielleicht auch nicht von sich selbst. Sie finden mich hier interessant, ihnen ist das bisschen stiller verborgener Ruhm wichtig, den ich in gewissen Kreisen genieße. Und ihnen gefällt, dass ich etwas anderes als sie alle bin. Deshalb sind sie bereit, mir den einen oder anderen Gefallen zu tun, solange wir hier sind, sie und ich. Ich bin jemand anderes, eine Erfrischung, wecke ihre Neugier, weil sie nicht wissen, warum ich hier bin, ich bringe ihnen Zerstreuung, weil ich anders spreche, denke und lebe als sie. Es kostet sie nichts, mit mir … Wie sagt ihr dazu? Abzuhängen?« Peter wartete darauf, dass ich nickte und so bestätigte, dass er das richtige Wort verwendet hatte. »Wir hängen zusammen ab, tun, was uns Genuss verspricht. Aber das ist keine Freundschaft, hat damit nichts zu tun. Sie würden keinen Finger rühren, um mich von hier wegzubringen, ganz egal, wie sehr ich sie darum bitten würde. Nur wenn ein Befehl käme. Ich weiß nicht, ob sie meine Beerdigung bezahlen würden, wenn ich hier umkommen würde. Es gibt keine Freundschaft in ihrer Welt, darum geht es.«

»Denkst du, dass die Dinge so stehen?«

»Sicher.«

»Was schlägst du dann vor?«, fragte ich ungehalten. Ich hatte von Peter und diesem Gespräch schon genug, wusste aber weder was noch wohin, wenn ich ihn loswürde.

»Lass uns am Ort suchen. Hilfe hier. Von hier.«

Ich lehnte meinen Rücken an den alten Zwetschgenbaum, schloss die Augen und begann, tief zu atmen, wobei ich jeden Atemzug solange ich konnte in meiner Lunge behielt. Das half mir nicht, das Gefühl von Peters Anwesenheit loszuwerden oder sie wenigstens zu vergessen, dieses derart deutliche Gefühl loszuwerden, es half nicht, mir den Aufenthalt auf dieser Bank wenigstens etwas zu erleichtern. Mir kam es so vor, als ob er zitterte, eigentlich kam es mir so vor, als ob seinen Körper innerlich irgendwelche eiskalten Wellen überrollten und sein ganzer Körper zitterte, wenn eine dieser Wellen losbrach. Das fesselte meine Aufmerksamkeit für Peter und seine Anwesenheit noch stärker, ich konzentrierte mich ganz auf die Tatsache, dass er da war, neben mir auf der Bank, aber genau das hatte ich abschütteln wollen, als ich beschlossen hatte, die Augen zu schließen und tief zu atmen. Warum zum Teufel fühle ich seine Anwesenheit?! Warum dreht sich mitten im Zentrum meines Bewusstseins wie ein wühlender Wurm der Gedanke, dass er da ist?

Deshalb stand ich auf, schlenderte eine Zeitlang durch den Garten und tat, als schaute ich mir die Pflanzen an, und dann verließ ich unseren Hof und irrte ohne Ziel und Absicht in der Nachbarschaft umher. Ich landete bei Zuhdi in der ehemaligen Burekbäckerei, erfuhr, dass sein Sohn seit kurzem bei der Armee und schon mitten in den Kämpfen war, tröstete ihn mit Phrasen, die mir gerade einfielen, und dann beklagte ich mich doch weitschweifig, unhöflich weitschweifig, über Peters Anwesenheit. Spät begriff ich, dass Zuhdi den Trost, den ich ihm spendete, nicht brauchte und meine Klagelieder noch weniger. »Spät, aber immerhin ... Besser spät als nie«, dachte ich, mir selber wie gerade eben Zuhdi Trost spendend, verabschiedete mich ein wenig beschämt von ihm und ging zurück nach Hause.

Ich traf Mutter Ljuba in der Küche an, eigentlich in der Tür, die die Speisekammer von der Küche trennt.

»Wer hat euch gesagt, dass ihr zu stinken anfangen sollt, um Himmels willen?«, sagte Mutter Ljuba mit einer Stimme, in der sich Trauer und Erstaunen mischten. »Das hat mir gerade noch gefehlt, ich weiß nicht, was ich mit mir anfangen würde, wenn ihr nicht begonnen hättet zu stinken.«

Sie drehte sich um, kehrte mit einer Plastiktüte in die Küche zurück, holte aus der Kredenz eine große runde Platte und schüttete darauf den Inhalt der Tüte – Dörrzwetschgen und getrocknete Apfelstückchen, die unsere Frauen Apfelchips nannten. Sie verteilte die getrockneten Früchte auf der Platte, nahm die eine oder andere in die Hand, um sie aufmerksam zu betrachten, roch ein-, zweimal daran und legte sie auf die Platte zurück. »Vielleicht werde ich euch ja retten, wenn ich euch ein wenig in die Sonne lege, es hat euch nur ein bisschen erwischt.«

»Ist es interessant, mit Dörrzwetschgen zu reden?«, fragte ich in der Hoffnung, meine Stimme werde einigermaßen heiter klingen.

»Sie haben einen seltsamen Geruch angenommen«, antwortete Mutter Ljuba. »Ich bin schuld, ich hab vergessen, sie aus dem Plastik zu nehmen. Nichts mag Plastik, Brot geht eine Zeitlang, aber sonst nichts. Ich hab sie absichtlich aufgehoben und mir jetzt vorgenommen, Kompott zu machen, es ist Zeit, ein paar Vitamine zu bekommen.«

Sie nahm die Platte mit den gedörrten Früchten und ging in den Garten, ich hinterher. Sie setzte sich in den Schatten des Apfelbaums am Ende des Gartens, verteilte die Früchte, so dass jede von den anderen getrennt war, und legte sie in die Sonne. Ich setzte mich neben sie und schaute vergnügt zu, wie sie herumhantierte.

»Er will, dass wir so schnell wie möglich aus Sarajevo weggehen«, sagte ich irgendwann, bemüht, es wie eine beiläufige Bemerkung oder so etwas klingen zu lassen.

»Nur zu, wenn du musst«, sagte Mutter Ljuba nach langem Schweigen. »Aber mir wäre es lieber, du würdest ohne ihn gehen. Er tut dir nicht gut.«

»Denkst du, ich sollte auch gehen?«, fragte ich.

»Ich denke gar nichts, mein Lieber«, beeilte sich Mutter Ljuba zu antworten. »Du bist erwachsen, du hast eine bessere Ausbildung als ich, du wirst, schätze ich, am besten wissen, was du tun musst.«

»Ich fürchte, da hilft keine Ausbildung und keine Vernunft, auch nicht, dass du erwachsen oder nicht erwachsen bist«, dachte ich laut nach, »hier kann vielleicht ein weises Herz helfen, zum Beispiel ein Mutterherz. Ich weiß nicht, ich würde gerne weggehen, hier nütze ich niemandem und hab selbst keinerlei Nutzen von alldem. Trotzdem will ich nicht so recht, etwas hält mich, ich fühle, dass alles, was mir wichtig ist, hierbleiben würde und ich irgendwo dort draußen wie eine leere Hülse ankommen würde. Außerdem, wie soll ich dort leben, wenn du hierbleibst?«

»Was hat das miteinander zu tun?«, wunderte sich Mutter Ljuba über meine allzu laute Frage. »Wieso verbindest du die zwei Sachen miteinander?«

»Ich würde vor Sorgen verrückt werden!«

»Ach je! Wo wirst du dich um mich sorgen bei so vielen Sachen, um die man sich sorgen muss, mein lieber Sohn!«, lachte Mutter Ljuba.

»Ich meine es ernst«, warf ich ihr vor. Es ist mir peinlich, es zuzugeben, aber ich muss wenigstens mir gegenüber zugeben, dass mich ihr Lachen tief beleidigte.

»Ich meine es auch ernst. Wirklich«, antwortete Mutter Ljuba. »Geh, wenn es dein Schicksal ist, und sorge dich um nichts, auch nicht um die alte Frau, die deine Mutter ist. Glaub mir, du hast keinen Grund zur Sorge. Zögere nicht meinetwegen, du schuldest mir nichts, du kannst mir bei nichts helfen, du hast keinen Grund, meinetwegen zu zögern. Ich bitte dich nur, dass du dich von ihm trennst, aber wenn du das nicht kannst – mach deine Augen auf, pass auf dich auf und nimm dich in Acht.«

»Aber warum willst du nicht auch gehen?«, presste ich durch die zugeschnürte Kehle hervor.

»Wie stellst du dir das vor?«

»Du kommst einfach mit«, antwortete ich, den Tränen noch immer näher als dem Sprechen. Ich weiß nicht warum, ich weiß auch nicht, was mich an dem so berühıte, was Mutter Ljuba ausgesprochen hatte.

»Das geht doch nicht, was redest du da!«, antwortete Mutter Ljuba bestürzt

»Wie? Warum denn nicht?«

»Ich kann nicht aus meinem Haus, wo kann ich aus meinem Haus?!«, fragte sie mich. »Weh dem, der aus seinem Haus geht, und wär's in ein Königsschloss.«

Hat dieses Gespräch wenigstens einen von meinen zahlreichen Knoten gelöst, die mich von Kindesbeinen an von der Welt und von mir selbst getrennt haben? Ist an jenem Tag unter dem Apfelbaum am Ende unseres Gartens etwas Wichtiges entschieden worden? Hundert Mal habe ich mich das gefragt und genauso viele Male keine Antwort gefunden. Seit ich diese Erinnerungen aufzeichne, habe ich mir das ganze Gespräch mit Mutter Ljuba mindestens zehn Mal, Wort für Wort, Geste für Geste vergegenwärtigt und nichts gefunden, was darauf hingewiesen hätte, dass sich in diesen Minuten etwas Wichtiges entschieden, gelöst oder entwirrt hätte. Und dennoch erinnere ich mich gut an die Erleichterung, die ich nach jenem Gespräch empfunden habe. Als hätte ich auf einmal angefangen, tiefer zu atmen, als hätte ich es mir in meinem Körper bequemer eingerichtet, als wäre ich mir endlich gleichgültig geworden. Ich habe mich von einer Last befreit, etwas hat die Ringe von mir entfernt, die mir die Brust eindrückten – so irgendwie habe ich mich gefühlt. Warum? Was ist in diesem Gespräch geschehen? Hat sich etwas angekündigt? Veranlasste es zu der Hoffnung, etwas Gutes würde geschehen? Das hättest du gern gewusst! Aber ich würde viel darum geben, wenn jetzt wenigstens ein Teil jenes Gefühls zu mir zurückkehren würde. Wird mich jemals etwas so tief und schön befreien wie das Gespräch unter unserem Apfelbaum, das frage ich immer öfter und mit immer größerer Trauer.

Hochzeit mit sich selbst

Peter hatte beschlossen, dass wir Sarajevo schleunigst verlassen müssten, und es freundlicherweise mir überlassen, diesen Beschluss in die Tat umzusetzen. Wahrscheinlich hatte er bemerkt, dass ich die Geschichte von unserem Weggang nicht ganz ernst genommen hatte, und so wiederholte er mir gegenüber, wann immer er die Gelegenheit dazu hatte, dass wir so schnell wie möglich weggehen müssten, und erklärte, warum. Eine dieser Erklärungen war, dass er bereits mitten in einen Hexentanz geraten sei, der in ihm alles, was man umstürzen und verrücken könne, umgestülpt habe, so dass auch er selbst nicht mehr wisse, was oben und was unten, was wichtig und was unwichtig, was Wahrheit und Lüge, was geschehen sei und was er geträumt oder sich vorgestellt habe … Hier könne er sich aus diesem Strudel nicht befreien, sagte er, weil ihm hier die Ordnung und das wirkliche Leben fehlten. Deshalb müsse er schleunigst nach Sizilien gelangen, wo ihn eine geordnete Welt erwarte, in der alles an seinem Platz sei und die ihm helfe, die Ordnung in seine Tage zu bringen, die ihn vor den Hexen und ihrem rasenden Tanz schütze. Zu Hause in Monreale habe er Verpflichtungen und Menschen, die ihn an diese Verpflichtungen erinnerten; dort sei ihm klar, wo er schlafe und wo die Bibliothek sei, wo er esse und wo er sich ausruhe; dort habe er Aufzeichnungen für Texte, die zu schreiben er beabsichtige oder die er schon jemandem versprochen und zu schreiben angefangen habe, er habe Verträge und vereinbarte Termine, habe Menschen, die ihn rechtzeitig an die Termine erinnern würden, die er einhalten müsse, und Orte, an denen er sich mit diesen Menschen treffen und unterhalten würde. Hier gebe es nichts von alldem, hier sei ihm alles erlaubt, und

nichts sei verpflichtend. Deshalb könnten ihn nur die Rückkehr nach Hause und der feste Rahmen, der ihn dort erwarte,
aus diesem Strudel herausziehen, in dem er immer tiefer ver-
sinke, im Glauben, es zu erforschen und sich selbst kennenzulernen. Wenn er nur noch zwei Monate hierbleibe, werde
er sich so gründlich erforscht haben, dass nichts mehr von
ihm übrigbleiben werde – kein Lumpen, kein Schweißtropfen, kein stinkendes Häufchen, auf das man spucken würde.

Diese Erklärung machte mich nachdenklich und rüttelte
mich auf, weil sie sicherlich ehrlich und treffend war. Ich
glaubte, dass der Teufel Peter noch immer nicht fest in seinen
Klauen hielt, sonst hätte er seine Situation nicht so klar und
präzise erklären können, ich begriff, dass wir noch immer die
Möglichkeit hatten, einen wertvollen und wahrhaft großen
Mann zu retten, begriff, dass wir ihn auf die hässlichste Art,
die ihn und alles Menschliche erniedrigen würde, verlieren
würden, wenn er noch ein paar Monate hierblieb. Deshalb begann ich mich bei allen Bekannten, die etwas darüber wissen
konnten, danach zu erkundigen, wie man aus Sarajevo hinaus-
komme.

Ich erfuhr nicht viel Ermutigendes. Wir könnten hinauskommen, wenn wir Papiere hätten, die bewiesen, dass wir aus-
ländische Diplomaten seien. Wir könnten auch als Journalis-
ten hinauskommen, wenn wir bei einer etwas angeseheneren
Zeitung oder einem Fernsehsender im Ausland akkreditiert
wären. Wir könnten als Mitglieder der Organisation »Ärzte
ohne Grenzen« hinauskommen, wenn wir Ärzte und Mitglieder wären. Oder als Apotheker, wenn wir bei den »Apothe-
kern ohne Grenzen« Mitglieder wären. Ich erfuhr noch ein
paar bequeme und einfache Wege, meine Geburtsstadt zu verlassen, aber kein einziger dieser Wege kam für uns beide in
Betracht. Erst der Freund von Narcis, Mido, den ich zufällig
auf der Straße traf, verriet mir einen Weg, der zwar unbequem
und riskant, aber auch für uns beide möglich war: Wie in je-

dem Krieg hielten die sich bekämpfenden Streitkräfte auch
hier den Kontakt zueinander aufrecht und arbeiteten zusammen, wenn es sein musste, und manchmal auch ohne jeden
Zwang, wenn es nur ging. Man müsse den Befehlshaber einer
unserer Einheiten ausfindig machen, der uns das Hinauskommen mit der Hilfe des Befehlshabers einer Einheit von der anderen Seite, mit dem er Kontakt habe oder wenigstens zeitweise zusammenarbeite, ermöglichen würde. Das sei die ganze
Weisheit, unterrichtete mich Mido und ließ mich auf der Straße zurück, damit ich über das, was er mir erzählt hatte, nachdachte.

Sarajevo ist als Stadt zum Glück klein genug, dass jemand,
der dort aufgewachsen ist, zu jeder Gelegenheit einen Bekannten oder sogar Freund finden kann, der bereit ist, ihm
zu helfen. So fiel mir Mirsad Zaimović ein, mein Kamerad
aus der Grundschule, der jetzt eine der wichtigeren militäri-
schen Einheiten in der Stadt befehligte. Nach der Grundschule hatten sich unsere Wege getrennt, und deshalb sahen wir
uns selten, aber wir freuten uns und unterhielten uns jedes
Mal, wenn wir uns trafen, herzlich miteinander, deshalb war
ich überzeugt, dass er uns helfen würde, so gut er konnte.
Ich wusste, dass er ziemlich lange mit Neven, Veras Freund,
gearbeitet hatte und befreundet gewesen war, bis der Teufel
sich Nevens angenommen hatte, und so beschloss ich, Neven
zu suchen und mich zu erkundigen, wie ich an Mirsad Zaimović herankäme.

Neven traf ich nicht in Veras Wohnung in der Pavle-Goranin-Straße an, ich hatte es, Hand aufs Herz, auch gar nicht
erwartet, und so ging ich in die Wohnung seines Freundes
in der Boriša-Kovačević-Straße, in der sich seine Leute versammelten und hauptsächlich aufhielten. Ich traf ihn auf der
Couch an, auf der er auch das letzte Mal, als ich hier gewesen
war, gelegen hatte. Weit geöffnete leere Augen, so weit aufge-
rissen, dass mich von der Begegnung meines Blickes mit sei-

nem ein Schauder befiel, gelbe Haut und wirres Haar, das ungewaschen wirkte, ein allgemeiner Eindruck von Schmutz und Verwahrlosung … Ich hätte viel gegeben, hätte ich ihn nicht in diesem Zustand gesehen, obwohl ich weder sein Freund noch ein besonders enger Bekannter von ihm war.

»Hallo, Neven«, grüßte ich ihn, wobei ich mich bemühte, es mir weder an der Stimme noch am Gesicht anmerken zu lassen, was für einen Eindruck er auf mich gemacht hatte.

»Hallo«, antwortete er und wies mit dem Zeigefinger der rechten Hand auf mich. »Du …«

»Rajko, ein Freund von Vera, du weißt wohl.«

Er schloss die Augen und bestätigte damit, dass er wusste.

»Meldet sich Vera dann und wann?«, fragte ich, in der Hoffnung, ihn durch die Erinnerung an Vera aus seiner Welt herausholen und in unsere zurückbringen zu können.

»Welche Vera?«

Ich kniff mich so fest in den linken Unterarm, dass ein blauer Fleck zurückblieb, der deutlich zu sehen war. Nur ein Idiot wie ich kann ein Gespräch, das normal und alltäglich sein sollte, so beginnen, nur ich kann einen in Sarajevo eingeschlossenen Menschen fragen, ob sich bei ihm jemand aus der Außenwelt meldet, jetzt, wo es kein Telefon, keine Post, keine Brieftauben gibt … Und dann ist dieser Idiot auch noch schockiert, wenn der gefragte Mensch mit einer Gegenfrage antwortet. Ich komme immer mehr zu der Überzeugung, und das auf Schritt und Tritt, dass ich ein hoffnungsloser Fall unter den Menschen bin.

»Aber auf was für einem Trip ich war, Mann!«, teilte mir Neven im Vertrauen, fast flüsternd mit, wohl damit ihn seine Leute nicht hörten und beneideten. »Ich hab mit den Augen und mit der Haut und mit den Nägeln gesehen, alles, was ich habe, hat die Fähigkeit zu sehen bekommen. Und das alles hat gesehen, wie in mir alles rund wird. Das alles schaut in mein Inneres und sieht, wie alles in mir die schöne glückliche

Form eines Balls bekommt, das Herz in mir und der Magen und die Rippen und die Nieren, wie das alles zu einem schönen vollendeten Ball wird, und dann schaut es, wie die einzelnen Bälle zu einem großen Ball verschmelzen – zu einem runden, schönen, vollendeten und sich selbst genügenden Ball. Was kümmert ihn alles andere, er ist allein, über sich und bei sich, sich selbst genug. Dieser Ball ist irgendwo verschwunden, sicher hat er sich vor all den zahllosen Augen versteckt, mit denen ich ihn angeschaut habe, und ich war leer, leichter als eine Feder, aber dafür voller Gedanken und Farben und Freude … Dann ist mein Ball zurückgekommen, verwandelt in grell gefärbte lange Fäden, die durch die Augen und die Ohren, durch den Mund und die Nasenlöcher in mich hineingeströmt sind und mich ausgefüllt haben und dabei darauf geachtet haben, dass ich es mir in mir richtig gemütlich mache. Das alles hat sich in mich ergossen und mich ausgefüllt, ich war randvoll, ich war voller Selbstbewunderung und froh für die ganze Welt. In mir war so viel Glück, dass es für alle gereicht hätte, die jemals auf der Welt waren, wenn man es nur hätte teilen können. Aber es war ganz und vollendet, man kann es nicht teilen, es ist eins. Am Ende habe ich begriffen, dass ich gerade mich selbst geheiratet habe, jemand hat mir laut gesagt, ich hätte eine glückliche heilige Ehe geschlossen, und davon ist alles zu unendlich vielen flammenden funkelnden Farben explodiert. Nie hätte ich gedacht, auch nicht geahnt, dass es solche Farben geben könnte, ein wahres Wunder.«

Ich schwieg ziemlich lange, ich wusste, wie viel Zeit und Ruhe er brauchte, um nach der Erinnerung an seine euphorische Reise wieder zu sich zu kommen. Ich begann zu reden, als die Gefahr drohte, dass ich vergessen würde, warum ich gekommen war.

»Ich bin zu dir gekommen, um dich etwas zu bitten, Neven«, sagte ich und wartete auf seine Reaktion. Da diese Reaktion nicht erfolgte, musste ich weiterreden. »Könntest du mir sagen, wie ich an Mirsad Zaimović herankomme? Wo ist er jetzt? Wo ist sein Stab oder seine Wohnung?«

»An wen?«, fragte Neven nach einer langen Pause, in der er mich mit riesigen leeren Augen anschaute. Das ernüchterte mich, aber ich versuchte es trotzdem noch einmal.

»Mirsad Zaimović, dein Freund, ihr wart zusammen auf der Arbeit. Wir nannten ihn Kopf, das war schon in der Grundschule sein Spitzname. Den Kopf, den brauch ich.«

Neven lag da, schwieg und sah mich, ohne zu blinzeln, an. Ist es möglich, dass er kein einziges Mal, seit ich hier bin, geblinzelt hat? Wahrscheinlich ist es nicht möglich, aber ich könnte schwören, dass er nicht geblinzelt hat. Ist in ihm heute Platz für noch jemanden oder etwas? Wird jeder Mensch so leer, nachdem er sich geheiratet hat, fragte ich mich besorgt, obwohl ich wusste, dass mir diese Gefahr nicht drohte, weil ich mich sicher nicht mit mir selbst verheiraten würde.

»Weißt du was?«, fragte mich Neven nach einer langen, allzu langen Pause, die für mich schwer zu ertragen war. »Nach diesem Trip interessiert mich nur noch der goldene Schuss, alles andere ist Pipifax. Ich weiß nicht.«

Er wandte den Blick von mir ab und starrte irgendwohin. Wohin denn, lieber Gott? An die schmutzige Decke über ihm? In sich hinein? Ins Unendliche, das sich ihm auf seiner Reise anscheinend offenbart hatte? Ins Nichts, das sich wahrscheinlich schon eine Zeitlang auf ihn freute? Für mich gab es hier nichts mehr zu tun, so viel war auf jeden Fall klar.

Ich zwang mich, die Wohnung mit ruhigem normalem Schritt zu verlassen, aber dafür rannte ich die Treppen hinunter, übersprang jeweils zwei, drei Stufen und rechnete damit auszurutschen und mir meinen verrückten Kopf zu zerschmettern. Aber ich konnte nicht anders, weil in mir ein Sturm der Gefühle wütete, die sich weder in Einklang noch in Ordnung bringen ließen. Ich war zutiefst erniedrigt, ahnte aber nicht einmal, wer mich im Gespräch mit dem armen Neven hätte erniedrigt haben können und wie, ich war verbittert und wütend, wusste aber nicht, was mich verbitterte und auf wen ich wütend war, ich war verzweifelt und verängstigt, ahnte aber nicht einmal, warum und wie. Nein, dieser Wirrwarr erlaubte nicht, ruhig und vernünftig Stufe für Stufe die Treppen hinunterzugehen, er ließ nicht zu, dass man sich selbst ernst nahm und vorsichtig durch die Welt ging, die mir gerade am armen Neven ihr schreckliches Gesicht gezeigt hatte.

Als ich auf die Straße trat, wäre ich beinahe mit Midos jüngerem Bruder zusammengestoßen. Beide blieben wir wie angewurzelt stehen, und ich machte nach einer kurzen Zeit, die ich gebraucht hatte, um mich zurechtzufinden und in die Wirklichkeit zurückzukehren, den Mund auf, um mich wegen meines unvorsichtigen Hinaustretens auf die Straße, das eher einem Hervorspringen aus dem Hinterhalt als einer menschlichen Bewegung in einer menschlichen Welt geglichen hatte, zu rechtfertigen. Ich sprach kein Wort aus, weil mein Blick auf einen Schubkarren fiel, der zwei, drei Schritte von uns entfernt stand und in dem Mido saß oder lag, der Freund von Narcis und ältere Bruder des Burschen, mit dem ich beinahe zusammengestoßen wäre. Aus dem Schubkarren hingen seine blutigen Beine heraus, eigentlich das, was von den Beinen übriggeblieben war, und der Oberkörper war so im Schubkarren untergebracht, dass man nicht bestimmen konnte, ob er eher saß oder lag. Mir hatte es die Sprache verschlagen, und auch der kleine Bruder schwieg und stand vor mir, als wäre er angepflanzt. Dann begannen wir zur selben Zeit zu reden, eigentlich zu schreien und einander ins Wort zu fallen, als stritten wir uns heftig, obwohl wir nur versuchten, miteinander zu sprechen. Er versuchte, mich zu überreden, ihm dabei zu helfen, seinen Bruder in die Wohnung hinaufzutragen, während ich mich bemühte, ihn davon zu überzeugen, den armen Mido in eine Leichenhalle, zur Polizei, in ein Gesundheitshaus oder wohin auch immer zu bringen, aber mit Sicherheit nicht nach oben zu seinen halblebendigen abhängigen Leuten. Gott weiß, wie lange wir einander angeschrien hätten, wäre mir nicht eine List eingefallen und hätte ich den Kleinen nicht gebeten, mir zu erzählen, was geschehen war. Er verstummte im selben Augenblick, holte kurz Atem und begann zu sprechen, immer noch zu laut, aber nicht annähernd so laut wie eben, als wir uns gegenseitig überschrien hatten. Der Arme bemühte sich gewiss, gefasst und verständlich zu reden, aber er schaffte es nicht. Trotzdem gelang es mir, seiner verworrenen Geschichte, mit ziemlich viel Mühe, zu entnehmen, was geschehen war.

Nachdem er einigermaßen wach gewesen war und etwas gegessen hatte, schnüffelte der Kleine kurz, »nur so viel, um sich ein wenig aufzuheitern«, und dann versteckte er seinen Plastikbeutel mit dem Syntelan-Kleber wieder gut, den man heute, selbst wenn du Knete hast, nicht beschaffen kann. Er stellte sich ans Fenster und vertiefte sich in den Anblick der Sonne, froh, dass Licht in ihn eindrang und sich über seinen ganzen dürren Körper ausbreitete. Dann fiel ihm ein, dass sein Bruder Mido am frühen Morgen zum Markale-Markt hatte gehen sollen, um neuen Stoff bei den Dänen zu kaufen und nebenbei etwas zum Essen. Er beschloss, seinen Bruder abzuholen, so schön vom Licht durchleuchtet, an einem heißen Tag voller Licht, würde ihm der Spaziergang Vergnügen bereiten. Auf dem Markt waren weder Mido noch Dänen, die Dänen waren kurz vor seiner Ankunft gegangen, und nach Mido konnte er gar nicht fragen, weil ihn die Leute vom Markt nicht kannten. Während er noch auf dem Markt herumlungerte, hörte er zwei Explosionen mit einer fünf-, sechsminütigen Pause zwischen der ersten und zweiten (so gingen sie immer vor, auf dieselbe Stelle feuerten sie ein paar Minuten nach der ersten Granate eine zweite ab, um mit der zweiten die Leute zu töten, die den Menschen, die bei der ersten verunglückt waren, zu Hilfe eilten). Er entschied, auf der Vaso-Miskin-Straße zurückzukehren, weil sie ihm sicherer schien als die Tito-Straße, wahrscheinlich weil in ihr immer viele Leute waren. Kurz vor der Ökonomischen Fakultät und der orthodoxen Kirche sah er eine Menschenmenge, die versuchte, einer anderen, etwas kleineren Menge von Verletzten zu helfen. Sogleich erkannte er unter den Verletzten seinen Bruder Mido und zog ihn auf die Seite, damit nicht jemand auf ihn trat oder ihn irgendwie anders verletzte. Er lehnte Midos Oberkörper an die Wand des Gebäudes, neben dem er stand, und begann sich dann umzuschauen, was die anderen mit denen machten, denen sie halfen, um es ihnen nachzutun und so seinem großen Bruder zu helfen. Dabei fiel ihm siedend heiß ein, dass Mido womöglich den Stoff in seinen Taschen haben könnte, den er bei den Dänen gekauft hatte, und das hätte ihn ins Gefängnis bringen können, wenn die Polizei gekommen wäre und den Stoff gefunden hätte. Aber es wäre schrecklich schade gewesen, wenn der gute Stoff in den Händen der Polizei gelandet wäre, die hätte ihn weggeworfen oder irgendwie anders vernichtet, wo es doch Leute gab, die eine solche Ware durchaus gut gebrauchen konnten. So kam er zu dem Schluss, dass er Mido dringend von dort wegbringen musste, am besten zurück in die Wohnung, wo sie sich versammelten, und zwar so, dass es niemand sah. Er setzte Mido neben einen Durchgang, der in einen Innenhof mit verschiedenen Werkstätten führte, und sah jetzt, mitten im Durchgang, eine Schubkarre, die an der Wand lehnte. Wie bestellt! Er schob die Schubkarre zur Straße, lud seinen Bruder Mido so bequem er konnte darauf und machte sich in Richtung Ewiges Feuer auf. Er beeilte sich, um nicht angehalten und gefragt zu werden, warum er einen Schwerverletzten in einer Schubkarre transportierte, verfluchte den Sommer, dessentwegen er keinen Mantel oder etwas anderes anhatte, mit dem er die Karre hätte bedecken und Mido vor neugierigen Blicken verstecken können, er ging so dicht wie möglich an den Hauswänden entlang, um niemandem in die Quere zu kommen und niemandem aufzufallen. Und es ist ihm gelungen, da ist er nun zusammen mit Mido, ohne dass ihn jemand etwas gefragt hätte, vielleicht hatte ihn auch gar niemand angeschaut, als wäre er bis hierher unsichtbar gewesen.

»Nur dass Mido jetzt tot ist«, wollte ich sagen, »und das dank dir und deiner Hilfe«, aber ich sah davon ab, weil mir rechtzeitig einfiel, dass es nicht von Nutzen war, hier irgendetwas zu sagen oder zu versuchen. Dazu hätte auch ich in Ungelegenheiten geraten können, wenn mich jemand hier angetroffen hätte, zwischen einem Toten und einem vom Schnüffeln zugedröhnten Narren. Ich seufzte tief und ging ohne Gruß Richtung Stadtpark.

Ich war fast zu Hause, als mir einfiel, dass in unserer Nähe, in der Blutspender-Straße, Mehmed Fazlić, ein naher Verwandter von Mirsad Zaimović und guter Freund vom Gymnasium und Studium wohnt. Ich drehte mich um und ging in die Blutspender-Straße zurück, zu den drei Hochhäusern, die gegenüber dem Hotel Bristol standen. Ich stellte fest, dass Mehmed und seine Frau Fatima im mittleren Hochhaus im dritten Stock wohnten. Lange klopfte ich an die Tür und lauschte auf die Geräusche dahinter – ergebnislos. Ich beschloss, es wieder zwischen vier und fünf Uhr nachmittags zu versuchen, da müssten sie zu Hause sein, wenn sie noch in Sarajevo waren. Es stellte sich heraus, dass ich recht hatte, sie waren zu Hause und freuten sich ehrlich über mich. Kein Wunder, alle drei waren wir auf dem Dritten Gymnasium gewesen, alle drei hatten wir danach Anglistik studiert, wir waren während all dieser Jahre fast unzertrennlich, weil Mehmed und Fatima ein Paar waren und ich so tat, als wäre ich ihr Freund, weil ich bis über beide Ohren in Fatima verliebt war. Zwar war ich auch der Freund von den beiden, aber auch verliebt, das muss ich zugeben.

Mehmed arbeitete jetzt als Übersetzer für die UNPRO-
FOR, Fatima unterrichtete Englisch an unserem Dritten Gymnasium, stolz zeigten sie mir alle meine Bücher – die, die ich
geschrieben, aber auch die, die ich übersetzt hatte. Ich gebe
zu, dass es mir viel bedeutete, ich begriff es als Zeichen, eigentlich als Beweis, dass wir drei durch eine tiefe, wahre
Freundschaft dauerhaft miteinander verbunden waren. Sie
hatten auch Kaffee, sicherlich weil Mehmed für die UNPRO-
FOR arbeitete, und so machte uns Fatima eine große Kanne
guten Kaffees und zusammen damit brachte sie ein Familien-
album mit Fotos. Zuerst schauten wir uns ihre Tochter Miranda an, nun schon ein fünfjähriges Mädchen, dann Fatima
in der Entbindungsabteilung mit Miranda im Arm, dann die
schwangere Fatima, dann Szenen von der Hochzeitsreise, Fotos von ihrer Eheschließung und von der Feier, die der Eheschließung folgte, dann Fatima und Mehmed mit ihren Dip-
lomzeugnissen in den Händen. Schritt für Schritt gingen wir
immer weiter in die bessere Vergangenheit, bis wir zu den
Fotos von unseren Exkursionen in der Gymnasial- und Studienzeit kamen, von den Ausflügen auf den Trebević und
an die Bosnaquelle, von den Wettkämpfen auf dem Spielfeld
hinter dem Gymnasium, in denen sich Mehmed zu Recht
hervorgetan hatte. Die kleine Miranda saß die ganze Zeit neben Fatima und schaute die Fotos an, freute sich manchmal,
wenn sie ein Gesicht oder eine Situation erkannte, dann fragte sie oder erklärte etwas. Aber sie wurde sichtlich unruhig,
als wir zur Gymnasial- und Studienzeit kamen, begann sich
nach diesem oder jenem Foto, diesem oder jenem Menschen
auf den Fotos zu erkundigen. Schließlich begriff sie wahrscheinlich, dass sie schon seit einer halben Stunde beziehungsweise an die fünfzig Fotos ihr Gesicht nicht gesehen
hatte.

»Und wo bin ich hier?«, fragte sie.

»Du bist hier nicht drauf«, antwortete Fatima ihr und umarmte sie fest, als wollte sie sie aufsaugen oder in ihren Körper zurückholen.

»Das seh ich. Aber wo bin ich?«, beharrte Miranda.

»Dich hat's nicht gegeben«, versuchte Fatima kurz zu erklären, die erst jetzt begriff, dass sie in einer ernsten Klemme steckte.

»Wieso hat's mich nicht gegeben? Wo war ich? Warum?!«, fragte Miranda hartnäckig, nun schon mit weinerlicher Stimme.

»Wir konnten dich nicht fotografieren, weil du nicht geboren warst«, mischte sich Mehmed ein, voller Vertrauen in die Vernunft, die er schon in unserer Jugendzeit bewiesen hatte. »Dich hat's nicht gegeben, weil du nicht geboren warst, verstehst du. Ein Naturgesetz. Das wirst du alles verstehen, wenn du groß bist.«

Miranda sah ihn mit ihren großen weit geöffneten Augen an, aus denen Tränen rannen.

»Das ist eine Ungerechtigkeit«, stammelte sie und begann laut zu weinen. »Das ist eine schreckliche Ungerechtigkeit.«

Miranda machte sich aus Fatimas Umarmung los, ging ans Ende des Dreisitzers, auf dem alle drei saßen und legte sich dort hin. Sie weinte still und bitterlich, nur von Zeit zu Zeit kam ein lauter Schluchzer von ihr und erinnerte uns an sie und ihren Kummer. Bald schlief sie ein, und zur selben Zeit hatten wir den Kaffee getrunken, mit dem uns Fatima bewirtet hatte. Das bedeutete, dass ich den Grund meines Besuchs endlich verraten konnte.

»Sein Stab ist in der Grundschule in Koševsko Brdo untergebracht, dort findest du ihn bestimmt, wenn er nicht in Aktion ist«, antwortete Mehmed auf meine Frage. »Aber du musst dich ein bisschen beeilen. Am Anfang des Schuljahrs kommen die Kinder dorthin zurück, deshalb muss er in diesen Tagen eine neue Unterkunft für den Stab finden.«

»Ich hab's selber eilig, ich geh gleich morgen zu ihm«, beeilte ich mich zu antworten, als beträfe es Mehmed besonders. Danach stand ich auf.

Beide begleiteten mich zur Tür.

»Ich weiß nicht, was ich dir sagen soll«, meinte Mehmed, als ich schon auf der anderen Seite der Schwelle stand, meine Hand noch immer in seiner haltend. »Ich wollte, dass du rausgehst, wenn dir nach Gehen ist, aber es täte mir leid. Und ich wollte, dass du hierbleibst, aber es täte mir leid, dass es dir nicht gelungen wäre rauszugehen, wenn dir nach Gehen ist.«

Das war das Schönste, das ich seit ich weiß nicht wie langer Zeit gehört und erlebt habe.

Am nächsten Morgen stand ich vor halb zehn vor der Grundschule in Koševsko Brdo und erklärte einem Wächter, wer ich war und warum ich jetzt da war. Er hörte mich ruhig an, studierte ein wenig meinen Personalausweis, gab ihn einem Kollegen und schickte diesen weg, um dem Chef mitzuteilen, wer ihn sehen wolle. Mir kam es vor, als wäre der junge Wächter zurückgekommen und hätte mich aufgefordert, ihm zu folgen, bevor er überhaupt gegangen war. Unterwegs gab er mir den Personalausweis zurück und teilte mir im Vertrauen mit, dass der Kommandant fuchsteufelswild sei.

Ich überzeugte mich davon, dass Mirsad wütend war, noch bevor ich den Raum betrat, zu dem der jüngere Wächter mich geführt hatte. »Ist euch eigentlich klar, was ihr da tut?! Seid ihr überhaupt normal?«, brüllte er so laut, dass man es wahrscheinlich in der ganzen Schule hörte. Und als ich eintrat, sah ich, dass er vor Wut an einer Stelle auf und ab hüpfte und zwei Soldaten, fast noch Jungen, anbrüllte, die vor ihm »stillstanden«. Mit der Hand bedeutete er mir, mich auf einen der Stühle zu setzen, die links von ihm entlang der Wand aufgestellt waren, und schimpfte die Soldaten weiter aus.

»Was kann ich da jetzt machen?! Na los, sagt mir, was ich jetzt mit euch machen soll«, fragte er etwas leiser und mit einer ruhigeren Stimme, hüpfte aber immer noch vor Wut, die sich nicht legen wollte, an der Stelle auf und ab.

»Ich würd's dir, Mirso ...«, begann einer der Soldaten, erinnerte sich aber wahrscheinlich daran, dass er den Befehlshaber in einer solchen Situation nicht mit dem Namen anreden konnte, und kam aus dem Konzept. »Kommandant ... Ich denk ...«

»Komm schon, hör auf rumzudrucksen, sag, was du sagen willst«, fuhr Mirsad ihn an.

»Ich würd's dir gern erklären, ich würd dir gern erklären, was passiert ist. Wenn du mich reden lassen würdest, würd ich's gern tun.«

»Na los, rede.«

»Ich weiß nicht, wann's angefangen hat, vielleicht vor ein paar Monaten, als mir klar geworden ist, dass ich die Scheiße hier nicht überlebe, wahrscheinlich niemand von uns, aber ich bestimmt nicht, das war mir sonnenklar. Ohne jedes militärische Wissen und ohne Waffen kämpfen wir gegen Profis, die mit allen Schikanen der Militärtechnik ausgerüstet sind – schon daraus wird deutlich, wie unsere Überlebenschancen sind. Aber es gibt kein Zurück, ich kann aus diesem Spiel nicht raus und ich selbst bleiben. Oder es hat angefangen, wie ich Igor aus der vordersten Linie gezogen und erlebt hab, dass er in meinen Armen stirbt? Oder es hat nicht angefangen, sondern ist seit meiner Geburt in mir, hat sich aber erst jetzt gezeigt? Im Grunde hab ich unlängst begriffen, dass ich in Wirklichkeit schon tot bin, und seither geht's mir prima. Alles ist so stark gegenwärtig, die Welt ist dickflüssig wie Honig, und ich bin ganz in dieser Welt. Alles passiert mir zum ersten und letzten Mal, und ich erlebe alles stark und tief, ich weiß, dass das, was ich gerade erlebe, vorher nicht gewesen ist und nie wieder sein wird. Immer wenn ich eine Fischkonserve gesehen hab, hab ich gedacht ›Weh dem, der das isst‹, und gestern esse ich die Fischkonserve, die ich zum Mittagessen bekommen hab, und bin ganz hin und weg vor Freude, Vergnügen, etwas Gutem. Ich weiß, dass jemand zum ersten Mal eine Fischkonserve isst, ich weiß, dass jemand zum ersten und letzten Mal isst, und es ist mir recht und gut. In diesen zwanzig Tagen hab ich mehr gelebt als in allen Jahren bis dahin.«

Der Soldat schwieg und starrte vor sich auf den Fußboden, während Mirsad schnaubte und sich auf den Stuhl neben meinem setzte. Der Soldat redete kurz danach weiter:

»So unterhalten wir uns gestern, Asim und ich. Die Jungs wollen keine kugelsicheren Westen tragen, aber es wäre viel wert, wenn sie eine tragen würden. Und so haben wir ausgemacht, dass Asim auf mich, in einer kugelsicheren Weste, schießt, damit die Jungs sehen, wie gut das ist. Wenn die Kugel durch den Panzer geht, ist nichts passiert, weil ich sowieso tot bin. Aber wenn der Panzer sie abhält, ist allen klar, wie gut die kugelsichere Weste ist.«

Wieder schwieg er kurz und fügte dann mit Unbehagen hinzu:

»Ich geb zu, ich hab dabei auch ein bisschen gehofft, dass sich mein Vergnügen verstärkt, wenn Asim auf mich schießt, ich meine, dass sich das vertieft, was ich in den letzten Tagen fühle.«

Nach dem Bekenntnis des Soldaten herrschte lange Stille. Als das Schweigen beklemmend zu werden drohte, stand Mirsad auf und wandte sich an die Soldaten:

»Jetzt geht mir aus den Augen. Und wenn ihr nochmal was halb so Dummes macht, übergeb ich euch dem Gericht. Dem Militärgericht, meine Guten, dem Militärgericht, das Zivilgericht wäre für euren Verstand zu wenig. Und gilt auch nicht mehr für euch beide. Ist das klar?«

»Ja«, antworteten die Soldaten gleichzeitig.

»Und nun verschwindet.«

Sie gingen hinaus, Mirsad zeigte mit der Hand zur Tür,

durch die sie hinausgegangen waren, und wandte sich mir zu.

»Da siehst du, mit was ich mich beschäftige und mit was für Dummheiten ich mich rumschlagen muss. Ich hab's geschafft, zwanzig kugelsichere Westen zu erbetteln, aber meine Schlauberger wollen sie nicht tragen, es behindert sie, sagen sie, der Panzer, und sie können sich nicht frei bewegen. Und dann finden sich zwei Genies, die ihnen am eigenen Leib zeigen, wie gut der Panzer doch ist! Stell dir vor, Ibro wäre draufgegangen! Welches Gericht wäre für mich zuständig, wenn sich meine Soldaten im Stab umbringen würden? Da sollst du dich nicht umbringen oder verrückt werden!«

»Wer ist denn der Kleine?«, fragte ich. »Er ist mir schrecklich sympathisch.«

»Man nennt ihn Ibro Strom, vielleicht weil sein Vater, von dem er ständig spricht, Elektriker war, oder vielleicht weil er Elektrotechnik studiert. Jedenfalls ist sein guter Vater verschwunden, als er die achtjährige Schule beendet hat, und so kümmert er sich seit seinem sechzehnten Lebensjahr um seine Mutter und sich. Und dabei hat er es geschafft, sich in Elektrotechnik einzuschreiben. Aber das alles schützt ihn nicht vor solchen Dummheiten.«

»Was war mit seinem Vater? Wie ist er verschwunden?«

»Keine Ahnung. Er ist wohl durchgebrannt wie eine Sicherung oder eine Glühbirne. Wieso sollten sie ihn sonst Strom nennen?«, antwortete Mirsad, der mit seiner Antwort zeigte, dass das Thema für ihn erschöpft war. »Was kann ich für dich tun?«

Ich erzählte ihm kurz, was ich mir von ihm erhoffte, woraufhin er tief seufzte.

»Ich hab dort keinen Gesprächspartner, aber ich weiß, wer einen hat«, sagte er nach kurzem Nachdenken. »Das wird nicht schnell gehen, aber es wird gehen. Der Mann wird kommen, um dir zu sagen, wann ihr aufbrechen werdet, und jemand wird kommen, um euch zur Demarkationslinie zu bringen, er oder ein anderer.«

»Wann könnte das sein?«, fragte ich. »Wenigstens ungefähr.«

»Vielleicht in einem Monat, viel früher wird bestimmt nichts draus«, sagte Mirsad und stand auf. Das war das deutliche Zeichen, dass unser Treffen beendet war.

Trotzdem begleitete er mich bis zum Eingang der Schule, was mich freute, weil es dafürsprach, dass sich Mirsad erinnerte, dass wir alte Kumpel waren und ich zu denen gehörte, die ihn vor vielen Jahren Kopf genannt hatten. Er reichte mir die rechte Hand, während er mir die linke auf die Schulter legte, mehr als ein deutliches Zeichen für einen herzlichen Abschied.

»Ich werde alles Notwendige in die Wege leiten, damit du Sarajevo verlassen kannst. Aber es wäre mir lieber, wenn du bleiben würdest«, bemerkte er still, eigentlich irgendwie gedämpft.

»Ich bin hier zu nichts zu gebrauchen. Mit meiner Brille könnte ich nicht mal kugelsichere Westen ausprobieren«, versuchte ich zu scherzen.

»Du brauchst dich nicht zu rechtfertigen, auch nicht zu entschuldigen«, beeilte sich Mirsad dagegenzuhalten. »Ich mach dir keinen Vorwurf, niemand hat das Recht dazu, ich hab nur gesagt, was mir auf dem Herzen liegt.«

Daraufhin drehte er sich um und ging in sein Zimmer, während ich das Schulgebäude verließ, die Wächter grüßte und mich auf den Heimweg begab. Unterwegs versuchte ich die starke Gegenwart der Welt zu spüren, von der Ibro Strom gesprochen hatte. Vergebens, alles, dem ich mich zuwandte, verabschiedete und entfernte sich von mir. Kann auch eine Welt, von der wir uns verabschieden, dickflüssig und stark gegenwärtig sein? Oder müssen wir sie ganz verlassen wie Ibro Strom, der behauptet, nicht mehr hier zu sein, weil er tot sei, um die starke Gegenwart zu spüren, die er spürt? Ich werde es überprüfen, sobald Mirsad sein Versprechen erfüllt hat, schloss ich, und Tränen traten mir in die Augen.

Verteidigung und Schutz

Der magere junge Mann, der uns im Hause der Delalićs in Dobrinja abgeholt hatte, führte uns an einen Bach und blieb stehen. Er sah sich ein wenig um und horchte, dann gab er uns das Zeichen, dass wir uns auf die Erde niederlassen sollten, und setzte sich selbst. Mit der Hand wies er uns die Richtung, in der wir gehen sollten, nachdem wir durch den Bach gewatet wären, der wohl die Demarkationslinie darstellte. Ein fünfzehn- bis zwanzigminütiger Fußmarsch werde uns zu einem asphaltierten Weg führen; wir müssten nach rechts und kurz, knappe fünf Minuten, auf diesem Weg weitergehen, um zur Bushaltestelle Kotorac zu gelangen. Wenn die Busse hier abfuhren, sollten wir auf den Bus warten, der nach Pale fährt, aber wenn auch hier keine Busse fuhren, müssten wir uns nach dem Weg erkundigen und zu Fuß gehen. Danach richtete sich der magere junge Mann auf, empfahl uns, ein paar Minuten zu warten, bevor wir den Bach überquerten, und machte sich auf den Rückweg.

Wir taten, was uns der Magere empfohlen hatte, und kamen tatsächlich nach ungefähr einer halben Stunde zur Bushaltestelle Kotorac. Wir legten die Rucksäcke ab und wischten uns den Schweiß vom Gesicht, kamen aber nicht dazu, anständig zu verschnaufen, weil neben uns ein Auto hielt. Ein Soldat stieg aus, öffnete den Kofferraum und gab uns zu verstehen, wir sollten unsere Rucksäcke hineinlegen.

»Los, meine Herren, ladet euer Gepäck ein und kommt, damit ich euch untersuchen kann«, wandte sich der Soldat an uns, bemüht, einen autoritären Ton anzuschlagen.

»Entschuldigen Sie, wir kennen Sie nicht«, stammelte ich verwirrt.

»Ich euch auch nicht«, antwortete der Soldat. »Da geht's uns gleich, nicht wahr?«

»Warum sollten wir dann in Ihr Auto einsteigen und tun, was Sie von uns verlangen?«, fragte ich, in der Hoffnung, fest und entschlossen zu klingen.

»Weil ich es euch befehle«, lächelte der Soldat.

»Aber mit welchem Recht?«, hartnäckig versuchte ich zu verstehen, worum es überhaupt ging.

»Wir sind die Militärpolizei und kein Debattierklub, junger Mann«, antwortete der Soldat. »Wenn du tust, was ich dir sage, kann's gut ausgehen, wenn nicht, dann sieht es schlecht aus. Schlecht für dich. Hab ich mich klar genug ausgedrückt?«

Da gab es nichts einzuwenden – wir verstauten unsere Rucksäcke im Kofferraum und stellten uns neben das Auto, um uns von dem Soldaten untersuchen zu lassen. Es stellte sich heraus, dass er sich mit dieser »Untersuchung« vergewisserte, ob wir irgendwo Waffen versteckt hätten, so dass er uns beide im Handumdrehen untersucht hatte, denn was hätte man unter einem Sommerhemd verstecken können, selbst wenn man etwas hätte verstecken wollen oder zu verstecken gehabt hätte? Der Soldat unterhielt sich und uns mit Witzen und Spruchweisheiten. So sagte er zum Beispiel, als er aus Peters Gesäßtasche den Geldbeutel hervorholte und diesen, die Papiere kontrollierend, untersuchte:

»Vorsicht ist die Mutter der Porzellankiste, das wussten alle großen Führer in der Geschichte.«

Und mir erklärte er, während er mit seinen Handflächen über meine Hosenbeine und das Hemd fuhr:

»Lang und glücklich lebt nur, wer keinem glaubt, glaub nicht mal deiner leiblichen Mutter, dann wirst du lange leben.«

Nachdem die »Untersuchung« beendet war, forderte er uns mit der Hand auf, uns auf die Rückbank zu setzen, und auch das würzte er mit einem weisen Spruch und einer Belehrung:

»Nur dass wir uns richtig verstehen, gute Leute: Vertrauen ist gut, Kontrolle ist besser. Alles klar?«

Während uns der gesprächige Soldat untersuchte, hatte der Fahrer das Auto gewendet, so dass wir losfuhren, sobald wir drei uns niedergelassen hatten. Über Lukavica gelangten wir nach Vraca, und ich begriff, dass sie uns nach Pale fuhren. Wir müssen nicht auf den Bus warten, wir müssen auch nicht nach dem Weg fragen, falls kein Bus fährt, aber diese Variante hier gefällt mir am wenigsten, so bequem sie auch ist, dachte ich. Wir kamen zu einem Hotel an der Koran und hielten direkt vor dem Eingang. Ich hatte recht gehabt. Der gesprächige Soldat forderte uns zum Aussteigen auf und befahl uns, unsere Rucksäcke in die Wachstube zu tragen, zu der er uns jetzt bringen würde.

»Da werden die Meister eure Sachen gründlich untersuchen«, erklärte er uns. »Man weiß nie, wer was bei sich trägt, aber genau das müssen wir wissen. Die Zeiten sind schwer, und hier treiben sich viele verschiedene Leute herum, du musst sie kontrollieren. Oder etwa nicht?«

Wir gingen in die Wachstube und übergaben die Rucksäcke, während er vor der Tür auf uns wartete.

»Macht euch keine Sorgen. Wenn ihr wieder geht – falls ihr geht! –, bekommt ihr eure Sachen in perfektem Zustand ausgehändigt, wie wenn niemand sie angeschaut, schon gar nicht berührt hätte.«

Er führte uns ins Restaurant, und dort kam ein außerordentlich interessanter Kauz auf uns zu. Ein runder Kopf auf einem runden Körper und der Körper auf kurzen und dünnen Beinen. Am runden Kopf ein rundes Gesicht mit runden Augen hinter einer runden Brille, die man bei uns Lennonbrille nannte, wahrscheinlich weil John Lennon eine solche getragen hatte. Und dazu schnelle energische Bewegungen, die Kraft und Entschlossenheit erkennen lassen sollten. Alles in allem war der Mann ein richtiger Flummiball. Gut fünf, sechs Schritte von uns entfernt breitete er die Arme aus, verzog sein Gesicht zu einem breiten Lächeln und begrüßte uns herzlich. An den Gruß schloss sich eine kleine Rede an, in der er Peter mitteilte, er sei ein begeisterter Leser von ihm, der schon seit Jahren einen seiner Lieblingsautoren kennenlernen wolle, und, sieh da!, jetzt biete sich ihm die Gelegenheit, die über alle Maßen glückliche Gelegenheit, Gastgeber seines verehrten und lieben Autors sein zu dürfen. All das sagte er auf Englisch, in einem tadellosen Englisch, wie ich es, fürchte ich, niemals sprechen werde, so sehr ich mich auch darum bemühe.

»Wir können auch in Ihrer …«, versuchte Peter dem Flummiball vorzuschlagen, in dessen Sprache zu sprechen.

»Warum sollten wir?«, wunderte sich der Flummi. »Wir haben, wenn ich es richtig sehe, keinen Grund dazu.«

Und er redete auf Englisch weiter, man habe ihn informiert, dass Peter zurück, nach Sizilien, reise, wahrscheinlich habe er sich an unserem balkanischen Elend sattgesehen und kehre jetzt nach Hause zurück, aber er, Flummi, hoffe, eigentlich bestehe er darauf, dass Peter ein paar Tage sein Gast sei. Wenigstens ein paar Tage, obwohl er ihm gern für ein volles Jahr oder sogar mehrere Jahre seine Gastfreundschaft anbieten würde. Er verzog das Gesicht zu einem gutmütigen Lächeln und wies darauf hin, dass er Mittel habe, mit denen er seinen lieben Gast so lange halten könne, wie er wolle, vielleicht bis zum Tod oder sogar darüber hinaus, dass er diese Mittel aber sicher nicht einsetzen werde, er werde sich mit ein paar Tagen begnügen.

Mir war seltsam zumute, als ich dieses Gespräch verfolgte beziehungsweise die Rede, denn Peter hatte ja gerade nur jenen halben Satz in unserer Sprache gestammelt. Dieser Mann wirkte recht gutmütig mit seiner hohen, fast weiblichen Stimme und seinem rundlichen Körper, doch vom ersten Moment an nahm ich etwas Unheimliches wahr, das von ihm ausging und mir durch Mark und Bein ging. Wahrscheinlich gruselte mich die komische Diskrepanz, die ihn kennzeichnete: Er sah gutmütig und sanft aus, hatte aber eine entsetzliche Macht und ein klares Bewusstsein von dieser Macht; er war ein richtiger Flummiball, aber das hinderte ihn nicht daran, seinem lieben Gast offen zu sagen, dass er ihn ohne Zögern und ohne Angst vor den Folgen umbringen könne, wenn ihm danach sei. Bitte sei mein Gast, aber ich bestimme, wie und wie lange du es bist. Echte Gastfreundschaft.

Seltsam fand ich, dass er darauf bestand, Englisch zu sprechen. Warum erlaubt er Peter nicht, unsere Sprache zu sprechen und sich wie einer von uns zu fühlen oder sich unter uns wenigstens nicht wie ein völlig Fremder zu fühlen? Oder ist er einer von unseren Patrioten, die nicht aufhören, über den einzigartigen Charakter unseres Volkes, über die unvergleichliche Schönheit unserer Eigenheiten und über das Wunder unserer Sprache, die sicherlich besser ist als alle anderen, zu reden, sich aber jedem etwas angeseheneren Ausländer entzückt anbiedern und anbieten, indem sie dessen Sprache sprechen, falls sie sie wenigstens ein bisschen können? Oder handelt es sich bei meinem Widerwillen gegen den Flummi nur darum, dass ich ihn um sein Englisch beneide, das ich, schon wegen meines schlechten Gehörs, nie so gut sprechen werde? Ich finde es bedenklich, dass ich alle Augenblicke schlechte Eigenschaften bei einem Menschen entdecke, den ich zum ersten Mal sehe und von dem ich nur weiß, dass er lieber Englisch spricht als seine Muttersprache und dass dieses Englisch besser ist als meins. Kann das mit rechten Dingen zugehen und vor allem frei von Neid?

Nach seiner Begrüßungsrede ging der Flummiball auf ein Separee zu, und wir folgten ihm im Gänsemarsch – zuerst Peter, dann ich, und hinter mir der gesprächige Soldat, der seit

Betreten des Restaurants keine einzige Silbe, geschweige denn ein halbes Wort oder ein Wort gesprochen hatte. Der Flummi setzte sich mit dem Rücken zur Wand auf den Stuhl neben dem, der am oberen Tischende stand, mit einer Handbewegung bot er Peter den Platz seinem gegenüber an und wandte sich dann an den Soldaten, der sich die ganze Zeit nicht von uns getrennt hatte.

»Schaff mir das aus den Augen«, sagte er, auf mich zeigend, »und schick mir den Chefkoch.«

»Für immer?«, fragte der Soldat.

»Red keinen Quatsch, wieso denn für immer? Nur vorerst, damit ich ihn nicht sehen muss«, antwortete Flummi. »Am Ende werden andere über ihn entscheiden, ich will mich nicht mit Kleinigkeiten wie ihm befassen.«

Der Soldat sah mich an, breitete wie vor Unbehagen die Arme aus und gab mir mit einer kurzen Kopfbewegung zu verstehen, dass wir gehen mussten. Ich gehorchte und ging zum Ausgang, drehte mich aber zwei-, dreimal um und sah Peter an, in der Erwartung, er werde etwas tun oder sagen. Ich konnte weder begreifen noch akzeptieren, dass er ein derartiges Verhalten uns gegenüber, vor allem mir gegenüber, ohne Protest und ohne Kommentar billigte. Hatte er etwa nicht ein halbes Jahr unter meinem Dach verbracht, war ich etwa nicht sein Übersetzer und Schüler?! Es war schrecklich und unwürdig, wie ruhig er hinnahm, dass der Flummi ihn praktisch einsperrte, wobei er ihn lobte und seine Verdienste in den Himmel hob, während er mich beleidigte und wie den letzten Dreck behandelte. Meine Blicke fruchteten nichts, wahrscheinlich hatte Peter sie gar nicht bemerken können, weil er nicht mit dem Gesicht zu mir saß, aber auch weil ich gar keine Gelegenheit hatte, ihn lange genug vorwurfsvoll anzuschauen, denn der Soldat ging dicht hinter mir und schob mich jedes Mal weiter, wenn ich stehen blieb und mich umdrehte.

Als wir zur Wachstube kamen, sagte der Soldat, ich solle

hinausgehen und vor dem Hotel auf ihn warten; wahrscheinlich wollte er sich erkundigen, wo er mich unterbringen sollte. Er tauchte nach etwa zehn Minuten auf und klopfte mir fast freundschaftlich auf die Schulter. Wir gingen zu einem Haus, das kaum zwanzig, dreißig Schritte vom Hotel entfernt war. Der Soldat blieb stehen, holte einen ziemlich großen altertümlichen Schlüssel aus seiner Tasche und schloss die Tür auf, an der wir standen.

»Da, du kommst hier rein«, sagte der Soldat. »Du hast gehört, du bist kein richtiger Gefangener, immer wenn du Lust hast rauszugehen, um ein bisschen herumzuspazieren und dir die Beine zu vertreten, klopf zwei-, dreimal an die Tür, und jemand macht dir auf. Mein Rat ist, es nicht auszureizen, es gibt hier alle möglichen Leute. Es gibt welche, die kommen direkt aus dem Kampf und können's kaum erwarten, ihre Wut an einem Zivilisten auszulassen, der vor ihrer Nase herumspaziert; es gibt zum Beispiel auch welche, denen ist es langweilig und die amüsieren sich gern mit jemand wie dir; es gibt allerdings auch welche, die sind schlecht gelaunt und suchen jemand, der ihnen zusätzlich die Laune verdirbt, um ihn in Grund und Boden zu stampfen, na komm, find mir jemand, der einem die Laune besser und schneller verdirbt als du. Drum beruhige dich in deinem Zimmer, das ist mein Rat. Du hast ein Bett, einen Tisch und Wasser, das Essen bringt man dir aus dem Hotel, und du gehst ins Hotel, um das loszuwerden, was du aus dem Essen gemacht hast. War ich deutlich genug?«

Ich ging hinein, während der Soldat hinter mir die Tür zumachte und abschloss. Es war kein richtiges Zimmer, es war am ehesten ein Kellerloch, etwas weniger als einen halben Meter in die Erde gegraben, mit etwa zehn Quadratmetern Fläche, so dass das Feldbett, ein wackliger Tisch ohne Tischtuch und ein ebenso wackliger Stuhl sowie das Waschbecken an der Wand neben der Tür kaum Platz hatten. Es gab kein Fens-

247

ter, nur eine kleine Öffnung oben in der Wand, gleich unter der Decke. Trotzdem konnte man auch ohne künstliches Licht gut genug sehen, weil die Tür nicht gerade neu war, schon gar nicht solide, und genug Licht ins Zimmer ließ. Es gab auch Seife und ein Handtuch, das an der linken Halterung des Waschbeckens hing. Als hätte mich diese Entdeckung eingeladen, zog ich mein Hemd aus und wusch mich gründlich. Danach setzte ich mich auf den Stuhl, um zu versuchen, mich zu sammeln und wenigstens zu fragen, was jetzt mit mir geschehen könnte. Fragen konnte ich mich zumindest, wenn schon die Antworten auf diese Frage zuallerletzt von mir abhingen.

Weder mit der Sammlung noch mit der Frage nach meiner Zukunft kam ich weit, weil meine Augenlider, kaum dass ich saß, schwer wurden wie Blei und sich trotz meines heftigen Widerstands schlossen. Ich dachte an das Fieber, in dem ich die vorherige schlaflose Nacht verbracht hatte und das meine bleiernen Lider völlig rechtfertigte. Mirsads Mann war gegen vier Uhr nachmittags gekommen und hatte mir mitgeteilt, dass wir am nächsten Tag gehen würden, er hatte mir erklärt, was an Ausrüstung und zur Erkennung notwendig sei, und war gegangen. In diesem Augenblick hatte mein Fieber angefangen. In mir mischten sich Angst und Hoffnung, Scham und Freude, das bis zum Schmerz starke Bedürfnis, mich vor jemandem oder etwas zu verstecken, so wie ich mich als Kind versteckt hatte, wenn ich in den Schrank oder unter das Bett geschlüpft war, und die Überzeugung, dass ich mich vor nichts zu verstecken brauchte, das heißt ein tiefes Vertrauen in die Welt, in das Gute, in mein gutes Schicksal. Jetzt forderte die ganze Aufregung ihren Tribut, die Augen fielen mir zu, und ich hätte sie nicht öffnen können, selbst wenn ich mich meiner Finger bedient hätte, um das Ober- vom Unterlid zu trennen. Gegen ein wenig Schlaf hatte ich im Übrigen nichts einzuwenden, der Nachmittag war schon ziemlich fortgeschritten, und ein müder Mann hat das Recht, ein wenig zu schlafen, »eine Mütze voll Schlaf« zu nehmen, wie Genosse Ibrahim sagte. Ich streckte mich in der Hose auf dem Bett aus, und den Oberkörper bedeckte ich mit dem Hemd, das ich vor dem Waschen ausgezogen hatte. »So würde auch ein etwas ordentlicheres Ferkel schlafen«, hätte meine liebe Mutter Ljuba gesagt, wenn sie mich mit Hosen auf dem Bett gesehen hätte. Aber sie würde mich nicht sehen, ich wusste nicht, ob sie mich überhaupt noch einmal sehen würde. Ich schlief, bevor ich diese Frage in Gedanken zu Ende gebracht hatte.

Ein lautes Gespräch vor meiner Kammer weckte mich.

»Was machst du denn da, Vojo, altes Haus?«, fragte eine heisere Stimme, wahrscheinlich die eines alten Mannes.

»Wacheschieben«, antwortete eine andere Stimme, kaum weniger alt. »Ich pass auf einen Gefangenen auf. Hinter der Tür von unserm Lager.«

»Und ausgerechnet dich haben sie gefunden, damit du ihn bewachst?«, wunderte sich die erste Stimme. »Konnten sie keinen jüngeren und, sagen wir mal, stärkeren finden als dich?«

»Für den brauchen sie keinen, mich auch nicht. Hoffnungsloser Fall, so eine dicke Brille. Ich glaub, der Arme kann nicht im Dunkeln essen, bestimmt würd er bei jedem zweiten Löffel den Mund verfehlen und ihn sich ins Ohr stopfen. Ich glaub, deshalb ist es mir zugefallen, dass ich ihn bewache.«

»Und dir gefällt's? Das ist eine Arbeit auch für altes Eisen.«

»Gott bewahre, freiwillig würd ich keine fremden Kinder hüten, nicht mal im Guten, und im Gefängnis schon gar nicht. Aber was soll ich machen, sie haben's mir befohlen. Sie sind da zum Befehlen und ich zum Gehorchen.«

»Darfst du auch nicht weg?«

»Ich weiß nicht, ich würd's nicht probieren.«

»Stanka! Stanka!«, begann auf einmal die erste Stimme zu schreien. »Los, junges Gemüse, bring uns die Flasche Sterbehilfe aus der Kredenz. Und mir bring das Bänkchen aus dem Gang.«

»Du setzt dich ein bisschen zu mir?«, fragte die zweite Stimme.

»Was soll ich machen, wir sind doch Nachbarn. Und ich hab grad auch nichts Besseres zu tun.«

Kurze Zeit herrschte Stille, aber dann meldete sich wieder die erste Stimme.

»So ist's recht, das hast du gut gemacht. Aber ich wäre nicht böse, wenn du uns auch ein paar Happen bringen würdest, Käse oder ein bisschen Speck.«

»Und ich wär nicht böse, wenn euch das im Hals stecken bleiben würde«, antwortete eine Frauenstimme. »Ich weiß nicht, ob ihr außer Schnaps und Nichtstun sonst noch was kennt.«

»Bring uns ein paar Happen. Und sag dem Radoje, dass wir uns hierhergesetzt haben«, schloss die erste Stimme zufrieden.

»Auch das werd ich euch bringen und dann zu Gott beten, dass er euch stoppt und uns befreit«, entgegnete die Frauenstimme, wahrscheinlich die von Stanka, die die erste Stimme zuvor gerufen hatte. Jetzt war deutlich zu hören, dass auch ihre Stimme ziemlich alt war, woraus sich schließen ließ, dass Stanka mit der ersten Stimme verheiratet war, deren Namen ich noch nicht herausbekommen hatte.

Eine Zeitlang war es relativ still vor meinem Zimmer, nur mein Wächter Vojo und die erste Stimme prosteten sich hin und wieder zu und wechselten den einen oder anderen Satz, bis eine neue Stimme zu hören war, die ein paarmal tief seufzte und das mit dem Bedürfnis, Atem zu holen, rechtfertigte, weil die Harmonika »sehr schwer ist, wenn man sie schleppt«.

Das war bestimmt Radoje, dem Stanka hatte ausrichten sollen, dass die beiden hier saßen. Und bestimmt hatte Stanka Radoje gebeten, die Häppchen zu bringen, die ihr Mann verlangt hatte und die sie zu bringen versprochen hatte. Es folgten Lieder, die Radoje ankündigte und die ich, Hand aufs Herz, viele Male in besseren Ausführungen gehört hatte, so dass mir kein einziges in Erinnerung blieb. Nur eines war mir neu, aber von ihm behielt ich lediglich den Refrain:

Nicht im Gasthaus
Verteidigen sich Serben.
Trink auf die Recken,
Die für dich sterben,

sang Radoje und begleitete sich auf der Harmonika.

Ein treffendes Lied, vielleicht nicht gut, aber gewiss wahr. Ich weiß nicht, ob unser Patriotismus irgendwo so präzise und so genau dargestellt worden ist. Der kluge Patriot hat den naiven Patrioten in den Kampf geschickt (dieses Mal, um das von niemandem angegriffene Serbien zu verteidigen), während er, der kluge Patriot, im Gasthaus sitzenblieb, in dem er auch bis dahin gesessen hatte. Da schmaust er jetzt wie früher, wie immer, nur dass er jetzt manchmal auf den naiven Patrioten trinkt. Wenn die Nachricht kommt, dass sein lieber Freund, der naive Patriot, gefallen ist, wünscht er dessen edler Seele Frieden und trinkt wahrscheinlich zweimal auf ihn. Und wenn es ihm gelingt, seine Tränendrüsen zu beherrschen, vergießt er immerhin auch die eine oder andere Träne um den gefallenen Helden, den naiven Patrioten. All das spielt sich in der Kneipe ab, in der der kluge Patriot, scheint es, von jeher sitzt und unermüdlich über das schlimme, aber heroische Schicksal seines heiligen Volkes spricht, das alle historischen Krisen, mit denen es das schlimme Schicksal konfrontiert hat, heldenhaft und ehrenhaft bewältigt hat. Dabei verschweigt er geflissentlich, dass er, der kluge Patriot, aus jeder dieser historischen Krisen, die sein Volk durchmachen musste, ein wenig dicker und viel reicher herausgekommen ist.

Es dämmerte schon, aber die drei saßen und sangen vor meiner Zelle. Die Lieder reihten sich aneinander, schlossen sich einander an, ein patriotisches an ein Liebeslied und ein Liebeslied an ein anzügliches, es reihten sich, nach den Trinksprüchen zu urteilen, auch die ausgetrunkenen Gläschen aneinander, bis sich die Sommernacht auf die drei Feierabendzecher herabsenkte. Das Beisammensein endete mit einem Lied, in dem ein Mädchen seiner Mutter gesteht, dass sie ihre Spindel verloren hat und dass ihr Liebster sie gefunden hat und dass er sie jetzt mit dieser Spindel erpresst. Kurz nachdem Stille eingetreten war, hörte ich, wie die Tür aufging und ein Mann, wahrscheinlich der Wächter Vojo, hereinkam.

»Mach das Licht an, junger Mann«, sagte er, und ich sprang buchstäblich auf (wahrscheinlich hatte ich mich in Sarajevo des elektrischen Stroms entwöhnt und schon fast vergessen, wozu Lichtschalter dienen). »Hier, iss. Und sonst, wenn du was brauchst, klopf einfach an die Tür.«

Gute Menschen aus dem Hotel hatten mir gebratene Leber und Kartoffelpüree als Beilage geschickt. Wie ein ausgehungerter Wolf machte ich mich über das Essen her (hätte Mutter Ljuba durch einen glücklichen Umstand sehen können, wie ich aß, hätte sie mich sicher nicht mit einem Wolf verglichen, sondern bemerkt, dass jedes etwas besser erzogene Ferkel anständiger esse als ich), wahrscheinlich weil ich schon lange nichts Vergleichbares mehr gegessen hatte, aber sicherlich, weil ich nach dem kargen Frühstück zu Hause den ganzen Tag nichts zu mir genommen hatte. Das Essen war richtig gut, bei dieser Verpflegung wäre ich gern zehn Tage ihr »Gefangener« geblieben. Es hatte nur einen leicht bitteren, unangenehmen Beigeschmack, vielleicht war ich den Geschmack von Leber nicht mehr gewöhnt, vielleicht hatten sie auch ein unbekanntes Gewürz hinzugefügt. Aber das war der einzige kleine Mangel einer ausgezeichneten Mahlzeit.

»Ich bin tagsüber vor der Tür, klopf einfach, wenn du was

brauchst«, erinnerte mich der Wächter Vojo, das Tablett in den Händen haltend. »Möchtest du vielleicht jetzt ins Hotel, aufs stille Örtchen?«

»Nicht nötig, danke. Gut Nacht.«

Der Wächter Vojo ging hinaus und schloss die Tür ab, und ich zog mich aus, legte mich aufs Bett und starrte auf die Glühlampe. Mir fiel ein, dass der blöde Bruder von Mido in die Sonne geschaut hatte, um Licht zu tanken. Es ist keine Großtat, eine Glühlampe anzustarren, na los, schau in die Sonne, mein Freund!

Und Peter hat das alles nicht einmal gejuckt. Er bekommt mit, wie mich der Flummi beleidigt, sieht dabei zu, wie mich der Militärpolizist abführt, und hört sich freundlich lächelnd die Komplimente an, die ich nicht unbedingt ernst genommen hätte an seiner Stelle. Vielleicht stimmt es ja doch, dass große Menschen krankhaft selbstsüchtig sind? Wahrscheinlich wären sie auch gar nicht groß geworden, wären sie fähig gewesen, außer sich auch noch etwas anderes zu sehen?

Plötzlich entbrannte in mir ein höllischer Durst, als loderte in meinem Bauch ein regelrechter Scheiterhaufen. Ich drehte den Wasserhahn auf, hielt den Kopf darunter und trank, als gäbe es danach kein Wasser mehr. Ich hörte auf zu trinken, als ich feststellte, dass ich jedes Maß überschritten hatte, doch der Scheiterhaufen in meinem Bauch brannte weiter und machte mich wahnsinnig. Ich schaltete das Licht aus und ging wieder ins Bett. Bald versank ich in einen Zustand voller Bilder und Farben, der sicher kein Traum war, obwohl er in allem einem Traum ähnelte.

Alles Augen, lauter Augen, so weit der Blick reicht. Augen, über denen keine Stirn, unter denen kein Gesicht ist, einsame und bloße Augen, schleimig und schrecklich. Ich weiß, ich muss über sie hinweg, ich muss irgendwohin gehen, ich weiß, dass mein Weg über diese Augen führt, aber ich stehe noch hier, ziemlich weit entfernt von dieser schleimigen Menge, weil ich Angst habe. Und mich ekle. Wieder fordert mich eine Stimme zum Gehen auf. Die Stimme kommt aus mir, sie spricht nicht, aber ich verstehe sie. Wieso ist eine Stimme in mir? Wer spricht aus mir und warum? Ich muss los. Es ist dumm, dass ich losgehe, und ich habe keine Ahnung, wie ich über die glitschigen Augen gehen soll und wo mein Ziel ist. Ist es noch dümmer, dass ich mich trotzdem nicht sorge, wundere, frage? Mich ekelt es, auf die einsamen Augen zu treten, die sicher spritzen und unter meinen Füßen auseinanderfließen werden.

Zum Glück sind da Arme. Große kräftige Arme ohne Schultern und Körper, lange Arme, die mich hochheben und einander weiterreichen. Ich hänge in den Armen, die mich tragen, und sehe Köpfe mit zwei Gesichtern, aber ohne Hinterkopf. Es ist traurig, zwei Gesichter zu haben und keinen Hinterkopf. Die Welt ist wirklich ein trauriger Ort. Mir ist klar, dass mich mächtige Arme nach Bentbaša bringen und mich dort absetzen. Das ist gut, sie wissen, dass hier mein Platz ist, und ich bin ihnen dankbar dafür. In mir schäumt es buchstäblich vor Freude, wahrscheinlich weil ich auf der kleinen Fußgängerbrücke, gleich hinter dem Wehr von Bentbaša, stehe und spüre, wie gut es hier für mich ist. Ich höre es von der Kathedrale läuten, und dieses Läuten mischt sich mit dem Lied der Vögel. Es sind große Vögel, ein richtiger Schwarm, und mitten im Schwarm singt und brennt ein roter Vogel. Ich sehe, dass ihr Lied aus bronzenen Schnäbeln kommt, nur mein roter Vogel singt ohne Schnabel. Er singt und brennt, und je länger er brennt, desto größer wird er.

Ich frage mich, ob man hier die Glocke der Kathedrale hören kann, und begreife, dass meine Frage falsch gestellt ist. Ganz gleich, wie weit die Kathedrale von hier entfernt ist, man hört sie in meiner Nähe deutlich, weil ich die Glocke und ihr Klang bin. Mich stört nur, dass sich in alles die Stimme eines geschniegelten Mannes mischt, der mich unentwegt nach allem Möglichen ausfragt. Er fragt und fragt und fragt, doch ich weiß nicht, ob ich ihm antworte.

Am Morgen wusste ich nicht, ob ich in der Nacht überhaupt geschlafen hatte, ich wusste nur, dass sich meine Kräfte, falls ich denn geschlafen hatte, nicht belebt und erneuert hatten. Ebenso wenig wie mich das Erwachen aus dem Albtraum von Bildern und Farben herausholte, in dem ich die Nacht verbracht hatte. Ich hob meinen Arm, starrte ihn an und stellte voller Angst fest, dass er kein bisschen wirklicher war als die unzähligen Arme, die mich in der Nacht getragen hatten. Ich biss mir in den Daumen der linken Hand, die ich betrachtete, und stellte fest, dass der Schmerz von dem Biss weder wirklicher noch gegenwärtiger war als der Ekel und die Freude, die ich in meinem nächtlichen Albtraum erlebt hatte. Verwirrt lachte ich auf und sagte mir, dass ich mich, wenn ich so weitermachte, noch fragen würde, ob ich hier sei, in meinem Körper, oder in den irren Bildern, in denen ich die vorherige Nacht verbracht hatte. Wo bin ich eher? Was von beidem ist meine Realität – dieser Körper oder jene Szenen?

Ich hörte, wie sich ein Schlüssel im Schloss drehte, und kurz danach kam der Wächter Vojo mit dem Frühstück auf einem Tablett herein.

»Da hast du ein bisschen was zum Essen«, sagte er anstelle eines Grußes. »Wenn du was Stärkeres brauchst, kann ich dir was von zu Hause bringen.«

»Nein danke, ich denke, genau das wird mir guttun«, antwortete ich und staunte über meine heisere, tiefe Stimme.

»Klopf einfach«, erinnerte mich der Wächter Vojo und schloss die Tür hinter sich.

Ich sah ihn vor mir, hörte, wie er redete, und merkte mir, was er gesagt hatte, all das bedeutete, dass der alte Vojo sicher der Wirklichkeit angehörte. Aber in meinem Empfinden und in meiner Erinnerung war der geschniegelte Typ, der mich die ganze Nacht verhört hatte, kaum weniger real. Diesen Typen hatte ich weder gehört noch gesehen, zumindest nicht deutlich, aber in meinem Empfinden war er präsenter und realer als das Bett, das ich betrachtete, und der Tisch, an dem ich saß.

Da registrierte ich, dass sich bei mir die Grenzen verwischten zwischen der wirklichen Welt und einer anderen, mir bis dahin unbekannten, deren Namen ich nicht wusste und über die ich nichts Verlässliches und Klares sagen konnte. Ich weiß nicht, wie lange sich diese beiden Welten miteinander vermischten und die Dinge in meinem armen Kopf durcheinanderbrachten, weil ich nicht weiß, wie viele Tage ich in Pale verbrachte. Nach unserem Weggang aus Pale hörten die nächtlichen Albträume auf, und die wirkliche Welt erhielt ihre Überzeugungskraft zurück, aber manche Bilder beziehungsweise manche Albtraumerlebnisse sind noch heute so stark in mir präsent, dass ich sie manchmal auch dann erneut durchlebe, wenn ich es bestimmt nicht will. Es genügt, die Augen zu schließen, zur Ruhe zu kommen und zu denken, dass von irgendwo aus meinem Innern Bilder, Stimmen hochkommen, all das Unverständliche und Verwirrende, das ich in den Nächten in dem Zimmerchen in Pale erlebt habe. Wie auch jetzt, wo ich mich bemühe, meine Erlebnisse in den letzten ein, zwei Jahren genau wieder aufleben zu lassen und aufzuzeichnen:

Ich kehre von der Ziegenbrücke in die Stadt zurück. Die Dariva-Promenade ist leer und schön wie immer im Frühherbst. Ich gehe nicht, sondern gleite über den Boden oder schwebe ein paar Zentimeter darüber und werde nicht müde. Vom Gefühl zu schweben befällt mich ein freudloses Kichern. Ich bin in der Nähe der Höhle, die sich bis unter Vratnik erstreckt, und deshalb muss ich langsamer werden. Ich weiß, drinnen befindet sich eine dunkelhäutige junge Frau mit pechschwarzen Haaren und großen Augen mit heller Lederhaut. Sie versteckt sich in der Höhle, es ist Lejla, die Sängerin, die ich zweimal getroffen habe, bevor ich sie im Haus der Delalićs kennenlernte. Ich weiß, dass sie es ist, weiß aber, dass die anderen es nicht wissen dürfen. Ich weiß nicht, warum sie sich versteckt, und sie will es mir nicht sagen, was mich verunsichert und traurig macht. Ich stehe vor der Höhle und weiß, dass die Sängerin Lejla drinnen ist. Ich sehe und höre sie nicht, aber ich weiß, dass sie da ist, wie ich auch weiß, dass ich da bin. Eigentlich weiß ich es nicht, weil ich weder sie noch mich sehe, aber irgendwie ist mir klar, dass wir da sind, todsicher. Da sind auch ein paar Leute, übergroße und überlaute Leute, die nach Lejla rufen, ohne ihren Namen auszusprechen, Leute, die ihr Tageslicht, Sonne, viele Freuden versprechen. Ich schreie, sie solle nicht darauf hereinfallen, erinnere sie daran, dass es Lügner und Betrüger sind, während sie drinnen leise lacht. Die riesigen Leute verhalten sich, als hörten und sähen sie mich nicht, was mir nur recht sein kann. Sie bieten der Sängerin Lejla einen Spiegel, einen goldenen Apfel, einen Kreisel, schöne bunte Murmeln an, die laut zusammenstoßen und voneinander abprallen. Ich weiß, dass sie dem nicht widerstehen wird, und beginne zu weinen. Lejla erscheint am Höhleneingang und streckt ihre Hände nach den Murmeln aus, während ich kreische und mich in Tränen auflöse, weil ich weiß, dass das ihr Ende ist.

Ein oder zwei Tage nach unserem Weggang aus Pale erzählte ich Peter von meinen Visionen und der Angst, den Verstand zu verlieren. Er hörte mir aufmerksam zu, erkundigte sich nach diesem und jenem, am meisten nach dem geschniegelten Typen, der oft in diesen Visionen erschienen war, und ich antwortete, so gut ich konnte und vermochte, aber das war, Hand aufs Herz, nicht gerade viel. »Ich muss dich enttäuschen«, stellte Peter fest, »ich denke, du verlierst den Verstand nicht. Aber es wäre gut zu wissen, was alles in dem Essen war, das du zu dir genommen hast.«

Meine Albträume dauerten, scheint mir, in der letzten in Pale verbrachten Nacht am längsten. Da ging ich lange umher und trat auf Blumen, die auf dem Wasser schwammen, und am Ende weinte ich untröstlich, bis eine Frau mich tröstete. Am Morgen fragte ich mich, ob der Rest meines Lebens damit vergehen würde, dass ich nachts durch die fantastischen Landschaften meiner Albträume irrte und mich tagsüber anstrengte, die Gegenstände und Menschen dieser Welt von jener, die ich in der Nacht gesehen habe, zu trennen. Ein Schlüssel knirschte im Schloss, und Peter tauchte in der Tür meiner Kammer auf. Frisch gewaschen und rasiert, in schneeweißem Hemd und einem teuren neuen Anzug, passte er nicht in meine verworrene konfuse Welt. Ich saß noch immer am Tisch, stellte mir Fragen nach meiner traurigen Zukunft, die vor mir stand, und redete mir zu, das Frühstück zu essen, das ebenfalls vor mir stand.

»Komm, beeil dich, wir gehen in einer halben Stunde«, rief Peter von der Tür und drehte sich gleich um. »Ich warte vor dem Hotel auf dich, nicht dass du wieder verschläfst.«

Geschwind schluckte ich ein paar Bissen hinunter, wusch mich, zog mich an und eilte zum Hotel. Peter ging nervös auf dem Parkplatz auf und ab und sah alle Augenblicke auf die Uhr.

»Wir müssen die Rucksäcke holen«, erinnerte ich ihn und wies mit dem Kopf auf den Eingang des Hotels.

Peter ging sogleich los, ich hinter ihm her. In der Wachstube teilten sie uns mit, das Gepäck sei bereits im Auto, dem einzigen, das vor dem Hotel stehe. Als wir auf den Parkplatz zurückkamen, sahen wir schon einen Mann im Auto sitzen.

»Guten Morgen. Fahren wir mit Ihnen?«, fragte Peter, als der Mann das Fenster an der Autotür herunterkurbelte.

»Zwei Leute sollen gefahren werden, hat man mir gesagt. Das seid sicher ihr, sonst hättet ihr ja nicht gefragt, stimmt's«, antwortete der Mann.

Gerade wollte ich bitten, uns vergewissern zu dürfen, ob unsere Rucksäcke im Kofferraum lagen, als ein hoher Offizier auf das Auto zukam, uns im Vorübergehen mit einem Kopfnicken grüßte und dem Fahrer mitteilte, er werde uns fahren.

»Du kannst in die Einheit zurück«, sagte er. »Ich fahr, ich hab in Kiseljak zu tun und setze die beiden unterwegs ab.«

Über Vraca und Lukavica kamen wir nach Ilidža und von dort über Blažuj nach Kiseljak. Nach einer knappen Stunde Fahrt parkte der Offizier und wandte sich an Peter, der neben ihm saß.

»Das ist euer Hotel«, sagte er und zeigte mit der Hand auf das Gebäude, vor dem wir standen. »Aber hier wird bezahlt, die werden euch nicht freihalten wie wir. Nehmt eure Sachen und dann viel Glück.«

Er öffnete den Kofferraum, wir stiegen aus und nahmen unsere Rucksäcke. Wir standen noch neben ihnen, als der Offizier ausstieg und das Auto abschloss. In diesem Augenblick kam wie verabredet ein Mann mit üppigem grauem Haar und markantem schwarzem Schnauzbart aus dem Hotel, und der Offizier, der uns gefahren hatte, rief entzückt, als er ihn sah:

»Ivica, altes Haus!«

»Welche Freude für meine Augen, dich zu sehen«, antwortete der Schnauzbart und stürzte auf unseren Offizier zu.

Sie umarmten sich, klopften sich auf die Schultern und in die Seiten, und gingen gemeinsam ins Hotel.

Ich betrachtete diese Freudenergüsse wie versteinert.

»Gehen wir? Was ist los mit dir!?«, fragte Peter ungewöhnlich laut. Er zog mich schon am Ärmel, weil ich wahrscheinlich auf seine erste Aufforderung zu gehen nicht reagiert hatte.

»Nichts. Ich fürchte, ich hab gerade alles gesehen und gehört, was ich nicht über uns wissen will.«

»Geht's ein bisschen genauer?«, fragte Peter.

»Hast du die beiden gesehen? Sie sind offiziell im Krieg, zerstören einander die Gotteshäuser, denken sich üble und immer üblere Beleidigungen füreinander aus, nutzen ihre ganze Kreativität, um einander zu schaden. Aber wenn sie sich treffen, umarmen und bewirten sie sich, tauschen sie Liebeserklärungen aus und freuen sich übereinander wie richtige Freunde. Warum? Weil sie einen gemeinsamen Dritten haben, den sie beide hassen. Sie verbindet dieser gemeinsame Hass so tief und stark, dass sie womöglich schon an ihre Freundschaft glauben. Aber irgendwo in ihrem Innern wissen sie, dass sie einander an die Gurgel gehen werden, sobald sie den Dritten beseitigt haben, der sie jetzt verbindet.«

»Das weißt du alles ganz sicher?«, fragte Peter, und mir schien, als entbehrte seine Frage nicht ganz des Spotts.

»Ja, ich bin doch einer von ihnen. Das sind wir, und das quält mich schon seit Jahren, weil ich nicht so sein will, es nicht billige. Warum sind wir nicht fähig, einen Freund zu haben, mit dem uns Liebe verbindet? Warum sind unsere Verbindungen immer Verbindungen gegen jemanden und nie Verbindungen für etwas?«

Ich schwieg kurz, weil mir vor Ärger die Luft wegblieb, aber ich redete schnell weiter, lauter und überzeugter von dem, was ich sagte, als kurz vorher.

»Wahrscheinlich sind wir deshalb nicht imstande, etwas Dauerhaftes und Gutes zu schaffen. Wir rackern und ackern, um jemandem zu schaden, um jemandem etwas zu beweisen und nicht aus dem Wunsch, etwas wirklich Gutes zu tun. Uns treiben Trotz, Wut, Hass und nicht der Wunsch, eine anständige Spur und einen Beweis unseres Wissens, unserer Bereitschaft und Fähigkeit zu hinterlassen, einer Profession, der Gemeinschaft, dem Guten zu dienen.«

»Bist du sicher, dass es mit euch so steht?«, fragte Peter nach einer kurzen Pause.

»Ziemlich sicher.«

»Danke. Jetzt bin ich sicher, dass ihr normale Menschen seid wie alle anderen auch, sollte ich früher daran gezweifelt haben – jetzt weiß ich genau, dass ihr es seid. Nur Menschen.«

Nur ein bisschen hinter die Vorhänge

Zwei Tag verbrachten wir in Kiseljak, wo wir auf einen Platz im Bus nach Zagreb warteten. Wir konnten nicht überprüfen, ob wirklich so viele Leute täglich von Kiseljak nach Zagreb fuhren oder ob der bärtige Ivica, über den sich der Offizier aus Pale so herzlich gefreut hatte, beschlossen hatte, uns ein paar Tage in seiner Reichweite zu behalten. Wir versuchten erst gar nicht, etwas über den schnauzbärtigen Ivica und seine Entscheidungen herauszufinden, verschiedene Leute hatten uns darauf hingewiesen, dass er Erkundigungen nicht mochte, und sie mussten uns auch nicht darauf hinweisen, dass er der Besitzer dieses Städtchens und der Menschen war, die das Glück hatten, darin zu leben, das sah man auf den ersten Blick, und deshalb gab es keinen Grund, es auszusprechen. Wahrhaft unergründlich sind die Wege des Herrn, besonders die, welche zur Freiheit und Demokratie führen.

Wir dachten, zehn Tage in Zagreb würden uns guttun, und so riefen wir Berti an, unseren Verleger, und baten ihn, uns ein Hotelzimmer bis zum neunten Oktober zu reservieren und für den zehnten Oktober zwei Plätze im Flugzeug nach Rom. In Zagreb kamen wir gegen Abend an und meldeten uns bei Berti, sobald wir uns niedergelassen und ein wenig erfrischt hatten, nur um ihn über unsere Ankunft zu informieren. Aber er wollte uns sofort sehen, kam in unser Hotel gerannt und lud uns zum Abendessen in sein Lieblingsrestaurant Baltazar ein.

Die Begegnung mit Berti war wirklich rührend. Er begrüßte uns mit Tränen in den Augen, danach nutzte er jede Gelegenheit, einen von uns zu berühren, als wollte er sich auch mit den Händen vergewissern, dass wir tatsächlich lebendig und heil vor ihm standen, mit aufrichtigem Interesse erkundigte er sich nach meiner Mutter Ljuba und dann nach allen Menschen, die er in Sarajevo kannte. Auch jetzt denke ich mit Dankbarkeit an ihn und diese Begegnung. Das Abendessen verlief ziemlich langweilig, weil Berti ununterbrochen redete, als wollte er einen verborgenen Schmerz oder eine Krankheit aus sich herausschleudern. Einige Male fragte ich mich verwirrt, was mit meinem Freund los war; ich kannte Berti als einen der wenigen Menschen, die sich gleich gut aufs Reden wie aufs Zuhören verstehen. Von welcher Qual er sich mit seinem unerbittlichen Plappern befreien wollte, konnte ich nicht offen fragen. Wir sind Freunde, dachte ich, er werde es mir, auch ohne dass ich nachfragen musste, sagen, wenn man über das, was ihn quälte, überhaupt reden konnte. Die ganze Nacht über deutete er nicht einmal an, was ihn quälen und dazu treiben könnte, unschuldige Menschen zu plagen, während er geradezu besessen redete, redete, redete. Er wartete nicht auf meine oder Peters Fragen, er bemühte sich nicht, die Sätze, die er aussprach, miteinander zu verbinden, einige Male bemerkte ich, dass ihm nicht einmal das Thema, über das er sprach, wirklich klar war, dennoch redete und redete er unermüdlich – nervös, schnell, und verworren. »Wo steckt denn nur mein Freund, der sich und seine Worte meisterhaft beherrschte?!«, fragte ich mich mindestens zehn Mal.

Am nächsten Tag überzeugten wir uns, dass es nicht Berti war, sondern eine Epidemie, denn alle Leute, mit denen wir zu tun hatten, redeten zu viel, zu schnell und zu laut. Nicht anders war es beim Abendessen mit meiner lieben Freundin und Kollegin, die uns beide, Berti und einen angesehenen Literaturprofessor zu sich eingeladen hatte. Während unseres mehrstündigen Beisammenseins sagten Peter und ich etwa zehn kurze und einfache Sätze, die übrige Zeit füllten unsere Gastgeber mit ihren Monologen aus. Einer von ihnen redete, die zwei anderen taten, als hörten sie zu, lauerten aber in

Wirklichkeit auf den Moment, in dem er kurz schweigen würde, um Atem zu holen – in dem Moment, wo er schwieg, begann einer von ihnen seinen Monolog, der andauerte, bis ihn vor Atemnot die Lunge schmerzte. Am meisten und längsten sprach unsere Gastgeberin, die über eine halbe Stunde von ihren Sorgen wegen der Missachtung der Menschenrechte in Gospić erzählte und so schnell sprach, dass auch ich nur jedes zweite oder dritte Wort verstand. Nach dem Abendessen, auf dem Weg zu unserem Hotel, fragte sich Peter laut, ob er wenigstens ein bisschen mehr verstanden hätte, wenn die Kollegin Russisch oder Polnisch gesprochen hätte, eine der Sprachen, die zu lernen er gar nicht versucht hatte. »Das einzige Wort, das ich in dieser Rede verstanden habe, war *ich*«, gab er zu.

Wir hatten keine Lust zu schlafen, und so blieben wir noch lange im Restaurant des Hotels und unterhielten uns über die seltsame Logorrhö-Epidemie, die die Menschen in Zagreb befallen hatte. Am Ende einigten wir uns, dass an dieser Krankheit wahrscheinlich der unerträgliche Zustand schuld war, in dem sie sich schon über ein Jahr befanden, ein Zustand, in dem sich das Erleben und das Denken gegenseitig widerlegten und nicht bereit waren, sich einander auch nur einen Millimeter anzunähern. Schon über ein Jahr lang hörten sie nur vom Krieg, weil alle Leute, alle Zeitungen, alle Fernseh- und Radiosender nur über den Krieg sprachen, in dem sich Kroatien befand. Und dabei war ihr wirkliches Leben, heute wie vor drei Jahren, der ihnen bekannte, bis zum Gehtnichtmehr normale graue Alltag, der sich in der bis zum Gehtnichtmehr normalen und ihnen bekannten wirklichen Welt abspielte. In den Geschäften, in denen sie immer eingekauft hatten, kauften sie die Dinge, die sie immer gekauft hatten, und in den Lokalen, in denen sie immer Kaffee getrunken hatten, tranken sie auch jetzt den Kaffee, den sie immer getrunken hatten. Alles war bis zum Gehtnichtmehr bekannt und ewig gleich in einer Welt, die bis zum Gehtnichtmehr bekannt und ewig gleich war, nur, und das war das einzig Neue, galten alle ihre Gedanken und Worte dem Krieg, von dem es in ihrer Erfahrung nicht die Spur gab. In den Zeitungen und im Fernsehen, im Radio und in allen Gesprächen gab es nichts außer dem Krieg, während es in den Geschäften und im Lokal, im Schlafzimmer, am Arbeitsplatz und auf der Straße nichts gab, was auf Krieg hingewiesen hätte. So entfernten sich das Denken und die Erfahrung immer mehr voneinander, und dadurch zerfielen die menschliche Welt und sein Wesen in zwei Teile, zwischen denen es weder Ähnlichkeiten noch Berührungen gab. Ein derart zerrütteter, derart aus sich selbst emigrierter Mensch musste krank werden, so oder so.

Am nächsten Tag schauten wir vor dem Frühstück im Reisebüro neben dem Hotel vorbei und baten, unseren Flug auf einen früheren Tag, so früh wie möglich, umzubuchen. An diesem Tag gab es keinen Flug nach Rom, aber schon am nächsten Tag, dem 2. Oktober, gab es Plätze für uns in einer fast leeren Maschine. Den Rest des Tages besuchten wir Buchhandlungen und achteten darauf, uns so an die Menschen zu wenden, dass sie kurz und konkret antworten mussten. Ich gab mir alle Mühe, Peter zu zerstreuen, den wieder die Unruhe, die ich schon in Sarajevo kennengelernt hatte, zu quälen begann – er biss seine Nägel, alle Augenblicke verlangte er Wasser, um seinen ständig trockenen Mund zu befeuchten, ohne Grund verzog er das Gesicht zu verrückten Grimassen und verlangte ständig, irgendwo anders hinzugehen, oft bevor wir uns dort, wo wir waren, überhaupt einigermaßen niedergelassen hatten. Ich tröstete mich damit, dass wir schon morgen in Sizilien sein würden, in seinem Haus, wo ihn seine Dämonen, wie auch er hoffte, weniger plagen würden als hier oder in Sarajevo.

Am zweiten Oktober, kurz nach drei Uhr nachmittags, standen wir vor Peters Haus in Monreale. Er freute sich wie ein kleines Kind, und ich war, wie jeder Esel, traurig und froh zugleich. Unwillentlich musste ich an mein Zuhause in Dolac Malta denken, und die Erinnerung schnürte mir die Kehle zu. Doch gleichzeitig war ich froh und auch stolz, dass ich die nächste Zeit als Freund und Schüler eines großen Mannes in diesem prächtigen Haus leben würde. Eine heitere und ausgesprochen anstrengende Phase von zehn bis vierzehn Tagen begann, in der es galt, das Haus zu putzen und aufzuräumen, das Notwendigste einzukaufen, meine Papiere und meinen Aufenthaltsstatus zu regeln, eine Menge Post durchzusehen und zu sortieren, ein Zimmer für mich herzurichten, die nächsten Nachbarn zu besuchen oder wenigstens beiläufig zu grüßen und weiß Gott was noch alles zu erledigen, um normal hier wohnen zu können.

An einem dieser Tage saßen wir in der Dämmerung auf der Terrasse und ruhten uns nach der Rückkehr aus Palermo aus, wo wir für mich alle notwendigen Stempel und Genehmigungen erhalten hatten. Entspannt und stolz auf unseren Erfolg, den wir bei den Behörden gehabt hatten, schlürften wir einen guten Rotwein, von dem einem die Knie weich werden, bevor man die Wirkung des Weins im Kopf bemerkt. Nur dass ich keinen Wein brauchte, um mich zu berauschen, schon vor dem Wein hatten mich die Freude und die Düfte des Frühherbstes berauscht. Es duftete die trockene Erde, es dufteten das Gras und das Laub, das schon trocken und rot raschelte, es duftete das Jod und noch etwas Bitteres und Angenehmes, wahrscheinlich eine mir unbekannte Blume oder ein Busch, der im Herbst blüht. Offenbar waren es diese Düfte, die mir das Gespräch mit einem alten Mann im Rentnerhaus in Vratnik in Erinnerung riefen. Der Alte erzählte mir bei dieser Gelegenheit von seinem langen Aufenthalt in der Herzegowina und davon, wie er dort gelernt habe, den Duft der Hyazinthe oder einer anderen stark duftenden Blume wie Häppchen zu sich zu nehmen. Vor meinen Augen tauchte auch sein Bild auf, das mir im Gedächtnis geblieben war, obwohl ich ihn nie wieder gesehen hatte – ein mageres, wie aus Ton gebranntes Gesicht, ein kahler Kopf und riesige Hände. Während er mir von der Hyazinthe und anderen Düften erzählte, die man wie Häppchen zu sich nehmen könne, trank er Weinbrand und aß Birnenhäppchen. Nun überzeugte auch ich mich davon, dass man Duft wie Häppchen zu sich nehmen kann – die Mischung von Düften, die mich still überfluteten, nahm ich tatsächlich zu mir und berauschte mich zugleich an ihnen. Griff ich deswegen immer häufiger zum Glas und goss immer größere Schlucke in mich hinein? Ich glaube, es tat mir gut, so müde und selig, wie ich war, und ganz sicher tröstete es mich jetzt, während ich mich stumm von Sarajevo verabschiedete. Ich spürte, wie nahe mir auch der gute ausgemergelte Gesprächspartner aus dem Vratniker Haus der Rentner war, und wunderte mich, dass ich mich bis jetzt nicht einmal an ihn erinnert hatte.

»Findest du nicht, dass du ein bisschen zu schnell trinkst?«, fragte mich Peter.

»Ich trinke, also bin ich«, antwortete ich und ergriff das Glas, ohne die Absicht, Peter zu provozieren oder über seine Warnung zu spotten.

»Nicht schlecht, dein Bonmot«, bemerkte Peter. »Aber es ist nicht weniger gut, wenn du nüchtern bleibst.«

»Das Bonmot ist nicht von mir, das hat mein Freund Emir, eine Bohnenstange aus Aneks, gesagt, wenn wir uns hingesetzt haben, um etwas zu trinken.«

»Was ist bitte schön dieser Annex?!«, fragte Peter fast wütend, als hätte er etwas gegen unser Aneks.

»Eine Wohnsiedlung auf dem Berg oberhalb von Čengić Vila. Etwa zwanzig Gebäude, die wahrscheinlich als Zusatz zur großen Siedlung Čengić Vila erbaut worden sind«, erklärte ich. »Warum fragst du, was stört dich an Aneks und was hast du überhaupt damit zu tun?«

»Ein Dutzend Mal habe ich lange Gespräche über einen Sead vom Annex gehört«, antwortete Peter. »Aber mir hat niemand erklärt, wer dieser Sead ist, woher er kommt, warum er … Vor allem hat mir niemand erklärt, wer, was und warum Annex ist.«

»Sead kommt aus Aneks, haben sie dir gesagt«, bemerkte ich und lachte laut auf. Eine Freude sprudelte in mir und verteilte sich ringsum. »Sead war der Freund von Zuhdis Sohn Fadil, er hat uns gesagt, dass Sead eine Überdosis genommen hat und gestorben ist. Du erinnerst dich, in dem Kiosk bei der Brücke?«

»Sicher! Aber die anderen haben nicht gesagt, dass er eine Überdosis genommen hat.«

»Natürlich, deine Leute glauben, dass man eher am Lesen als an Drogen stirbt.«

Die Sonne ging unter, und die Welt wurde grau. In der Nähe meldete sich ein Vogel und kurz danach antworteten ihm mehrere, vielleicht ein ganzer Schwarm. Ein lauer Wind erhob sich, und das trockene Laub roch stärker als bisher.

»Ich weiß, ich sollte es nicht, aber ich muss dich trotzdem etwas fragen«, ergriff ich träge das Wort nach einem langen Schweigen, in dem wir unsere Gläser ausgetrunken und neu gefüllt hatten.

»Frag, wenn du musst«, entgegnete Peter.

»Was zum Teufel hat dich zu diesen verlorenen Seelen geführt?«

»Du glaubst es bestimmt nicht, aber ich sag es dir doch«, antwortete Peter nachdenklich, als wollte er seine Antwort noch einmal überprüfen. »Die Freude, sie war auf jeden Fall einer der Gründe.«

»Die Freude hätte sich auch billiger hervorrufen lassen«, lachte ich laut. »Da, schau mich an.«

Peter winkte ab, aber das schien ihm wohl nicht genug, und so fügte er hinzu:

»Du redest Blödsinn«.

Aber er beschloss dennoch, die Sache zu erklären. Er erzählte mir, dass er in seiner Jugend wahrscheinlich alle Drogen ausprobiert hatte, auf jeden Fall die meisten von denen, die damals bekannt waren. Darin war er im Übrigen keine Ausnahme, zu der Zeit war es modern, mit Drogen zu experimentieren, und die meisten Gleichaltrigen probierten aus, was sie in die Finger bekamen. Im Unterschied zu vielen hörte er mit dem Ausprobieren auf, weil er sich davon überzeugt hatte, dass er und die Drogen nichts füreinander waren – er war nicht bis an »die Pforten der Wahrnehmung« gekommen, nicht zu »anderen Erkenntnissen« durchgedrungen, all das hatte ihm vor allem ein wenig Übelkeit und viel schlechte Laune gebracht. Schon fünfzehn Jahre oder etwas länger hatte er nichts, aber auch gar nichts Berauschendes genommen, außer dem einen oder anderen Glas guten Weins. In Sarajevo beschaffte er sich bei Faris ein bisschen Gras, weil er überzeugt war, dass für Sanja nach einem guten Joint alles leichter und schöner wäre. Er drehte ihnen jeweils einen Joint, und nach allem rauchte er noch zwei. Das brachte ihm die stärkste und schönste Erfahrung von Freude, so etwas hätte er nicht für möglich gehalten, wenn er es nicht persönlich erlebt hätte. Er stieg auf zum Mond, zart, aber schnell, und tauchte glückselig in ihn ein, wie er manchmal in Wasser einzutauchen pflegte. Als er aus dem Mond auftauchte, bemerkte er, dass er weiter aufstieg, und dabei freute er sich über die Planeten, die um ihn herum kreisten, als grüßten sie ihn, wie ein Kind über sein Spielzeug. Entzückt betrachtete er den kristallenen Himmel voll unbeweglicher gelber Sterne, mit denen er sich ohne Probleme vermischen konnte. Da erinnerte er sich, dass er während des Aufsteigens nacheinander die irdischen Hüllen abgelegt hatte. Bevor er in den Mond ging, hatte er den schweren Körper aus Fleisch und Knochen abgelegt, so dass er wie ein durchsichtiger Körper, leichter als eine Feder, in den

Mond eintauchte, und schon beim ersten Planeten wurde sein Körper ätherisch, eher Geruch als feste Form. Und mit den Sternen konnte er sich vermischen, weil er im kristallenen Himmel einen Lichtkörper hatte, reines gutes Licht, das sich in einen mächtigen Fluss verwandelte, der flussabwärts, dann flussaufwärts floss und in sich selbst mündete.

Niemals zuvor und niemals danach hatte er etwas Ähnliches empfunden, in den folgenden Tagen rauchte er Gras in der verrückten Hoffnung, sein Aufsteigen zu den Kristallen und sein Münden in sich selbst werde sich wiederholen. Es wiederholte sich natürlich nicht, nichts geschah, was man mit jenem Wunder auch nur hätte vergleichen können, aber er beschaffte sich weiterhin wie verhext Gras, einerseits wegen seiner Hoffnung, andererseits, weil sich die Sache mit Sanja entwickelte, wie es nicht gut war und wie es niemand erwartet hatte. Er hoffte wie ein dummer Junge, ein guter Joint und eine richtige Berührung ihrer Körper könnte die Dinge zwischen ihnen wieder ins Lot bringen. Doch jetzt, wo alles aus war, konnte er mir gestehen, dass er nach dem Gras auch deshalb verrückt war, weil er gewünscht, sogar gehofft hatte, dass auch Sanja einmal jenes Wunder erleben könnte und es sie und alles andere retten würde. Und das ging natürlich schief, jeder Versuch seinerseits, etwas im Verhältnis zu Sanja zu verbessern, machte die Dinge nur noch schlimmer. Und das führte, nach der Logik der Dinge, dazu, dass er immer öfter nach immer stärkeren Drogen griff, in der jämmerlichen Hoffnung, es könne ihm wenigstens Trost bringen.

Meine ganze Freude verflog und hinterließ einen bitteren Bodensatz. Ich sah Sanjas Tränen, auf meiner Haut, mit den Augen und allen inneren Organen sah und erlebte ich ihre hilflose kindliche Verzweiflung, die ich nicht lindern konnte, erneut empfand ich eine bis zum Schmerz gesteigerte Wut und Erniedrigung, weil ich das liebe Geschöpf vor nichts beschützen konnte. In all das mischte sich natürlich die Wut auf

Peter und das seltsame Gefühl, dass er mir durch sein Verhalten, seine jämmerliche Hoffnung auf Trost eine kaum verzeihliche persönliche Beleidigung zugefügt hatte. Zum Teufel, mein Vorbild und Lehrer kann doch kein Mann sein, der mit sechzig Jahren einem Mädchen hilft, mit ihm und Gras erwachsen zu werden!

»Du warst verliebt wie ein Kater, stimmt's?«, zischte ich.

»Blödsinn!«, schnitt mir Peter das Wort ab und schüttelte den Kopf, als hätte ich ihm eine Ohrfeige verpasst. »Vielleicht verzaubert, ich denke, das war's. Ich weiß nicht, was mich alles verzaubert hat, aber ich glaube, ich bin's gewesen. Die unschuldige Frische eines Mädchens, die schnell und vollständig erwachsen werden will, meine Hoffnung, ich könnte vielleicht noch ein paar Jahre intensiv genug leben, um die Form des Wesens und der Tage zu bewahren? Vielleicht auch die Abscheulichkeit, die du mir hartnäckig zuschreibst, warum nicht?! Wo immer es Kampf ums Leben und mehr Leben gibt, als die Ästhetik erlaubt, seht ihr Idealisten nur Abscheulichkeit. Aber sei's drum, sei's Abscheulichkeit, wir müssen zugeben, dass Abscheulichkeit teuflisch aufregend sein kann. Wir könnten, wenn dir viel daran liegt, auch einmal darüber reden, aber ich hoffe, wir werden es nicht tun müssen.«

»Wir reden doch schon über deine Abscheulichkeiten«, erinnerte ich ihn.

»Rajko!«, schrie Peter wütend und schlug mit der Hand auf den Tisch, dass alles erbebte. Aber er beruhigte sich schnell und redete normal weiter. »Du solltest manchmal aus der Bibliothek in die Welt hinausgehen.«

»Warum?«

»Weil man in der Bibliothek liest und in der Welt lebt.«

»Danke für die große Entdeckung. Und was soll mich diese Weisheit lehren?«

»Zum Beispiel, dass lebendige Menschen weder eindimensional wie Begriffe noch zweidimensional wie die Bilder sind, die wir meist von den anderen haben. Lebendige Menschen sind kompliziert, oft widersprüchlich, meist weiß ihre Linke nicht, was ihre Rechte tut. Und das sieht und lernt man in der Welt, nicht in der Bibliothek, das erkennt man durch Erfahrung und nicht durch Lesen.«

»Wenn ich dich recht verstanden habe, müssen lebendige Menschen wegen ihrer Kompliziertheit alte Männer suchen, die das Erwachsenwerden ihrer Töchter beschleunigen?«

Ich wollte spöttisch sein, aber das ist mir sicher nicht gelungen, weil auch ich kaum verstand, was ich mit meiner schweren und eigenwilligen Zunge aussprach. Beide waren wir betrunken, ich mehr als Peter, beide hatten wir Probleme mit dem Sprechen, aber beide dachten wir klar und nüchtern. Bisher war es mir nie passiert, dass ich, obwohl betrunken, einen klaren Kopf behielt und mir alles merkte, was ich hörte und sagte.

Peter antwortete auf meinen spöttischen Einwand mit einer langen Rede, die ich mir, glaube ich, gut gemerkt habe. Er sagte, der schnelle technologische Fortschritt werde es bald, spätesten in ein paar Jahren, möglich machen, dass wir uns Zwergkinder bestellen könnten, die wie die Zwerghunde, die wir schon lange haben, bis zum Tod klein, lieblich, blöd und völlig abhängig von uns blieben. Aber bevor uns dieses Glück und dieser Fortschritt ereilten, wünschten die Eltern, dass ihre Kinder heranwüchsen, und die Kinder wünschten das noch mehr. Heranwachsen ist allerdings meist ein schmerzhafter Prozess, der schwer zu ertragen und zu akzeptieren sei. Es beginnt mit der Erkenntnis, dass ich und meine Mutter nicht eins, sondern zwei voneinander unabhängige, selbständige Wesen sind, und es geht weiter mit der Erkenntnis, dass weder meine Mutter noch mein Vater mich vor dem Schmerz bewahren können, den mir das Zahnen bereitet, dann mit der Erkenntnis, dass weder die Sonne noch die Bäume noch die meisten Menschen sich überhaupt für mich interessieren. Ver-

lust auf Verlust, Schmerz und Trauer, Enttäuschung auf Enttäuschung, das ist unser Heranwachsen, würde ein vernünfti-
ger Mensch denken. Und er hätte unrecht wie immer. Denn
von einer gewissen Zeit an genießen wir die guten Seiten des
Heranwachsens. Als wärst du neu geboren oder ein neuer
Mensch geworden, wenn du zum ersten Mal die Freude emp-
findest, die nicht aus deinem zufriedenen Körper kommt,
sondern von etwas, das außerhalb von dir liegt. Wenn du be-
greifst, dass du dir etwas Abwesendes vorgestellt hast und es
in der Vorstellung siehst, als stünde es vor dir, wenn du zum
ersten Mal bemerkst, dass dich der Geist von Raum und Zeit
befreit, weil er das Ferne und lang Zurückliegende herbeiruft,
wenn du all das erlebst, hast du ein paar der Freuden kennengelernt, die dir nur das Heranwachsen bringen kann. Die
Wonne der Sehnsucht nach dem anderen Körper und der
Wunsch, ihn zu berühren, die unvergleichliche Wonne, wenn
du die erwünschte Berührung ersehnst und erwartest, sie auf-
schiebst und dadurch deinem Wunsch etwas ganz Besonderes
hinzufügst. Aber während deiner ganzen Lebenszeit reihen
sich, parallel zu diesen Freuden und Wonnen, Verluste, Schmerzen und Leiden aneinander.

Bei allem, was ich aufgezählt habe, ist das Heranwachsen
gefährlich, gefährlicher als ein Gang über ein Minenfeld,
so gefährlich, dass jeder Schritt zur Reife verhängnisvoll sein
kann. Besonders gut wissen das die Frauen und alle, die Töchter gehabt haben, die sie liebten. Daher ist ein reifer, wohlwol-
lender und besorgter Mann ein wahres Glück für einen Menschen, dessen Tochter an der Schwelle zur Reife steht. Stell dir
folgende Situation vor: Deine Tochter ist anderthalb oder
zwei Schritte von der Reife entfernt, und gerade da beginnt
ein Krieg; sie hat es eilig, erwachsen zu werden, sicher eiliger
als unter normalen Umständen, weil sie und dich die Angst
verfolgt, dass sie umkommen oder zur Invaliden werden könnte, bevor sie irgendetwas von dem erlebt, was eine erwachsene

Frau erleben soll und muss; dann taucht ein Mann an der Schwelle zum Alter auf, der ein völlig Fremder, dir aber doch nahe ist, weil er mit einem der deinen befreundet ist; deiner Tochter droht die geringste Gefahr, wenn sie die zwei entscheidenden Schritte zur Reife in Gesellschaft und unter der Fürsorge dieses Mannes geht – dem wird sicher jeder vernünftige Mensch zustimmen. Das waren Sanja und ich, als wir uns trafen, wir waren das Mädchen, die es eilig hat, die zwei Schritte zu gehen, die sie von der Reife trennen, und der Mann, gleichzeitig fern und nah, gleichermaßen ein Fremder und jemand ganz Vertrautes. Es ist klar, dass ich sie vor allem Gefährlichen, Schädlichen und sogar vor allem Unangenehmen schützen werde, und zwar nicht nur wegen meiner Freundschaft zu dir, sondern auch meinetwegen. Alle waren wir sicher, dass es kein Vergehen sein konnte und es das Beste war, was Sanja passieren konnte. Aber es hat sich zum wer weiß wievielten Male herausgestellt, dass der sicherste Weg ins Unglück der ist, auf dem alles so geregelt ist, wie der Verstand es befiehlt. Warum sollte das verwirrte Wesen eines Mädchens vernünftig sein und warum sollte es sich der Vernunft anpassen? Ach, zum Teufel!

Nach dem schweren Seufzer, mit dem Peter sein Bekenntnis beendete, füllte er unsere Gläser bis zum Rand und trank seines ex. Was konnte ich anderes tun, als dem Beispiel meines Lehrers zu folgen? In dieser Nacht sprachen wir kein Wort mehr, erstens weil keiner von uns imstande war, die Zunge zu bewegen, und zweitens weil es nach Peters Seufzer nichts mehr zu sagen gab. Wir saßen da, seufzten von Zeit zu Zeit und tranken, bis wir sternhagelvoll waren. Ich gebe zu, mir ist bis heute nicht klar, wie wir uns in unsere Zimmer geschleppt haben, auch jetzt erinnere ich mich an das damalige Gefühl, Knie aus Gummi zu haben, und das Erstaunen, dass mich diese Knie dennoch ins Zimmer und Bett trugen.

Am nächsten Tag gelang es mir erst am späten Morgen, die

Augen zu öffnen. Ich freute mich, dass ich kein Kopfweh hatte, und schloss, dass ich diesen Segen dem guten Wein verdankte, den wir getrunken hatten, jemand, der sich in der Nacht zuvor mit einem schlechten Wein einen Rausch angetrunken hat, bedauert heute, dass er überhaupt einen Kopf hat. Schwerfällig schleppte ich mich in die Küche, schüttete drei Glas Wasser in mich hinein, machte einen Kaffee und ging zurück ins Bett. Kurz danach hörte ich, wie sich Peter auf dem Weg, den ich gerade gegangen war, dahinschleppte und in sein Zimmer zurückkehrte, wahrscheinlich mit einer Tasse Kaffee, der ihm helfen sollte, den Weg zu sich zu finden. Etwa eine halbe Stunde später trafen wir uns in der Küche, ohne Gruß improvisierten und verschlangen wir so etwas wie ein Frühstück, machten noch einen Kaffee und gingen auf die Terrasse. Wir saßen da, tranken ausgiebig Kaffee und schwiegen. Als ich den letzten Schluck hinuntergeschluckt hatte, stellte ich die leere Tasse auf den Tisch und stand auf.

»Dieser Zustand heißt bei uns: sich herrichten oder sich hinrichten?«, teilte ich Peter mit und setzte mich wieder, als müssten wir gemeinsam eine Antwort auf diese Frage finden.

»Besser, du richtest dich her, es ist einfacher«, antwortete Peter.

Vom Badezimmer ging ich nach der Morgentoilette in den Garten, in der Hoffnung, der Aufenthalt und die Arbeit im Garten würden mich wiederherstellen. Dieses Mal wurde ich in meiner Hoffnung nicht enttäuscht, die noch immer warme Oktobersonne und das Hantieren an den Büschen und dem bisschen Wiese wärmten und belebten mich. Nach einer Stunde war ich ganz nass vom Schweiß, aber so frisch und besonnen im Kopf, wie man es sich nur wünschen kann. Peter kam mit einem halben Krug Limonade und einem Glas auf einem Tablett in den Garten.

»Wenn irgendwas jemandem in unserem Zustand helfen kann, ist es eine gute Limonade«, erklärte er, füllte das Glas und reichte es mir. »Mich haben zwei Glas ins Leben zurückgebracht, als hätten sie mich neu geboren.«

»Es hilft auch Arbeit an der Sonne«, bemerkte ich.

»Ich glaube, das sollte ich nicht überprüfen«, beeilte sich Peter, mir zuzustimmen.

»Was ist so schlecht an Arbeit an der Sonne?«, fragte ich ihn.

»Nichts, für meinen Geschmack ist sie nur anstrengender und unbequemer, als es sein müsste.«

Während ich ein zweites Glas Limonade in mich hineingoss, schlug Peter vor, irgendwohin zu gehen, das könnte uns seiner Meinung nach vollkommen kurieren.

»Heute gibt's keinen Ausgang, es ist Samstag«, antwortete ich und fügte dann die Formel hinzu, die Peter vor ein paar Tagen ausgesprochen hatte: »Samstags geht man nirgends hin, weil alle geöffneten Lokale voll und die Häuser leer und verschlossen sind.«

Er erkannte das Zitat natürlich wieder, lachte und ging zurück ins Haus, während ich im Garten blieb und noch etwa eine Stunde lang arbeitete. Dann ging ich ebenfalls ins Haus und genoss eine ausgiebige Dusche. Peter traf ich auf dem Ledersofa im Salon an, zwischen Schlaf und einem Buch, das er in den Händen hielt, schwankend. Wie alle anständigen Menschen entschied sich Peter, wenn er zwischen zwei Möglichkeiten wählen musste, für eine dritte und schlug vor, auf der Terrasse noch einen guten Kaffee zu trinken.

Die Terrasse lag schon im Schatten, war aber noch angenehm warm. Wir setzten uns, mit Genuss tranken wir Kaffee und lauschten der Stille um uns herum. Dann begann Peter, durch nichts herausgefordert, zu reden.

»Die Seele ist ein Reisender«, erklärte er. »Das habe ich von einem Sufi gelernt, den ich schon in meiner frühen Jugend gelesen habe.«

Er wartete einen Moment, wie um sich zu vergewissern, dass ich ihm auch zuhörte.

»Das Buch, das ich gelesen habe«, sagte Peter, »handelte von einem Mann, der von seiner Geburt an keine Ruhe fand, weil seine Seele sich zu sehr nach ihrem Ursprung sehnte, an den sie sich wahrscheinlich allzu lebhaft erinnerte. Diese Sehnsucht trieb ihn, den Armen, zu ständigem Reisen, es hielt ihn an keinem Ort. Dreimal war er auf der Hadsch nach Mekka, er bereiste Indien und China, gelangte in den Maghreb und in die Welt südlich der Sahara. All diese Reisen ermüdeten ihn, brachten ihm aber keine Ruhe, im Gegenteil, als hätten ihm gerade sie, die Erinnerungen an unzählige Reisen und das, was er in der Ferne gesehen hatte, nicht erlaubt, an einem Ort zur Ruhe zu kommen. In Basra empfahl ihm ein alter Derwisch, einem Derwisch-Orden beizutreten und zu lernen, in die Tiefe, anstatt in die Ferne zu reisen. Er hörte auf den Alten und lernte von erfahrenen Derwischen, wie man in sich hineinreisen kann. Der zentrale Teil des Buchs, das ich gelesen habe«, erklärte Peter, »handelt von seinen sieben Reisen in sein Selbst und zeigt, dass diese Reisen in Wirklichkeit Etappen einer einzigen Reise sind, auf der die Seele zu sich selbst zurückkehren kann. Jede dieser Reisen beseitigte einen der Vorhänge, die dem Reisenden das Licht verdeckt und gleichzeitig verhindert hatten, dass das Licht in ihn drang. Am Ende der siebten Reise, die ihn vom siebten Vorhang befreite, war er ganz von Licht erfüllt, fast könnte man sagen, war er ganz – Licht.«

Er versank in Nachdenken.

»Ich frage mich«, fuhr er nach einer Weile fort, »ob mein Aufenthalt in Sarajevo für mich so etwas war wie die Reise seiner Seele. Ich wollte in Sarajevo zu mir selbst reisen, lange glaubte ich, das täte ich auch, ich redete mir ein, ich beseitigte nacheinander die Vorhänge, die die Freiheit vor mir verdeckten und so die Freiheit daran hinderten, sich in mir niederzulassen. Was mir die Freiheit verdeckt, verdeckt mir in Wirklichkeit mich selbst, mein wahres, mein freies Ich.«

Er schwieg. Ich trank den letzten Schluck aus der Tasse und begoss den Kaffee mit einem Schluck Wasser. Ich bemerkte, dass Peters Kaffeetasse noch halbvoll war. Warum trinkt er nicht? Gut, solange er erzählt hat, aber warum trinkt er jetzt nicht. Er erwartet sicher, dass ich etwas über seine Geschichte sage, aber das werde ich sicher nicht tun. Er tut, als wäre es nicht die Fortsetzung des Gesprächs von gestern Nacht, aber wir beide wissen, dass es das doch ist. Aber ich habe keine Lust, es fortzusetzen, überhaupt keine Lust.

»Was sagst du?«, fragte Peter nach langem, allzu langem Schweigen.

»Ich denke, die Seele des jungen Derwischs brauchte keine chemischen Ermutigungen, um sich auf die Reise zu begeben.«

»Und du denkst, du hilfst jemandem am besten, wenn du ihm ständig vorwirfst und ihn daran erinnerst, wie viel Schuld er auf sich geladen hat. Da denkst du eben falsch, Rajko, total falsch.«

Verschiedene Seiten des Falls

Anfang Dezember wurde deutlich, dass sich die Hoffnungen, die uns in der ersten Oktoberhälfte getragen hatten, nicht erfüllen würden. Schon Ende Oktober ging Peter ohne Erklärung nach Palermo, blieb zwei Tage dort und kam ganz zerknittert und verausgabt zurück, und im November wiederholte sich das zweimal. Als er Ende November, nach seinem zweiten Aufenthalt in Palermo, nach Hause zurückkehrte, war er ausgepresst wie eine Zitrone. Er wollte oder konnte nicht einmal reden, vielleicht konnte er es auch nicht ertragen, dass ich ihn in dem Zustand, in dem er war, sah, und so schloss er sich in sein Zimmer ein und blieb in diesem Gefängnis fünf, sechs Tage, wobei er nur in die Küche ging, und zwar dann, wenn er dachte, er werde mich dort nicht antreffen. Er duschte sich nicht einmal, wenigstens nicht in den Augenblicken, in denen ich das hätte bemerken können. Erst am sechsten Tag nach seiner Rückkehr aus Palermo, am Ende der ersten Dezemberwoche, kam er, um mit mir zusammen seinen Nachmittagskaffee zu trinken, frisch gewaschen und rasiert, mit einem Stapel Papier in der Hand, den er mir mit der Bitte reichte, zu lesen, was er geschrieben hatte, und ihm zu sagen, was ich darüber dachte. In derselben Nacht las ich es und am nächsten Tag begann ich, es zu übersetzen, weil ich Peters Text vor unserem Gespräch auch in meiner Sprache lesen wollte, weil er mir seltsam vorkam. Nur an einer Eigenschaft sieht man, dass es ein Text von Peter ist – er handelt von einem Rauschzustand und bemüht sich, was ihm auch gelingt, klar, ruhig, streckenweise sogar geistreich zu sein. Aber wozu wurde dies überhaupt geschrieben?! Glaubt Peter wirklich, er könne seinen eigenen Rauschzustand verstehen und anderen erklären, wenn er den von Unamuno beschrieb? »Unamuno ist in Wirklichkeit Mongole, dem sein Schicksal und Charakter beschieden haben, Greise ohne Hand zu töten, seien es Bibliothekare oder Generäle«, sagt uns Peters Text. Angenommen, wir glauben diesen Unsinn, bleibt dennoch die Frage, warum uns Peter das erzählt und warum er sich überhaupt damit befasst. Warum wählt er Unamunos Rauschzustand, um seinen eigenen trostlosen Fall zu erklären? Soll diese Geschichte suggerieren, dass auch in ihm, Peter, schon seit Hunderten von Jahren ein Narr lebt, der der eigentliche Schuldige ist an den Schweinereien, die er in Sarajevo und danach begangen hat? Wer ist es, der in ihm lebt, und welche von seinen Schweinereien rechtfertigt er? Ich fürchte, ich verstehe hier nichts. Hier übrigens meine Übersetzung:

WIDMUNG

Miguel de Unamuno ist sicher einer der größten Meister des Paradoxen in der Weltliteratur und -philosophie. Gerade er hat mir die Schönheit des Paradoxons offenbart und mich davon überzeugt, dass es sich um eine wertvolle logische Figur handelt, mit der jedes ernsthafte Denken rechnen muss.

Wie die meisten Liebhaber des Paradoxons verachtete Unamuno allgemein bekannte und weithin verinnerlichte Wahrheiten und das sogenannte allgemeine Denken. Er wandte sich dem Denken tief versonnener Einzelgänger und den Überzeugungen meist isolierter elitärer menschlicher Gemeinschaften zu, die gern als »geistige Abtrünnige«, Häretiker, Sonderlinge etikettiert werden. Ich vermag nicht zu erklären, warum das geschieht, wahrscheinlich handelt es sich darum, dass die ins Paradoxe Vernarrten Geist und Originalität zu sehr lieben, als dass sie bereit wären, sie durch eine banale, allen bekannte und stümperhaft formulierte Wahrheit zu ersetzen. Wegen ihrer Liebe zum Besonderen, Unerwarteten und Unbekannten vergessen die Menschen des Paradoxons meist die Wahrheit, die sie besser als alle anderen Menschen kennen und mehr als irgendjemand sonst achten müssten. Es ist eine wichtige und unangenehme Wahrheit, dass die Statistik, die Atomstruktur des Eisens und die Zinsrechnung mit der Wahrheit gleich viel gemeinsam haben – gar nichts. Ich gebe zu, es ist kein Beweis für die Wahrhaftigkeit eines Denkens, dass alle darin übereinstimmen, aber genauso wenig ist es ein Beweis für die Wahrhaftigkeit, dass etwas nur ein origineller und geistreicher Mensch oder eine Gruppe interessanter Leute denkt. Zumindest wir, die Menschen von heute, müssten das im Hinterkopf haben. Haben denn nicht alle oder fast alle anderthalb Jahrtausende gedacht, die Erde stehe im Zentrum und das Universum kreise um sie, nur seltene Einzelgänger und Sonderlinge haben behauptet, die Sonne sei das Zentrum, um das die Erde zusammen mit den anderen Planeten kreise. Heute behaupten alle, die Sonderlinge von damals hätten recht gehabt, und das ist ein Grund, an der Wahrhaftigkeit der Behauptung, die Erde kreise um die Sonne, zu zweifeln. Die Wahrhaftigkeit jener früheren Überzeugung konnte nicht dadurch bewiesen werden, dass die überwältigende Mehrheit gedacht hatte, sie sei wahr; aber auch die Wahrhaftigkeit dieser neuen Überzeugung wird nicht dadurch bewiesen, dass damals nur seltene Sonderlinge gedacht haben, wie wir heute denken, und noch weniger dadurch, dass wir heute fast alle so denken. Es geht darum, dass die Statistik vielleicht etwas mit der statistischen Wahrheit zu tun hat, aber mit der echten Wahrheit hat sie so viel zu tun wie mit der Salzproduktion in Finnland.

Diese Wahrheit kennen sicher alle denkenden Menschen, aber die Menschen des Paradoxons, die so sehr denkende Menschen sind, wie es überhaupt möglich ist, begeistern sich dennoch regelmäßig für das Denken der Minderheit, als würde seine Wahrhaftigkeit dadurch bewiesen, dass die Statistik gegen es ist. So ent-

schied oder begeisterte sich sogar Unamuno im Spanischen Bür-
gerkrieg für General Franco und seine faschistischen Anhänger,
wahrscheinlich weil nur ausgesprochen wenige Menschen gut
über sie sprachen. Im September 1936 ließ er sich sogar, von Gna-
den des erwähnten Generals, erneut zum Rektor der Universität
in Salamanca ernennen.

Ich bin sicher, dass mein Lehrer Unamuno seinen Irrtum
schnell eingesehen und entschieden hat, ihn zu korrigieren. Das
versuchte er mit einer Wutrede zu tun, die er am 12. Oktober
1936 im Festsaal seiner Universität auf der Fiesta de la Raza
hielt. Noch während Unamuno sprach, stand General José Mil-
lán Astray y Terreros auf und schrie, immer wieder die Hand mit
der geballten Faust hebend, den Gruß des Tercio, der militäri-
schen Formation, die er befehligte. Und seine Soldaten, die Ange-
hörigen des Tercio, zielten mit ihren Gewehren und Pistolen auf
den Rektor und »schossen« auf ihn, indem sie mit den Lippen
Schüsse nachahmten. Zeugen behaupteten später, Unamuno habe vollkommen die Nerven und das Maß verloren, er habe sogar
auf die Invalidität des Generals hingewiesen, der in Kämpfen die
linke Hand und das rechte Auge verloren hatte, und sie betonten,
er habe die Feier nur deshalb überlebt, weil in der ersten Reihe,
neben seinem Platz, Frau Carmen Polo, die Ehefrau des Generals Franco, gesessen habe. Die Zeit nach dieser Feier bis zu seinem Tod am 31.12.1936 verbrachte Unamuno im Hausarrest.

Jahrelang, jahrzehntelang bemühte ich mich, wenigstens eine Ahnung von seinem Seelenzustand in dieser Zeit, besonders in den
letzten Stunden der Freiheit, zu bekommen. Wie fühlte er sich
und was spielte sich in ihm ab, als er seinen Irrtum begriff
und beschloss, ihn mit einem spektakulären Auftritt auf einem
Festakt zu korrigieren? Wie ging es ihm, als er die Schwere und
die Ausmaße seines Irrtums begriffen hatte? Konnte er glauben,
die Dinge zumindest teilweise durch jene schicksalhafte Rede korrigiert zu haben? Jahrelang und jahrzehntelang blieb alles bei

meinem reinen und frommen Wunsch, nichts von dieser seiner Erfahrung erschloss sich mir auch nur annähernd, geschweige denn, dass es sich mir offenbarte. Jetzt, nach eigenen Erfahrungen, ist es mir, scheint es, gelungen, mir meinen Lehrer ziemlich genau dabei vorzustellen, wie er von der fatalen Feierlichkeit nach Hause ging. Ich erzähle, wie ich ihn gesehen habe, weil ich darüber einzig in der Form der Erzählung sprechen kann.

UNAMUNO

Die ganze Zeit starrte er mit einer irren Beharrlichkeit auf die schwarze linke Hand des Generals. Während des Gesprächs, das der Feier vorausgegangen war, während der Rede des Generals, die die Feier verdarb, und während seiner eigenen Rede, mit der sowohl die Feier als auch seine Karriere als Rektor endeten, gelang es ihm nicht, seinen Blick von der Prothese abzuwenden, die der General dort hatte, wo bei den Menschen die Hand ist. Sicher hatte er nichts Ähnliches gesehen, sicher kannte er niemanden mit einer Metallprothese statt Hand (solche Menschen tauchten in seinem Leben, das ausgefüllt war von Büchern, der Suche nach Paradoxa und Menschen, deren Existenz des Lebens und des Todes entbehrte, nicht auf), aber er erkannte die Hand des Generals wieder, sobald er sie sah. Er erkannte sie wieder. Nun schien es ihm, als hätte er sie noch vor dem Gesicht des Generals, vor irgendetwas an diesem Mann oder an jemandem von seiner Begleitung, auch vor Frau Franco gesehen. Nun schien es ihm, als hätte sich diese Hand, sobald er sie sah, in einem für sie vorbereiteten Raum in seinem Geist wie in einem eigenen Abdruck eingenistet und in seinem Geist eine Mischung von Angst, Bewunderung und Hass hervorgerufen, dieselbe Mischung, die sich auch jetzt in ihm hielt, während er mit einem jungen Kollegen nach Hause ging, der verrückt oder mutig genug war, ihn zu begleiten. Vielleicht nicht die Form, wahrscheinlich auch nicht die Farbe, aber sicher der trübe Glanz des zu einer menschlichen Hand geformten Metalls oder etwas Ähnliches wie sie hatte in seinem Gedächtnis existiert und war lebendig geworden, sobald er ihm heute vor Beginn der Feierlichkeiten begegnet war.

In Wirklichkeit war das, was er jetzt mit seinem geistigen Auge betrachtete, nicht die Metallhand des Generals, es war auch nicht die, welche er in einer anderen Zeit betrachtet und heute am General wiedererkannt hatte, sondern ein idealer Abguss einer menschlichen Metallhand, eine menschliche Hand, gegossen in Metall und in die Gießform, die für sie in seinem Geist vorbereitet war. Vielleicht war es auch kein idealer Abguss, sondern nur der Abdruck ihrer Form und glänzenden Aura im Geist, die Form des Glanzes, der ihn heute so bestürzt hatte und seinen Atem, seinen Gedanken und seine Augen angehalten hatte, indem er sie ganz an sich gebunden hatte. Etwas in ihm erinnerte sich an eine solche Hand, sicher erinnerte es sich, weil er auch gleich die qualvolle Mischung aus Angst, unverständlicher Bewunderung und Hass, die vom Glanz dieser Hand in ihm aufgekommen war, wiedererkannt hatte.

So gut verstand er sich mit diesem Glanz. Er schreckte etwas zurück vor der Gefühlsverwirrung, die er in ihm erzeugt hatte, aber auch mit dieser Verwirrung verstand er sich besser als mit dem jungen Kollegen, an dessen Namen er sich nicht erinnern konnte (er wusste, dass er Dozent war, und hätte gesagt, dass er gerade sein Assistent gewesen war, aber auch da war er sich nicht ganz sicher), obwohl der junge Mann Dinge sagte, die ihm viel näher und bekannter waren als Gefühlsräusche, Dinge, die er gerne hörte und mit denen er im Übrigen einverstanden war.

»So ist es dazu gekommen, dass am Anfang unserer spanischen Kultur und, ja, leider an ihrem Ende zwei Reden über das Verhältnis von Geist und Waffen stehen, zwei unsterbliche Reden zweier Unsterblicher, zwei Reden, die gegensätzliche Auffassungen vertreten, aber gleichermaßen überzeugend und unbestreitbar sind. Nur ist paradox, dass die Rede, mit der wir in den Garten der Kultur hineingegangen sind, die Überlegenheit der Waffen verteidigt hat, während die Rede, die am Ausgang dieses Gartens in die Barbarei steht, den Geist verteidigt und uns von seiner Überlegenheit überzeugt. Solche Absurditäten scheinen bei uns möglich und sogar irgendwie natürlich zu sein, aber allein bei uns.«

»Ich wünschte, Sie wären konkreter.«

»Ich denke an Cervantes und an Sie. Indem er die Waffen verteidigte und ihnen den Vorzug vor der Feder und den Büchern gab, hat sein Ritter von der traurigen Gestalt Geist und Kultur herbeigerufen und hier etabliert, und Sie haben heute, als neuer Ritter von der traurigen Gestalt, indem sie den Geist und seine Überlegenheit über die Waffen verteidigt haben, nur den endgültigen Sieg der Waffen aufgezeigt. Es ist Ihnen nicht gelungen, die Tür zu schließen, durch die der Pöbel in eine Epoche und Welt ohne Kultur, ohne Geist und ohne Recht auf Schönheit geht. Heute sind sie es, die in diese Welt der großen Freiheit hinausgehen, aber morgen werden sie auch uns hinausjagen, weil die Erinnerung an den Garten, den sie verlassen haben, sie verfolgen und mit Wut erfüllen wird.«

»Eine interessante Analogie. Ihr Bild ist gut: ein Rahmen um die Epoche der Kultur wie eine schützende Mauer und mit einem Eingang und Ausgang. Ich glaube nicht, dass es treffend ist, aber es sieht gut aus. Aber Ihre Analogie stimmt nicht, weil Sie übertreiben, zumindest wenn es um meine Bedeutung geht.«

»Es kommt mir in den Sinn, dass gerade da der Grund für Ihr tiefes Eindringen in das Geheimnis von Cervantes liegt, dass Ihnen das Aussprechen tiefer Wahrheiten über ihn gerade durch die traurige Berufung gegeben ist, der Sie heute gefolgt sind, indem Sie das Ende unserer Kultur verkündet haben. So stehen am Eingang und am Ausgang des Gartens zwei traurige durch Ähnlichkeit und Verständnis verbundene Unsterbliche und überall um den Garten lauter Tod und reine Materie.«

Gerne hätte er dem jungen Kollegen erklärt, dass Menschen

wie er der Kultur den Tod bringen, wenigstens in dem Maße wie Waffen, weil wahrhaft unheilvoll für die Kultur diejenigen sind, die denken, sie existiere, komme zu uns und bleibe bei uns aufgrund ihrer Vorstellungen und Bilder, denen nicht an Genauigkeit gelegen ist, sondern an Harmonie und an dem, was sie Geist nennen. Gerne hätte er ihm das erklärt und noch lieber hätte er ihm erklärt, dass Geist in der Entdeckung des Bekannten liegt, in der Erhellung, die das zeigt (als entdeckte sie es aufs Neue), was man seit jeher weiß, und dass völlige Neuheit meist frivol ist, weil das, was nur ich entdeckt habe, sicher nicht der Mühe wert ist. Gerne hätte er es ihm erklärt, aber auch das war nicht der Mühe wert, und er konnte es auch gar nicht erklären, weil er nicht zusammenhängend sprechen konnte, alles, was er in diesem Augenblick zu sagen hatte, war an den General adressiert, weil alles, was er fühlen konnte, mit dessen Metallhand verbunden war, weil alles, was er hätte denken können, mit dem Ausruf »Viva la muerte« verbunden war, mit dem dessen Soldaten den General feierten und dem er sich entgegenstellen musste (obwohl er paradox war), weil er unsinnig und gegen das Leben war. Aber etwas … Er sollte das Gespräch mit dem Kollegen fortsetzen, vielleicht würde mit einer beiläufigen Plauderei all das Beunruhigende und Unverständliche vertuscht, das auf ihn einstürmte.

»Sie denken wirklich, dass ich unsterblich bin?«

»Sie zweifeln daran? Selbst wenn Sie die Unsterblichkeit nicht durch Ihr Werk gesichert hätten, wären Sie mit Ihrer heutigen Rede unter die Unsterblichen gegangen. Ganz gewiss.«

»Ich danke Ihnen, aber daran habe ich nicht gedacht. Mir liegt weniger an der Unsterblichkeit durch die Erinnerung der Menschen an mich, mir liegt mehr an der Unsterblichkeit durch meine Erinnerung an mich selbst. Verstehen Sie? Ich möchte kein Denkmal werden, ich frage, ob Sie glauben, dass ich in der Art unsterblich bin, dass ich, lebendig, der bleiben werde, der vor Ihnen steht.«

»Ist Ihnen daran gelegen?«

*»So viel, wie mir an der Unsterblichkeit gelegen ist. Manch-
mal denke ich, dass ich auch an Gott glaube, weil Er mir diese
Art der Unsterblichkeit verspricht beziehungsweise weil ich ohne
Ihn keine Aussicht auf sie habe.«*

*»Wenn sie möglich ist, bin ich sicher, dass sie Ihnen zuteil-
wird.«*

»Das heißt, dass ich zu ihr verurteilt bin.«

*»Sie verwandeln alles in ein Paradox. Wahrscheinlich weil mit
Ihnen unsere Kultur so paradox endet.«*

Viva la muerte. *Das war ein Paradox. Und ein Paradox war
auch, dass dieser Ausruf und die Rede des Generals ihn wütend
gemacht hatten und er gesagt hatte, was er gesagt hatte. Ein Paradox war auch, dass er die ganze Zeit gefühlt hatte, dass nicht
alles so klar eingeteilt war, wie er gerne geglaubt hätte, und dass
er irgendwo in seinem Innern Verständnis für diesen Ausruf hatte. Paradox war auch die Mischung von Angst, Bewunderung
und Hass angesichts der glänzenden Hand als Zusammenfas-
sung alles Verwirrenden, Seltsamen und Fremden, mit dem man
konfrontiert werden konnte. Nur dass der junge Kollege, dem
man eine leere auf Buchwissen beruhende Luzidität nicht ab-
sprechen konnte, nicht die Möglichkeit hatte, diese Mischung
von Bewunderung und Hass zu verstehen, er hatte nie auf die
Metallhand geschaut wie auf einen Körper alles Fremden, das
zerstört werden musste, weil man es weder verstehen noch sich
aneignen konnte, aber unendlich gefährlich war wegen seiner An-
ziehungskraft und Schönheit, wegen des Schimmers, mit dem es
bannte, wegen der Verwirrung, die es hinter feurigen Augen
schuf, und wegen der Euphorie, in die es uns versetzte, indem
es sie ins uns weckte. Es würde nichts nützen, es zu erklären, er
konnte nicht einmal versuchen, es zu erklären, weil auch ihm
nichts klar war außer der Angst, der Bewunderung und dem
Hass, die er angesichts des trüben Glanzes der Metallhand empfand. In seiner Erinnerung existierte all das, sowohl die Hand als
auch die Gefühlsverwirrung, die sie erzeugte, aber in was für*

einer Erinnerung, wenn er sicher nichts Ähnliches gesehen noch irgendwann empfunden hatte? Irgendwo in sich hatte er den Abdruck einer solchen Hand, hatte er Angst und Pein von dem Metallglanz, aber wo in sich selbst und in welchem Selbst? Wie und was sollte er dem jungen Kollegen erklären, wenn ihm nichts klar war?

Richtig hatte er dem General geantwortet, und er war zufrieden, dass er so gesprochen hatte, wie viel es ihn auch kosten mochte, aber er hatte nicht wegen der Worte des Generals gesprochen, sondern wegen der Angst, der Bewunderung und dem Hass, die die Hand des Generals in ihm hervorgerufen hatte. Die linke. Als er sie gesehen hatte. Sofort. Ihm selbst war zwar klar, dass es geschehen war, aber ihm war nicht klar, warum und woher das alles kam. Woher kam in ihm die Angst, der Hass, die Bewunderung und die Hand, wo war er ihnen zu jener Zeit begegnet und zu welcher Zeit?

In den Straßen gab es viel Feuer und Glanz von verbrannten Büchern, aber noch mehr den bekannten Glanz in den feurigen Augen der jungen Leute, die Bücher brachten und sie ins Feuer warfen. Woher war ihm dieser Glanz bekannt? Gab es in diesen Menschen Angst, Bewunderung und Hass? Bekamen sie beim Anschleppen verwirrender Mengen bedruckten Papiers Gänsehaut unter ihren dunkelblauen Hemden? Sollte er sich einmischen und wie – als jemand, der anschleppte, oder als jemand, den man zertreten würde, weil er sie aufhielt? Zu was für einer Tat wollten ihn seine Angst, Bewunderung und Hass verleiten? Ihren Ruf empfand er allzu stark, aber er reagierte nicht darauf, weil er nicht wusste, wohin sie ihn riefen. Er musste sich beeilen und in Sicherheit bringen, es war nicht an ihm, hier etwas zu tun.

Durch den Glanz hindurch, in dem seine Welt verschwand, gelangte er nach Hause. Er nahm nicht wahr, dass der junge Kollege weggegangen war, er erkannte den Heimweg nicht wieder, die Fassaden, an denen er tagtäglich vorbeiging, die Tür, durch die er ging, und die eigenen Spuren auf der von seinen Berührungen schmierigen Klinke nahm er nicht wahr und erkannte er nicht wieder. Alles verschwand im trüben Glanz, der ihm von irgendwoher bekannt war und den er wiedererkannte, obwohl er ihn nicht hätte kennen können, der mehr zu ihm gehörte als alles von ihm und tiefer in ihm saß als alles Alltägliche.

Er flüchtete in sein Arbeitszimmer, um sich vor diesem boshaften Glanz zu verstecken, und überließ sich der Durchsicht der am Morgen eingetroffenen Zeitschrift in der Hoffnung, Zuflucht im Bekannten und Sicheren zu finden. Vergebens, er versank in Fantasien voller Glanz, bevor er mit einem Papiermesser einen halben Bogen aufgeschnitten hatte. Aus dem trüben Glanz, in den er auch jetzt starrte, da er in einem rhythmischen Rauschzustand vor dem Fenster des Arbeitszimmers fantasierte, begannen sich Bilder aneinanderzureihen: muskulöse Rücken von Reitern, die schon wochenlang auf ihren Pferden schliefen, Knochen von Pferden, Rindern und Menschen, ausgesät entlang eines langen Wegs, der beleuchtet war von Bränden, in denen Siedlungen und ihre Bewohner brannten, viele dunkle Augen voller Feuer … Angst, Bewunderung ohne Verständnis und Hass in einem jungen Krieger vor einer Lichtflut, die aus Mauern, Kuppeln, dem Wasser, der Erde strömte, die sich gerade durch diesen Glanz von seiner ihm bekannten Erde unterschied, obwohl sie ansonsten genau wie seine war, braun und trüb.

Angst und Hass, weil alles in ihm wusste, dass es nicht genügte, all das zu erobern und zu zerstören, wusste, dass die Verwirrung und das Unbehagen, mit denen ihn dieses Blitzen überflutete und mit denen ihn all das Fremde und Wunderschöne bedrängte, bis zu seinem Tod und darüber hinaus andauern würden. Mein Gott, warum hast du zugelassen, dass der Khan uns hierherführt? Und, wenn schon ihn, warum dann mich, was soll ich in Bagdad?!

Dann ein Rennen durch die blendenden Straßen in der Flamme, die entsetzte Suche nach einem dunklen und ruhigen Ort *(vielleicht mit ein wenig Feuchtigkeit, aber braun, auf jeden Fall braun), der seinen Augen voll Feuer und krank vom Glanz eine Atempause verschaffen würde, einem Ort, an dem es nichts zu plündern und zu zerstören gab und an dem nichts glänzte.*

Aber auch in der dunklen Bibliothek, in die er sich wie zu seiner Rettung verirrt hatte, kam ein alter Mann (ein ehemaliger Soldat, würde man aufgrund seiner Körperhaltung sagen) ohne Waffen und die Möglichkeit, sich zu verteidigen, auf ihn zu und setzte seinem Säbel seine linke Metallhand entgegen, die einen trüben, wahnsinnig machenden Glanz verströmte. Und er tötete ihn wegen dieses Glanzes, wobei er in den Hieb die ganze Kraft seiner Verzweiflung legte, in der die Angst, die dumpfe Bewunderung und der Hass zusammenflossen, die ihm die blendende Stadt und die Neigung ihrer Leute, allerhand Glänzendes zu machen, sogar Menschen mit glänzenden Händen, für immer aufbürdeten.

Unamuno klappte die Wimpern ein wenig auseinander, in der Hoffnung, das Dämmerlicht werde die Bilder verscheuchen, in die das Fantasieren den trüben Glanz der Generalshand verwandelt hatte. Die Bilder verblassten, aber es blieb ihr lebendiges Herz, der Mittelpunkt, aus dem sie alle aufgetaucht waren – die ganz lebhafte Erinnerung seiner rechten Hand an den dumpfen Widerstand, den die Halswirbel des Alten seinem Säbel geleistet hatten. Nichts Bestimmtes, nur das fast nichtexistente Gefühl, dass der Säbel schwerer durch diesen Teil des Halses ging, ein Zeichen, das nur eine erfahrene, völlig mit dem Säbel verwachsene Hand wiedererkennen (und auch fühlen) konnte. Und die flüchtige Erinnerung, in einem Winkel seines Bewusstseins, dass die weniger verknöcherten Wirbelsäulen junger Menschen einen etwas schwächeren Widerstand leisteten; ein ganz zu vernachlässigender Unterschied, aber ausreichend, dass ihn ein wahrer Krieger immer wieder wahrnahm. Noch immer erfüllte dieses Gefühl seine rechte Hand und zeigte nicht die Absicht, vor dem trügerischen Dämmerlicht zu weichen oder zu verfliegen.

Konnte das silberne Papiermesser, mit dem er nur ein paar Bögen aufgeschnitten hatte, bevor ihn das Fiebern und Fantasieren erfasst hatte, dieses Gefühl hervorgerufen haben? Sicher nicht, aber es hatte es aufleben lassen; aus dem Vergessen zurückrufen können, viel früher als die Feder, die diese Hand hauptsächlich hielt.

Er öffnete die Augen ganz und vertiefte sich ohne Verständnis in eine Seite der Zeitschrift, deren Blätter er aufzuschneiden begonnen hatte: Das gleiche Gefühl, das heute im Festsaal der Universität unmittelbar vor dem Ende seiner Rede durch seine Hand geströmt war, als ihm die geistreiche Wendung einfiel, mit der er unbestreitbar beweisen würde, dass die Invalidität von Cervantes und die Invalidität des Generals schlicht nicht dieselbe waren, dass der Unterschied zwischen ihnen in ihrer Art lag und dass man freiweg behaupten könnte, einer von den beiden sei kein Invalide. Und dass dieser eine zweifellos Cervantes sei. Das gleiche Gefühl des dumpfen, stumpfen Widerstands, den die verknöcherte Wirbelsäule des Alten dem Säbel leistete.

Das heißt, heute hatte er dem ausgedienten Soldaten, dem gealterten Bagdader Bibliothekar, zum zweiten Mal den Hals durchgeschnitten, nur dass sie dieses Mal scheinbar oder wirklich die Orte und Rollen getauscht hatten. Erst zum zweiten Mal? Waren sie sich zweihundertvierunddreißig Jahre später begegnet und in welchen Rollen, als hier, wo sie sich heute begegnet waren, mit dem Segen der glücklichen Vereiniger und seiner Heiligkeit des Großinquisitors in arabischen und hebräischen Buchstaben geschriebene Bücher verbrannt worden waren? Wie viele Male waren sie sich in all diesen Jahren bis heute begegnet und wie viele Male hatte seine rechte Hand das unhörbare Knarren des Stahls registriert, der durch die Wirbelsäule des Alten gedrungen war? Und wie viele Male noch in der schrecklichen Unendlichkeit, die sie erwartete?

Er glitt auf die Knie und wandte sich zu seinem Schreibtisch wie zu einem Altar: Herr, wenn ich deine Gnade irgendwie verdient habe und wenn auch du selbst so mächtig bist, befreie mich

von der Unsterblichkeit und der Verpflichtung, noch einmal aus
Angst, Bewunderung und Hass angesichts des trüben Glanzes
der Metallhand in den Greisenhals zu schneiden. Viva la muer-
te! Viva la muerte!, flüsterte er.

Den nächsten Tag verbrachte ich in meinem Zimmer und
übersetzte das, was Peter über Unamuno geschrieben hatte,
am Abend war die erste Version der Übersetzung bereits fertig, und ich war bereit zu dem Gespräch, das Peter wünschte.
Aber zu dem Gespräch kam es nicht, weil ich am übernächs-
ten Morgen in der Küche statt Peter einen Zettel vorfand, auf
dem stand: »Fünf Tage Mailand. Zurück 14.12.« Ich wusste,
dass der angesehene Verleger Feltrinelli schon vor Peters Aufenthalt in Sarajevo den Wunsch geäußert hatte, eine umfang-
reiche Auswahl aus Peters Werk zu veröffentlichen, ich denke,
in sechs Bänden, und so erklärte ich mir die unangekündigte
Reise nach Mailand mit Vorbereitungen zu diesem Unterfangen. Ich wusste nicht, weil ich es nicht wissen konnte, dass
dieser Zettel der erste in einer langen Reihe geschriebener kurzer Botschaften sein sollte, mit denen Peter mich über seinen
Zustand, seine Absichten und Entscheidungen informierte. So
fand ich zwei-, dreimal die an meine Zimmertür geklebte Botschaft »Ich spreche nicht« und noch häufiger die Botschaft
»Ich kann nicht essen«, die Peter auf dem Küchentisch hinterließ. Einmal fand ich im Wohnzimmer auf dem Klubtisch-
chen einen Zettel, auf dem stand: »Es ist nicht auszuhalten«,
viele Male die Mitteilung »Auf einem Spaziergang« oder
»Beim Einkaufen«, und einmal fand ich im Flur, an die Tür
des Schuhschranks geklebt, die Botschaft »Das Dunkel ver-
dichtet sich«. Im Laufe einiger Monate, in denen dieser Zustand anhielt, von Anfang Dezember 1992 bis Ende März
1993, fand ich an verschiedenen Stellen an die dreißig von seiner Hand geschriebene Botschaften, die mich darüber informieren sollten, wo er war und wie es ihm ging. Wahrschein-

lich schrieb er sie, wenn er nicht mit mir sprechen konnte oder überhaupt nicht sprechen konnte. Jetzt tut es mir leid, dass ich diese Papierchen nicht aufbewahrt habe, weil ich mich manchmal frage, ob man aufgrund dieser Notizen seine Qualen im Kampf gegen sich selbst hätte verstehen können. Diese Notizen hinterließ er, damit ich sie fände, so viel ist mir klar, aber mir ist nicht klar, ob er sie mir hinterließ, um seine Qual mit mir zu teilen, oder weil er einen Zeugen für seine Reise ins Dunkel brauchte.

Peter kam nicht wie angekündigt am 14. Dezember zurück, sondern ein paar Tage später, frisch, regeneriert und leicht euphorisch. Er konnte nicht ruhen, musste sich bewegen, reden, etwas unternehmen, doch durch die Euphorie, die ihn trug, konnte er nicht herausfinden, was das hätte sein können. Er schlug mir vor, ans Meer zu fahren und dort einen langen Spaziergang zu machen. Ich schlug daraufhin vor, den Spaziergang für ein Gespräch über seinen Text zu nutzen, aber er lehnte das mit einer abrupten Handbewegung und der Erklärung ab, dass er sich ausnahmsweise richtig wohlfühle und nicht gewillt sei, sich die Freude mit Dingen verderben zu lassen, die schmerzten und kränkten. Verwirrt fragte ich ihn, warum er denn denke, dass ich ihm etwas sagen würde, was schmerzte und kränkte, zumal im Zusammenhang mit dem Text, den ich gern gelesen und übersetzt hatte, aber er beeilte sich zu erklären, das habe sich nicht auf mich, sondern auf das Thema bezogen, ihn schmerze und kränke das, wovon der Text handle, und nicht das, was ich darüber sagen könnte.

Erst etwa zehn Tage später, überall um uns herum herrschte bereits die Neujahrshysterie und in uns die Depression, die anständige Menschen zu dieser Jahreszeit befällt, schlug Peter vor, über seinen Text zu reden. Ich machte ihn darauf aufmerksam, dass dieser Text nichts von dem, was er bisher gearbeitet hatte, gleiche und dass er irgendwo zwischen Erzählung, Essay und Bekenntnis changiere, und dann gab ich zu, dass ich nicht verstünde, warum er ihn überhaupt geschrieben habe. Ich hatte mir gar nicht vorstellen können, dass diese harmlose Kritik einen Wutanfall hervorrufen könnte, wie er mit Peter schlicht nicht in Verbindung zu bringen war. Er beschuldigte mich, ich sei ein Schuft, der ihn in den Wahnsinn treiben wolle, weil ich, seinen Worten nach, natürlich sehr wohl wisse, warum er seinen Text über Unamuno geschrieben habe. Der unwiderlegbare Beweis meiner Niedertracht und meiner bösen Absichten sei gerade, dass ich vorgäbe, nichts zu wissen, und über alles redete, als handelte es sich um eine Auftragsarbeit für eine Zeitschrift. »Am schwersten ist der stumme Vorwurf«, zischte Peter, »deshalb schweigst du und tust, als hättest du mir nichts vorzuwerfen, dir ist klar, dass mich das stärker treffen wird als alle Vorhaltungen, Vorwürfe und Verurteilungen!«

Es folgte eine lange widerliche Szene voller Wut und Bitterkeit. Dennoch gelang es mir, Peters Wahnsinnsmonolog, der über eine Stunde dauerte und sich hauptsächlich aus gegen mich gerichteten Unterstellungen böser Absichten und Vorwürfe zusammensetzte, zu entnehmen, was sein Problem war. Mir half, dass Peter schließlich müde war, aufhörte zu zischen und wie ein menschliches Wesen zu sprechen begann.

In Pale hatte Peter völlig die Kontrolle über sich verloren und sich mit einer Lust all seinen Dämonen überlassen, die seine dort verbrachte Zeit in eine unaufhörliche Raserei verwandelt hatten. Während dieser Raserei begriff er, dass endgültige Freiheit erobert hat, wer sich von sich selbst oder wenigstens von einer Seite seines Wesens befreit hat. Wirklich frei ist nur, wer keine Angst, keine Scham, keine Ehre, keine Rücksicht und auch kein anderes Vorurteil kennt, das uns die Gesellschaft aufzwingt, also wer niemandem und nichts erlaubt, ihn bei der Durchsetzung seines Willens zu behindern. Einmal hatte er wahrscheinlich laut darüber nachgedacht, und so schlug ihm jemand vor, sich auch vom Mitgefühl und von allen anderen sentimentalen Erfindungen zu befreien, mit denen die Schwachen die Starken zügeln und unterjochen wollen. Daraus entstand die Idee, dass er auf Sarajevo schießen und sich so von seiner sentimentalen Seite und eigenen Schwäche befreien solle, die aus diesen sentimentalen Hirngespinsten hervorging. Er machte sich mit einem Mann zusammen auf, sie fuhren eine kurze Strecke, und dann zeigte ihm dieser, wie man schießt.

Schon in Kiseljak tauchten eines Nachts, als er schon frei von Bewusstsein, aber noch nicht in Schlaf gesunken war, Bilder und Stimmen auf, die jenes Erlebnis aus dem Vergessen holten. Hatte er wirklich auf Sarajevo geschossen? Hatte er in seinem Innern Freundschaft, Empathie, Erinnerung getötet? Hatte er dabei auch einen von den Menschen getötet, die er kannte und von denen er Gutes erfahren hatte? Bis vor kurzem war es ihm gelungen, sich einzureden, dass all das Blödsinn war, weil er nicht geschossen hatte, aber unlängst in Palermo, als er high von einem guten Schuss dalag, hatte er in der Hand das Zucken der Waffe gespürt, aus der diese Hand geschossen hatte. Schon da war ihm, high, wie er war, alles klar gewesen. Der Körper vergisst nicht. Nirgendwo ist dein Leben so vollständig bewahrt und erhalten wie in deinem Körper, es gibt kein Polizeiarchiv, auch kein menschliches Gedächtnis, in dem man jeden Wunsch, jede Bewegung und jede Berührung, alles Erhabene und alles Schändliche, alles Erwünschte und Unerwünschte, das geschehen und gedacht worden ist, aufzeichnen und bewahren kann – das kann nur dein Körper aufzeichnen und bewahren, um für und gegen dich Zeugnis abzulegen.

Aber wie kam er zu dem Schluss, ich könne etwas von dem wissen, was er in Pale getan hatte? Flummiball hatte uns getrennt, sobald wir angekommen waren, und wir hatten bis zu unserem Weggang nichts voneinander gehört und gesehen. Und warum dachte er, ich wolle ihn bestrafen und in den

Wahnsinn treiben, war ihm denn nicht klar, dass er bereits tief im Wahn war, wenn er so etwas ernsthaft dachte?

Das Leben ist teuflisch schlau, es findet immer einen Weg, Scham, Schmerz, Schuld und unsere anderen zerstörenden Gefühle von uns abzulenken und auf etwas anderes zu richten. So beginnt der Mensch, der etwas verraten hat, was ihm heilig war, das zu hassen, was er verraten hat, damit sich die Scham, die Wut und das Schuldgefühl wegen des Verrats nicht gegen ihn wenden. Und wer einen nahen und lieben Menschen enttäuscht hat, entdeckt schnell, dass der enttäuschte Mensch selbst schuld ist an dem, was ihm zugestoßen ist, er hat den Verräter sozusagen zum Verrat gezwungen. So entschied Peter, beziehungsweise das zähe und schlaue Leben in ihm, dass ich Zeuge und Beteiligter an seinem Absturz sein sollte, weil sich in diesem Fall die Wut über den Absturz und die Schande, die ihn begleitete, gegen mich und nicht gegen ihn wendete. Er hinterließ mir schriftliche Botschaften über seine Qualen, um mich in den Prozess seines Zerfalls hineinzuziehen und mich zum Zeugen dieses Prozesses zu machen. Es gelang ihm zu glauben, ich sei Zeuge all seiner Unternehmungen in Sarajevo und in Pale, damit sich die Scham, die Wut und die Qual wegen dieser Unternehmungen gegen mich wendeten und ihn verschonten. Daher beschuldigte er mich während der ersten Monate des Jahres 1993 in wahnsinnigen Wutanfällen immer wieder aufs Neue, ich würfe ihm etwas vor, schriebe ihm die Schuld an diesem oder jenem zu, klagte ihn stumm an oder verachtete ihn wegen etwas, was er getan oder nicht getan hatte. Ich überzeugte mich, dass ich recht hatte, als er beharrlich verlangte, ich solle ihm sagen, was er denn bei den beiden armen Frauen gesucht habe und was zum Teufel ihn überhaupt dazu veranlasst habe, mit dem kanadischen General dorthin zu gehen. Eine hatte geschwiegen, als wäre sie stumm, und auf nichts reagiert, weil sie wohl hoffte, so aus ihrem Leben in die Abwesenheit zu entrinnen. Dann war plötzlich überall um sie herum Blut. Und die andere hatte leise »Oh! Oh!« gerufen und die Augen ständig geschlossen gehalten. Was hatte ihr »Oh! Oh!« zu bedeuten gehabt? Hatte es ein Ausdruck von Freude sein sollen? War es ein Ausdruck der Verzweiflung gewesen? Ein Fluch auf das Leben und die Welt?

Das war Anfang April, als das Zusammensein mit ihm schon unerträglich war und als ich eine Möglichkeit und einen Weg suchte, mich aus seiner Nähe zu entfernen. Die Entscheidung wegzugehen wurde durch eine glückliche und unerwartete Wendung aufgeschoben. Ein oder zwei Tage nach dem verrückten Gespräch, in dem er verlangt hatte, ich solle ihm seinen Besuch bei den internierten Frauen erklären, von dem ich nichts hatte wissen können, zeigte mir Peter beim Frühstück einen Brief und fragte, was ich darüber wisse und dächte. Ich wusste, dass es sich um einen Brief handelte, der schon Ende Februar aus Kassel gekommen war. Dort wurde die Documenta organisiert, eine große internationale Ausstellung, eigentlich eine Reihe von Ausstellungen und Veranstaltungen, vom 13. Juni bis zum 20. September, und die ganze Manifestation sollte am 20. und 21. September mit einem großen internationalen Symposion unter dem Titel »Freiheit der Kunst und Kunst der Freiheit« abgeschlossen werden. Die Organisatoren wünschten, dass Peter das Symposion mit einem Vortrag beende, der die Summe des modernen Denkens über die Freiheit, eine einzigartige Hymne an die Freiheit und unsere Erfahrung von Freiheit sein sollte. »Wer kann heute die Bedeutung und Natur der Freiheit erläutern, wenn nicht Peter Hurd?«, stand am Ende des Briefs. Dass es ihm gelungen war, eine derart schöne und bedeutende Einladung nicht zu bemerken, sagt genug über Peters Zustand Anfang des Jahres 1993 aus. Und gerade die Entdeckung dieses Briefs führte zu einer Wendung, weckte Hoffnung und schenkte uns eine wirklich schöne und relativ lange Periode, weil ihn die Arbeit an seinem Referat über die Freiheit buchstäblich wiedergebar, so gründlich, dass ich bereit war, an die Wiedergeburt zu glauben.

Ich erinnere mich gut, dass er seine Vorlesung über die Freiheit mit einer Überlegung zum Helden der hellenischen Tragödie beginnen wollte. »Der tragische Held ist das beste Beispiel und Vorbild für wahre Freiheit«, versicherte er mir, »die Freiheit beginnt mit dem Verzicht auf soziale Selbstgefälligkeit und der Bejahung von Tod oder Niederlage.« Drei Monate lang sammelte er Literatur, und mit Vergnügen las er, machte er Kommentare, änderte er seine Pläne und strahlte ganz. Ende Juli beendete er das Referat und schickte es zum Übersetzen. Am nächsten Tag führte er in einer seiner chemischen Ekstasen mitten im Wohnzimmer den Tanz der Mevlevi-Derwische auf – unsicher, mit vielen Fehlern, aber in einer wahren Euphorie und mit voller Hingabe. Plötzlich brach er die Drehung um seine eigene Achse ab, hob die Hände und rief: »Ich bin die Wahrheit!« Und einen Augenblick später, nach einer Pause, die so lange wie zwei Wimpernschläge gedauert haben mochte, fügte er hinzu: »Oder nichts«.

Das war der letzte frohe Augenblick in unserem gemeinsamen Leben. Alles danach war eine Katastrophe.

Epilog

Es ist Nacht, tiefe und dunkle Nacht, windig und beschwerlich. Um das Haus heult der Südwind und im Haus, im Zimmer neben meinem, heult Peter. Ich sitze da, lausche und befürchte, dieses doppelte Heulen könne in mich hineinschlüpfen und Besitz von mir ergreifen. Aber diese Angst zeigt, dass ich der Narr geblieben bin, der ich von meiner Geburt an war, weil es wahrscheinlich der beste, wenn nicht der einzige Ausweg für mich wäre, wenn sich das Heulen in mir niederließe. Was soll jemand wie ich in einer Welt tun, in der sich Geistesgrößen in etwas zwischen einem kranken Tier, einem Gegenstand und einem unschuldigen Kind verwandeln? Sicher wäre es gut für ihn zu heulen, das könnte ihm helfen zu vertieren und sich so der Welt, in der er sich aufhält, anzupassen. Aber auch das wäre, fürchte ich, in meinem Fall ein Fehler, denn was kann sich irgendein Lebewesen in dieser Welt an Gutem erhoffen. Mir fällt ein, wie mein Großvater einmal mit etwas zu viel Stolz über die fünfte Offensive und den Sieg der Partisanen über die Faschisten gesprochen hat. Doch Onkel Boris, von seinen Tränen und seinem Stolz gewiss genervt, hat erklärt, dass wir den Faschismus besiegt hätten, weil uns das Glück, Tiere zu werden, vorenthalten werde, denn uns sei beschieden, Maschinen zu werden. Für einen Pechvogel wie mich wäre auch das eine gute Lösung – ein Tier in einer Welt von lauter Maschinen zu werden. Das ist wahrscheinlich das Beste, was mir passieren kann, wenn ich ein unverständiges Vieh werde, werde ich zumindest nicht wissen, dass ich bis ans Ende des Lebens ein Gefangener bin.

Zum hundertsten, tausendsten Mal reihen sich vor meinen Augen Bilder aneinander, eigentlich Teile der Ereignisse, die aus mir einen Gefangenen gemacht haben.

Eine schöne Frau in den Fünfzigern steht hinter dem Rednerpult, spricht Englisch mit starkem französischem Akzent und erklärt uns ein Exponat der Documenta, über das viel gesprochen und geschrieben wurde. Es handelt sich um die Installation »Schweinefamilie«, die aus vier Glaswänden und vier Schweinen beziehungsweise zwei erwachsenen Schweinen und zwei Ferkeln, eingeschlossen oder untergebracht in einem von Glaswänden abgegrenzten Raum, besteht. Die schöne Rednerin weist auf die numerische Parallele zwischen der ausgestellten Schweinefamilie und der menschlichen Durchschnittsfamilie hin, betont, dass ein Ferkel männlich und das andere weiblich sei, macht auf die Funktion und Macht des Rahmens aufmerksam beziehungsweise auf die Tatsache, dass die Glaswände die vier Schweine in ein Kunstwerk verwandelt hätten – ohne Rahmen seien es schlicht Schweine, aber innerhalb des Rahmens sei es wahre Kunst, die Bedeutung produziere, Emotionen wecke, den Betrachter dazu veranlasse, über sich nachzudenken. Diese Installation sei eine geistreiche Aussage über die Natur der Familie und die Formen des Familienlebens, also über uns selbst, betont die Rednerin. Danach folgten Überlegungen zum Verhältnis von Rahmen und Freiheit, das heißt dazu, wie der Künstler Freiheit demonstriert habe, indem er lebendige Natur in ein Kunstwerk und danach das Kunstwerk in lebendige Natur beziehungsweise in die Wirklichkeit, die wir kennen, verwandelt habe.

Dann wurde Peter auf die Bühne gebeten und mit langanhaltendem Applaus begrüßt. Er begrüßte die Anwesenden auf Deutsch und bat um Entschuldigung für die eine oder andere falsche Betonung, wodurch er einen weiteren Applaus einheimste, nach dem er sein Referat vorzulesen begann. Nicht nur ich war aufgeregt, wir waren alle aufgeregt, das kann ich behaupten, wir alle erwarteten, dass etwas Besonderes geschehen würde, in der Luft lag, wie ein starker Duft, die Ahnung von etwas Außergewöhnlichem. Peters Vortrag ging von Sophokles' *Philoktet* und der Behauptung aus, dass der Titelheld von der ersten Replik an wisse, wie die Tragödie enden werde, und gerade ein solches Ende wünsche, er tue alles, was notwendig sei, um ein solches Ende herbeizuführen, weil er dem Erfolg und dieser Welt entsagt habe, bevor die Tragödie überhaupt angefangen habe. Er habe es tun müssen, habe dem Erfolg und der Welt entsagen müssen, um sich nicht selbst entsagen zu müssen.

An dieser Stelle schwieg Peter, legte sein Referat auf das Rednerpult und begann mit der Hand über die Stirn zu fahren, als ob er sich kratzte. Er senkte den Blick, seufzte in einer offensichtlichen Verlegenheit und hob den Blick zur Decke. »Welchem Selbst?«, fragte er. Nach einer kurzen Pause fügte er, als erklärte er, hinzu: »Meine jüngsten Erfahrungen haben mir offenbart, dass ich – viele bin. Daher frage ich – welchem Selbst.« Wieder schwieg er, hob das Referat vom Pult, schaute eine Zeitlang interessiert auf das erste Blatt, legte das Referat dann wieder auf das Pult und begann es Blatt für Blatt zu zerreißen. Nach einigen Blättern hörte er auf, sah die Zuhörer an und sagte ruhig ins Mikrofon: »Sie verstehen nichts. Aber ich verstehe auch nichts, und das ist das Problem. Ich habe alles getan und doch nichts begriffen.« Den letzten Satz sprach er zu laut aus, eher wie einen Schrei oder einen Hilferuf denn wie eine Mitteilung, und dann breitete er seine Arme aus, um seine ganze Ohnmacht zu zeigen. Er verkrampfte sich völlig von der Anstrengung, die Tränen zurückzuhalten, aber dennoch rollten ihm zwei, drei Tropfen über das Gesicht. Jemand von den Zuschauern begann zu klatschen und der ganze Saal fiel ein. Peter begann wie ein Kind zu weinen – still und ruhig, ohne Krampf und Wut, aber auch ohne Trost. Die Leute in den ersten Reihen begannen, weiter applaudierend, aufzustehen, und fast alle standen und klatschten Peter Beifall, der wie ein Verurteilter vor ihnen stand und weinte.

Ich ging zu ihm, legte meinen Arm um seine Schulter und brachte ihn ins Hotel. Er wehrte sich nicht, wie ein Kind ging er neben mir, und wie ein Kind weinte er im Hotel weiter, zitterte und erbrach sich. Am nächsten Tag kehrten wir nach Hause zurück, und seither dauert meine Gefangenschaft an, die bis ans Ende meiner Tage nicht aufhören wird, weil Peter völlig zerfallen ist und keine fünf Tage allein überleben könnte. Ich bin geneigt zu glauben, dass Peter seinen Zerfall vorhergesehen hat, als er in Kassel »welchem Selbst?« gefragt und behauptet hat, er sei viele, weil er jetzt gerade viele ist. Einmal ist er ein richtiges Kind, das ein wenig isst und sich dann einschmutzt, weil es weder den Magen noch den Urin noch die Fäkalien kontrollieren kann. Danach erduldet er ruhig alles, was du mit ihm machst, schaut dich dabei nur mit guten erstaunten Augen an und freut sich über dich. Oder dir scheint, dass er sich über dich freut, weil diese Augen so weit geöffnet sind? Ein anderes Mal ist er ein richtiges Tier, das mehr frisst, als es verträgt, sich und alles um sich herum besudelt und wütend knurrt oder heult, während du dich bemühst, seine Spuren zu beseitigen. Aber dafür gibt es zum Glück auch Phasen wundersamer Klarheit, in denen er weiser und geistreicher ist, als er je gewesen ist. Es ist ein wahres Privileg und ein unsagbarer Genuss das, was er in diesen klaren Intervallen sagt, zu hören.

Im Übrigen halten mich unsere Gespräche in Peters hellen Zuständen und seine wunderbare Bibliothek hier und machen mir die Gefangenschaft erträglich. Aber mich hält, ehrlich gesagt, auch, dass ich nicht weiß, wohin ich gehen soll. Ich habe keine Menschen, die mir nahestehen, und habe keine Orte, die mir lieb sind, ich habe keine Erinnerungen, die mich an einen Ort binden und ohne die ich nicht der wäre, der ich bin. Man steht nur dem Menschen nahe, mit dem man ein paar wichtige Dinge erlebt, mit anderen Menschen verbinden uns gemeinsame Unternehmungen, Ereignisse, die man sich merkt und die starke Gefühle erzeugen, mit anderen verbinden uns tiefe Gefühle und Erinnerungen, die wir mit ihnen teilen. Aber das habe ich nicht, weil mir nichts passiert ist. Wenn ich mir mein Leben jetzt anschaue, sehe ich, dass ich, seit ich von mir weiß, das, was andere Menschen erleben und sich merken, nur in Sätze übersetzt habe, wobei ich mich bemüht habe, dass diese Sätze klar und wohlklingend waren. Mir ist nicht einmal der Krieg passiert, mir ist auch nicht die Belagerung Sarajevos passiert. Mir ist nur der Verlust meiner Stadt passiert, und der ist mir wirklich passiert.

Mir scheint, das beste Bild für meinen Aufenthalt auf der Welt ist die kleine Sängerin Lejla, die ich dreimal gesehen habe, bevor ich sie zum ersten und einzigen Mal traf. Was ist sie für mich? Wer wollte mir dadurch, dass er mich Lejla sehen und hören ließ, der ich am Ende nur einmal beiläufig begegnen sollte, etwas mitteilen und was? Eigentlich sollte ich ihr nicht begegnen, weil das in Dobrinja wirklich keine Begegnung war. Wo ist sie jetzt? Habe ich sie wirklich beweint, als ich in Pale um sie geweint habe, bis ich durchsichtig wurde?

Und Träume, Träume! Habe ich etwa nicht eines Nachts von Lejla geträumt, das heißt nicht von ihr, sondern von ihrem Lied? Habe ich etwa nicht gesehen, wie ein Goldfaden aus heiterem Himmel auf meine Stadt herabschwebte? Ist er in das Haus in Dolac Malta geschwebt, in dem Mutter Ljuba wartet, dass ihr Sohn zu ihr zurückkommt? Wartet sie wirklich? Wüsste ich es doch, wüsste ich es doch nur. Wenigstens ein bisschen, unsicher ...

Rajko Šurup
Monreale, Sizilien
November 1994

Inhalt